As estruturas elementares da violência

Ensaios sobre gênero entre a antropologia, a psicanálise e os direitos humanos

© Rita Segato, 2025
© Bazar do Tempo, 2025

Todos os direitos reservados e protegidos pela Lei n. 9.610, de 12.2.1998.
Proibida a reprodução total ou parcial sem a expressa anuência da editora.

Este livro foi revisado segundo o Acordo Ortográfico da Língua Portuguesa de 1990, em vigor no Brasil desde 2009.

EDIÇÃO
Ana Cecilia Impellizieri Martins

COORDENAÇÃO EDITORIAL
Joice Nunes

ASSISTENTE EDITORIAL
Bruna Ponte

TRADUÇÃO
Danú Gontijo, Lívia Vitenti e Marianna Holanda

COORDENAÇÃO DE TRADUÇÃO
Danú Gontijo

COPIDESQUE
Larissa Bontempi

REVISÃO
Maria Lima Kallás e Luiza Cordiviola

CAPA E PROJETO GRÁFICO
Violaine Cadinot

DIAGRAMAÇÃO
Estúdio Insólito

IMAGEM DE CAPA
Laia Abril, "Bride Kidnapping", *On Rape* (2019)

CIP-Brasil. Catalogação na Publicação
Sindicato Nacional dos Editores de Livros, RJ

S456e
    Segato, Rita
    Estruturas elementares da violência / Rita Segato ; tradução Danú Gontijo, Lívia Vitenti e Marianna Holanda. – 1. ed. – Rio de Janeiro : Bazar do Tempo, 2025.
    360 p.
    ISBN 978-65-85984-38-6
    1. Identidade de gênero – Aspectos sociais. 2. Mulheres – Condições sociais. 3. Diferenças entre os sexos (Psicologia). 4. Mulheres – Papel social. I. Gontijo, Danú. II. Vitenti, Lívia. III. Holanda, Marianna. IV. Título.

24-95618
                                                                 CDD: 305.42
                                                                 CDU: 316.346.2-055.2

Meri Gleice Rodrigues de Souza – Bibliotecária – CRB-7/6439

1ª reimpressão, julho 2025

BAZAR DO TEMPO
Produções e Empreendimentos Culturais Ltda.

Rua General Dionísio, 53 - Humaitá
22271-050   Rio de Janeiro- RJ
contato@bazardotempo.com.br
www.bazardotempo.com.br

RITA SEGATO

As estruturas elementares da violência

Ensaios sobre gênero entre a antropologia, a psicanálise e os direitos humanos

Tradução
**Danú Gontijo
Lívia Vitenti
Marianna Holanda**

Sumário

Introdução 6

1. **A estrutura de gênero e o mandato do estupro** 20

   O significado do "estupro cruento" 21

   A dimensão sociológica do estupro 25

   O caráter responsivo do ato e suas interpelações 34

   Modelos interpretativos: a perspectiva médico-legal, a perspectiva feminista e a perspectiva do mandato de poder na estrutura de gênero 43

   A dimensão simbólica do estupro 48

   A racionalidade do estupro 51

   A dimensão psicanalítica do estupro 54

   Algumas palavras sobre a prevenção 58

2. **O gênero na antropologia e para além dela** 66

   Introdução 67

   Os dois caminhos contraditórios do gênero na antropologia: relativismo o universalismo? 74

   A Lei: o masculino invisível 87

   Crítica ao patriarcado e imperialismo moral 96

3. **A célula violenta que Lacan não viu: um diálogo (tenso) entre a antropologia e a psicanálise** 108

   Transdisciplinaridade e retrocesso nas humanidades: o caso da antropologia 109

   Antropologia e psicanálise: o que elas podem e não podem fazer juntas 114

   O mito lacaniano em perspectiva transcultural: uma exegese recíproca[19] do material etnográfico e psicanalítico 125

   A célula violenta que Lacan não viu 135

4. A argamassa hierárquica: violência moral, reprodução do mundo e a eficácia simbólica do direito — 140

Breve história de um conceito — 142

A violência invisível — 146

Sexismo automático e racismo automático — 156

Legislação, costumes e a eficácia simbólica do direito — 164

5. As estruturas elementares da violência: contrato e *status* na etiologia da violência — 174

Os avanços da legislação: o caso brasileiro — 179

Moralidade e legalidade: uma relação contraditória — 183

Direitos humanos das mulheres e direitos humanos dos povos: uma relação tensa — 187

Direitos, publicidade e história — 192

Uma palavra sobre estruturas — 195

Elogio aos homens na luta antissexista e aos brancos na luta antirracista — 197

6. A economia do desejo no espaço virtual: falando sobre religião pela internet — 200

Sites cristãos no ciberespaço — 202

Falando sobre a crença no *aether space* — 208

Tem alguém aí? — 222

O corpo ausente — 229

Para concluir — 241

7. A invenção da natureza: família, sexo e gênero na tradição religiosa afro-brasileira — 244

Introdução — 245

Os orixás como descritores femininos e masculinos da personalidade — 249

Papéis femininos e masculinos nas relações entre membros da família mítica — 254

Matrimônio, família e família de santo entre os membros do culto — 257

Sexualidade e conceitos que expressam a identidade sexual — 273

Os possíveis efeitos da escravização sobre as categorias de homem e mulher — 279

Mobilidade (ou transitividade) de gênero: a relativização do biológico no complexo simbólico de Xangô — 294

8. Gênero, política e hibridismo na transnacionalização da cultura yorùbá — 304

Duas antropólogas e um antropólogo no debate sobre o gênero no mundo religioso yorùbá — 306

Oyèrónké Oyěwùmí — 307

Lorand Matory — 317

Gênero e sociedade: do mundo yorùbá ao Ocidente — 324

O componente de gênero na disseminação da visão de mundo yorùbá — 327

Campos, etnografia e interlocutoras(es) ocultas(os) — 338

9. Os princípios da violência — 346

A célula violenta — 347

Avenidas para uma época pós-patriarcal — 357

Posfácio — 358

21 anos de As estruturas elementares da violência
Danú Gontijo e Ondina Pena Pereira sobre o gênero no mundo religioso yorùbá
Danú Gontijo e Ondina Pena Pereira

Agradecimentos — 380

Introdução

Os nove ensaios aqui reunidos analisam diferentes aspectos da estrutura patriarcal que conhecemos como "relações de gênero" e apontam para um modelo de compreensão da violência. De toda violência. Mesmo admitindo que se trata de um projeto ousado, não desisto de submetê-lo ao juízo de quem lê, pois as teses que lhe dão unidade, e que acabo sintetizando no capítulo final, são o resultado de cerca de duas décadas de elaboração e exposição, sobretudo diante da sempre atenta e inteligente audiência estudantil em minhas aulas na Universidade de Brasília.

A obra avança por meio dos seguintes passos: no Capítulo 1 – "A estrutura de gênero e o mandato do estupro" –, analiso as dinâmicas psíquicas, sociais e culturais que se encontram por trás do estupro e são reveladas por este crime, que aqui abordo como um enunciado. Na perspectiva que defendo, esse ato – que nem todas as sociedades contemporâneas, nem todas as épocas de nossa história percebem ou perceberam como um crime – não é simplesmente uma consequência de patologias individuais, ou, no outro extremo, um resultado automático da dominação masculina exercida pelos homens, mas, antes, um *mandato*. A ideia de mandato faz referência aqui ao imperativo e à condição necessária para a reprodução de gênero como estrutura de relações entre posições marcadas por um diferencial hierárquico, e instância paradigmática de todas as outras ordens de *status* – racial, de classe, entre nações ou regiões. Isso que dizer que o estupro, como uma exação[1] for-

---

1. Por opção da autora, as tradutoras mantivemos a palavra "exação" [*exacción*], reforçando o sentido de "cobrança" de um tributo (ou um ônus, a depender da situação). (N.T.)

çada e naturalizada de um tributo sexual, desempenha um papel necessário na reprodução da economia simbólica do poder cuja marca é o gênero – ou a idade e outros substitutos de gênero em determinadas circunstâncias, como em instituições totais. Trata-se de um ato necessário nos ciclos regulares de restauração desse poder.

Esta tese surgiu, inicialmente, de uma escuta prolongada de testemunhos de presos por esse tipo de crime e da análise de sua mentalidade a partir de seu discurso. Também revisa as práticas de estupro em épocas históricas e em culturas diferentes, para concluir que existe um núcleo duro de significado de longa duração, atribuível ao longuíssimo tempo da história do gênero, que se confunde com a história da própria espécie.

A análise do dispositivo do estupro identifica dois eixos que serão fundamentais para a formulação de minhas teses finais, compiladas no Capítulo 9 – "Os princípios da violência". São eles o eixo vertical, da relação do estuprador com a sua vítima – em geral, hipervalorizado tanto nas análises precedentes como nos programas preventivos –, e o eixo horizontal – muito mais relevante em minha análise – da relação do estuprador com seus pares – seus semelhantes e sócios na fraternidade representada pelos homens, na ordem de *status* que é o gênero. A condição de iguais, que possibilita as relações de competição e aliança entre pares, resulta de sua demonstrada capacidade de dominação sobre aquelas pessoas que ocupam a posição mais fraca na relação de *status*. E foi isso o que me levou a utilizar, no título da obra, a noção lévi-straussiana de "estruturas elementares", que reciclo aqui, não sem tomar as liberdades que considerei necessárias.

No Capítulo 2 – "O gênero na antropologia e para além dela" –, argumento que é necessário diferenciar o jogo das identidades do arcabouço de *status* que as constela e organiza. Em outras palavras, que é necessário esquadrinhar, através das representações, das ideologias, dos discursos cunhados pelas culturas e das práticas de gênero, para acessar a economia simbólica que instala o regime hierárquico e o reproduz. O patriarcado, nome dado à ordem de *status* no caso do gênero, é, portanto, uma estrutura de relações entre posições hierarquicamente ordenadas que tem consequências no nível observável, etnografável, mas que não se confunde com esse nível fático, nem são suas consequências lineares, causalmente determinadas ou sempre previsíveis. Embora os significantes com que se revestem essas posições estruturais na vida social sejam variáveis, e a força conservadora da linguagem nos leve a confundi-los com as posições da estrutura que representam (fenômeno que, em inglês, que as autoras denominam *conflation*), a análise deve exibir a diferença e mostrar a mobilidade dos significantes em relação ao plano estável da estrutura que os organiza e lhes dá sentido e valor relativo.

O patriarcado é entendido, assim, como pertencente ao estrato simbólico e, em linguagem psicanalítica, como a estrutura inconsciente que conduz os afetos e distribui valores entre as personagens da vida social. A posição do patriarca é, portanto, uma posição no campo simbólico, que se transpõe em significantes variáveis no curso das interações sociais. Por essa razão, o patriarcado é, ao mesmo tempo, norma e projeto de autorreprodução e, como tal, seu plano emerge de um escrutínio, de uma escuta etnográfica demorada e sensível às relações de poder e à sua expressão discursiva, por vezes imensamente sutil.

É possível, dessa forma, separar o nível do patriarcado simbólico, o nível dos discursos ou representações – a ideologia de gênero vigente em uma determinada sociedade – e o nível das práticas. E o que se comprova é que a fluidez, os trânsitos, as circulações, as ambivalências e as formas de vivência de gênero que resistem a ser enquadradas na matriz heterossexual hegemônica estão – e sempre estiveram – presentes em todos os contextos como parte da interação social e sexual. No entanto, o controle do patriarcado e sua coação são exercidos como censura no âmbito da simbolização dessa fluidez – o âmbito discursivo –, no qual os significantes são disciplinados e organizados por categorias que correspondem ao regime simbólico patriarcal. O discurso cultural sobre o gênero restringe, limita, enquadra as práticas. E, de fato, este ensaio tenta mostrar que, comparado com outros exemplos etnográficos, a construção ocidental de gênero é uma das menos criativas, uma das menos sofisticadas, pois engessa a sexualidade, a personalidade e os papéis sociais no dimorfismo anatômico de maneira muito mais esquemática que outras culturas não ocidentais.

Para chegar a esses postulados, o texto aborda a ideologia de gênero e os *impasses* e paradoxos do pensamento feminista, além de tecer uma crítica de certo tipo de "observação" etnográfica comum à prática antropológica. Argumenta que uma observação simples, de corte puramente etnográfico, não é suficiente para revelar a natureza hierárquica e a estrutura de poder subjacente e inerente às relações de gênero, que não são nem corpos de homens, nem corpos de mulheres, mas posições dispostas em relação hierárquica. A trama dos afetos e investimentos libidinais sustentada por essa hierarquia não é de fácil observação nem se revela ao olhar objetivador de quem etnografa. O patriarcado é, assim, não somente a organização do *status* relativo dos membros do grupo familiar de todas as culturas e de todas as épocas documentadas, mas a própria organização do campo simbólico nesta longa pré-história da humanidade da qual nosso tempo ainda faz parte. Uma estrutura que fixa e retém os símbolos por trás da imensa variedade dos tipos de organização familiar e de uniões conjugais.

Com base em evidência etnográfica de uma cultura particular, este ensaio propõe uma saída para a armadilha estática e ahistórica do estruturalismo – lacaniano ou lévi-straussiano – para as relações de gênero e o quadro simbólico que parece dominá-las. A solução que postula é de que essas posições relativas, ao se liberarem paulatinamente – através das lutas históricas do movimento social e das transformações nas práticas sociais e sexuais – da sua fixação ideológica no dimorfismo anatômico, serão cada vez mais percebidas como locais de passagem, abertos ao trânsito dos sujeitos. Mas para que isso resulte em uma transformação efetiva do mundo, será importantíssimo proliferar novos simbolismos para esses trânsitos e essa circulação, inscrevê-los no padrão discursivo da cultura. Quanto mais ênfase colocarmos nos significantes expressivos do trânsito e da mobilidade de gênero, mais próximos estaremos de um mundo capaz de transcender a pré-história patriarcal. Possivelmente, este mundo trará consigo soluções para a violência inerente à reprodução de todos os regimes marcados pelo *status*.

O Capítulo 3 – "A célula violenta que Lacan não viu: um diálogo (tenso) entre a antropologia e a psicanálise" – trata das possibilidades e das impossibilidades do trabalho conjunto entre a antropologia e a psicanálise, oferece pautas para a colaboração possível entre ambas as disciplinas e monta um diálogo entre os achados etnográficos de Maurice Godelier e um dos enunciados nucleares do edifício conceitual lacaniano. O povo baruya de Nova Guiné, etnografado por Godelier durante aproximadamente trinta anos, ajuda-nos a entender que a proposição lacaniana de que "a mulher *é* o falo enquanto o homem *tem* o falo" refere-se a um ato de apropriação que, embora instalado na cultura da espécie ao longo de uma história que se confunde com o tempo filogenético, está longe de ser pacífico e é compelido a reproduzir-se por meios violentos regular e cotidianamente.

Proponho, também, aqui, uma "antropologia do sujeito" – diferenciada de uma antropologia de identidade, subjetividade ou construção da pessoa, capítulos já clássicos da disciplina – que seja capaz de utilizar a lente relativista para observar como posicionamentos distâncias e mutualidades entre interlocutores no campo da interação social variam, pelo fato de se tratar da orientação moral das diferentes culturas ou épocas e de responder com alto grau de automatismo ao que seus dispositivos tecnológicos e seus protocolos de etiqueta propiciam.

O tema encontra continuação no Capítulo 6 – "A economia do desejo no espaço virtual: falando sobre religião pela Internet" –, que expõe, a partir do registro e da análise de vários casos de interação virtual sobre temas de credo religioso, o carácter onipotente do sujeito contemporâneo usuário de internet e seu "telescópio". Mostra como uma relação que aparentemente reformula as relações de gênero e parece transcender o determinismo biológico, ao fazer de conta que o corpo pode ser inventado discursivamente no ambiente cibernético, dá origem a um sentimento de onipotência e multiplica a agressividade dos sujeitos.

Utilizando conceitos psicanalíticos, o argumento pretende mostrar que esse "sintoma" contemporâneo resulta da pretensão de cibernautas de dialogar como se o corpo não existisse. Trata-se, portanto, de um exercício da antropologia do sujeito proposta anteriormente, no Capítulo 3, pois mostra a especificidade do sujeito contemporâneo ocidental, familiarizado com um certo tipo de tecnologias – tanto de comunicação como bélicas – que promovem ou facilitam um posicionamento tal dos sujeitos, que eles podem simular não sentir os limites impostos pela materialidade dos corpos – próprio e alheios. O corpo é entendido aqui como o primeiro outro, a primeira experiência de limite, a primeira cena da incompletude e da falta. Quando o corpo é forcluído – e esta forclusão é potencializada por um dispositivo tecnológico –, todas as outras formas de alteridade deixam de constituir o limite que o sujeito necessita para qualificar-se, literalmente, como um sujeito social. Estamos diante de uma realidade regressiva, consequência da fantasia narcisista de completude e da recusa em reconhecer-se castrado, limitado pela materialidade, índice mesmo da finitude.

No Capítulo 4 – "A argamassa hierárquica: violência moral, reprodução do mundo e a eficácia simbólica do direito" –, a violência moral, psicológica, é colocada no centro da cena da reprodução do regime de *status*, tanto no caso da ordem de gênero como no da ordem racial. Enfatiza-se aqui o caráter "normal" e "normativo" desse tipo de violência e sua necessidade em um mundo hierárquico. A violência moral não é vista como um mecanismo espúrio e muito menos dispensável ou erradicável da ordem de gênero – ou de qualquer ordem de *status* –, mas como inerente e essencial. Portanto, não se prioriza aqui – como é habitual em outras análises – seu caráter antecedente na escalada da violência doméstica, ou seja, anterior à violência física, mas o seu papel como usina que recicla diariamente a ordem de *status* e que, em condições "normais", é suficiente para fazê-lo.

Combater essas formas rotineiras de violência é possível; contudo, é imprescindível entender essa luta como parte de um trabalho de desestabilização e de erosão da própria ordem de *status*, e não como um paliativo – uma simples correção dos excessos de violência – para que esse trabalho possa seguir sua marcha autorrestauradora. O objetivo é a construção de *uma sociedade pós-patriarcal* – por enquanto, e na ausência de uma perspectiva utópica mais clara e convincente.

Em toda a obra, afirma-se que a moral e os costumes são indissociáveis da dimensão violenta do regime hierárquico. Embora a esfera da lei seja concebida como regida pela ordem do contrato, enquanto a esfera dos costumes é entendida como regida pela ordem de *status* e, portanto, em grande medida imune à pressão do contrato jurídico moderno sobre ela, tanto esse como o Capítulo 5: "As estruturas elementares da violência: contrato e *status* na etiologia da violência" – defendem a necessidade de legislar sobre direitos humanos. Essa posição se explica não tanto pela produtividade do direito no sentido de que orienta as sentenças dos juízes, mas sobretudo por sua capacidade de simbolizar os elementos de um projeto de mundo, criar um sistema de nomes que permite constituir a lei como um campo em disputa, como uma arena política. A eficácia simbólica do direito é entendida como a de um sistema de nomeação que cria realidade e permite comprovar a natureza histórica, mutável, do mundo.

É também nesse capítulo, homônimo do título da obra, em que aparece uma primeira síntese da tese central, que coloca o procedimento descrito como *exação do tributo de gênero* como condição indispensável para o credenciamento dos que aspiram ao *status* masculino e esperam poder competir ou aliar-se entre si, regidos por um sistema contratual.

Se me pareceu que essa era a localização adequada para o Capítulo 7 – "A invenção da natureza: família, sexo e gênero na tradição das religiões de matriz africana" – dentro da lógica da obra, isso não significa que também o seja na ordem cronológica do meu trajeto na compreensão dos temas aqui tratados. Este ensaio etnográfico representa, de fato, meu ingresso no mundo da reflexão sobre o gênero, e creio não exagerar quando afirmo que toda minha posterior compreensão do tema foi possível porque tive a oportunidade de abordá-lo a partir da perspectiva que adquiri durante a minha prolongada imersão na tradição religiosa de matriz africana de Recife, no Nordeste brasileiro. O culto Xangô de Recife foi minha grande escola de análise de gênero, o que me facilitou, mais tarde, a leitura da complexa produção intelectual dessa área de estudos e também a leitura da perspectiva psicanalítica lacaniana.

Nesse texto descrevo, a partir dos dados obtidos durante um extenso trabalho de campo, uma sociedade andrógina, na qual, na verdade, não faz sentido falar de heterossexualidade ou de homossexualidade, já que se trata de uma visão de mundo que obedece a padrões de gênero distintos dos ocidentais.

Vinculo essa *outra* maneira de "inventar a natureza", radicalmente antiessencialista e contrária ao determinismo biológico, à experiência da escravização, que rompeu o cânone patriarcal africano e criou outro estatuto de família, da descendência, da sexualidade, da personalidade e da divisão sexual do trabalho.

Foi, como disse, com os membros do culto Xangô de Recife que iniciei minha reflexão sobre gênero. A partir dessa tradição crítica, marginal, que, com sua prática derivada da experiência da escravização e com sua condição inicial de ser *outro povo, povo subalterno*, no interior da nação, elaborou um conjunto de enunciados que operam, por meio de um discurso irônico e crítico, a desconstrução do horizonte patriarcal hegemônico na sociedade circundante. Essa iniciação desconstrutiva e irônica na lei de gênero tornou, para mim, mais simples atravessar com uma perspectiva crítica os efeitos do patriarcado simbólico na interação social.

É no Capítulo 8 – "Gênero, política e hibridismo na transnacionalização da cultura yorùbá" – que o aprendizado na etnografia do Xangô de Recife alcança seu sentido pleno. Esse ensaio mostra como, apesar das desvantagens e privações impostas pela escravização, a capacidade da civilização diaspórica yorùbá de se difundir e impor seus sistemas de crença e convivência em sociedades distantes – como Cuba e Brasil durante a colônia e, em uma onda expansiva mais recente, nos Estados Unidos e nos países da bacia do Rio da Prata – está intimamente ligada à maleabilidade, à androginia e à ausência do determinismo biológico de sua concepção de gênero. Também mostra a maneira como três intelectuais diferentes – uma yorùbá radicada nos Estados Unidos, um estadunidense e a própria autora deste texto, latino-americana – formulam e equacionam como as particularidades dos padrões de gênero yorùbá dependem estritamente de seus interesses e da inserção geopolítica de sua tarefa intelectual.

Três interpretações diferentes da construção de gênero na tradição yorùbá são analisadas como discursos posicionados e interessados a partir das respectivas perspectivas para expor a economia política do discurso etnográfico. No entanto, verifica-se que as três perspectivas, apesar de suas diferenças, apontam de forma inequívoca para o caráter radicalmente antiessencialista das concepções de gênero nessa cultura. Isso pareceria indicar que essa característica tão notável da tradição em questão poderia estar na base de sua capacidade de crescimento e sua adaptação no Novo Mundo, tanto no período pós-escravização quanto no novo período de expansão que as religiões afro-brasileiras de origem yorùbá estão atualmente vivenciando. No caso particular da versão afro-brasileira, o uso híbrido dos termos próprios da família patriarcal, como a posição do pai, da mãe, do filho mais velho e a desconstrução das ideias de conjugalidade, primogenitura, autoridade e herança acabam por desestabilizar a própria estrutura e minar as bases da matriz heterossexual própria do patriarcado. É através de um "mau uso", de uma "má prática" do patriarcado mitologicamente fundamentado, que os membros do culto zombam da ordem de *status*, do Estado brasileiro com sua traição permanente à população negra e do patriarcado simbólico cujos mandatos são, na realidade, destinados ao desacato. É por meio dessa desestabilização e de uma corrosão irreverente que a ordem se transforma dentro do universo das religiões de matriz africana.

Finalmente, dedico o Capítulo 9 – "Os princípios da violência" – para expor de forma sintética as teses centrais que atravessam toda a obra. Essas referem-se ao papel da violência na reprodução da ordem de gênero e à interdependência entre violência e gênero, para afirmar que a articulação violenta é paradigmática da economia simbólica de todos os regimes de *status*. Ao trazer o exemplo do discurso híbrido, desestabilizador e irônico do *códice religioso afro-brasileiro*, entendido como uma forma efetiva de reflexividade, aponto também para uma possível saída da humanidade em direção a uma época pós-patriarcal.

1. A estrutura de gênero e o mandato do estupro*

---

* O presente texto foi originalmente publicado em português, em 1999 (in Suárez, Mireya e Bandeira, Lourdes (org.), *Violência, gênero e crime no Distrito Federal*. Brasília: Paralelo 15 e Editora UnB, 1999). Foi traduzido para o espanhol por Horacio Pons e publicado pela Universidade Nacional de Quilmes, em 2003, e mais tarde pela editora Prometeo, na Argentina. Como o texto sofreu modificações com o tempo, para a presente edição, foi traduzido da última edição em espanhol, com alguns trechos e termos trazidos da publicação original, no sentido de aprimorar a compreensão para o público de língua portuguesa. A expressão "injunção do estupro", que também compunha o título anterior em português, foi modificada para "mandato do estupro", que exprime com maior precisão o pensamento da autora nos últimos anos, embora o termo "injunção" não tenha sido de todo eliminado. (N.T.)

A presente análise refere-se ao que chamarei aqui de "estupro cruento", na falta de uma expressão mais adequada. Estupro cruento é aquele cometido no anonimato das ruas, por pessoas desconhecidas, anônimas, e no qual a persuasão desempenha um papel menor; o ato é realizado por meio da força ou da ameaça de seu uso. Aos olhos da pessoa comum e pouco conhecedora das questões de gênero, esse é o tipo de estupro que se enquadra mais facilmente na categoria de crime. Diferentemente de outras formas de violência de gênero, sua ambiguidade como ato cruento é mínima, possível graças ao potencial de força física e ao poder de morte de um indivíduo sobre outro. Por isso mesmo, uma absoluta maioria dos detidos por atentados contra a liberdade sexual está enquadrada nesse tipo de crime, embora este represente uma porção insignificante das formas de violência sexual e, até, muito provavelmente, das formas de sexo forçado. Como se sabe, faltam estatísticas, e os processos são escassos quando se trata de abuso incestuoso ou assédio ocorrido na privacidade da vida doméstica.

Apesar de saber que as categorias jurídicas são bastante variáveis de um país para outro,[1] não utilizarei aqui a noção de

---

1. Esta nota foi alterada em diálogo com a autora. Quando da publicação deste livro em 2003, no Brasil, o Código Penal ainda definia o estupro como um crime contra os costumes e restrito ao sexo vaginal entre um homem e uma mulher. Com a modificação do Código Penal pela Lei nº 1.205, de 2009, o estupro passou a ser considerado crime contra a dignidade sexual (e mais especificamente um crime contra a liberdade sexual), sua definição foi ampliada para incluir outros atos libidinosos, como o atentando violento ao pudor, bem como a abrangência dos sujeitos ativos e passivos do crime, possibilitando, por exemplo, que mulheres também sejam agentes, e homens, vítimas de estupro. Embora a autora celebre as modificações, faz questão de frisar que se trata de um crime contra a pessoa. Ao designá-lo "contra a dignidade sexual", a legislação atual pareceria novamente privar do *status* de pessoa as mulheres, assim como os homens "castigados" com a "feminização" pela sujeição ao estupro. (N.T.)

estupro em nenhuma de suas acepções legais, mas no sentido mais comum e, no meu entender, mais adequado, de qualquer forma de sexo forçado imposto por um indivíduo com poder de intimidação sobre outro. Prefiro referir-me ao estupro como *o uso e abuso do corpo de outra pessoa, sem que esta participe com intenção ou vontade comparáveis.*

O significado do "estupro cruento"

O estupro cruento é o tipo de crime com menor representação quantitativa entre as formas de violência sexual. Como se sabe, a violência doméstica e os abusos cometidos na intimidade do lar entre pessoas aparentadas são as formas mais comuns e frequentes desses crimes e constituem, de acordo com as estatísticas conhecidas em diversas localidades do Brasil e do exterior, aproximadamente 70% dos casos. Assim, o estupro se perde, em grande medida, tanto nas estatísticas dos fatos quanto na literatura existente, dentro do amplo tema da violência doméstica, muito mais comum na vida e abordado com mais frequência pelos estudos de crimes sexuais. Além disso, a literatura relativamente escassa sobre o estupro cruento é, em sua quase totalidade, de ordem pragmática, baseada em estatísticas e consistente em instruções destinadas ao público feminino sobre como evitar o crime ou os passos que a vítima deve seguir após tê-lo sofrido.

No entanto, apesar de sua incidência relativamente baixa, gostaria de concentrar-me nele com o interesse de compreendê-lo, na convicção de que não somente nos fornece uma das chaves da inteligibilidade das agressões de gênero em termos globais e da natureza estruturalmente conflituosa dessas relações, mas oferece pistas valiosas para a compreensão do fenômeno da violência em geral. Isso se deve à destilada irracionalidade do crime de estupro. Como tentarei argumentar, ele se apresenta como um ato violento quase em estado puro, ou seja, despojado de finalidades instrumentais.

Conforme se depreende de inúmeros relatos de presos condenados por estupro, poderíamos dizer, parafraseando aquela expressão clássica sobre o significado da obra de arte na modernidade quando fala da "arte pela arte", que, na sociedade contemporânea, o estupro é um fenômeno de "agressão pela agressão", sem finalidade ulterior em termos pragmáticos. Mesmo quando disfarçada com alguma suposta finalidade, em última instância, revela-se como o surgimento de uma estrutura sem sujeito, uma estrutura na qual a possibilidade de consumir o ser do outro através do usufruto de seu corpo é a caução ou o horizonte que, em última instância, possibilita todo valor ou significação. De repente, um ato violento sem sentido atravessa um sujeito e emerge na superfície da vida social como revelação de uma latência, uma tensão que lateja no substrato da ordenação hierárquica da sociedade.

Desde o início da pesquisa, tive a certeza de que, se contássemos com a oportunidade e a disposição de escutar atentamente o que podem nos dizer os homens que foram capazes de cometer esse crime, nos aproximaríamos do enigma que representa – tanto para eles quanto para nós – o impulso agressivo próprio e característico do *sujeito masculino* em relação a quem exibe os *signos e gestos da feminilidade*. Falar sobre isso, nestes parágrafos iniciais, não é simples: vejo-me obrigada, tão prematuramente, a fazer referência a um *sujeito masculino* em contraste com *quem exibe significantes femininos*, em vez de usar os habituais *homem* e *mulher*, porque, na verdade, o estupro – enquanto uso e abuso do corpo do outro – não é uma prática exclusiva dos homens, nem são sempre as mulheres que o sofrem. Não podemos nos conformar, nem por um instante, com o literal ou com o que parece evidente por si só; se o fizéssemos, nos afastaríamos cada vez mais das estruturas subjacentes aos comportamentos que observamos. No entanto, assim como um sujeito identificado com o registro afetivo masculino costuma ser um homem, também é estatisticamente mais provável que os significantes da feminilidade estejam associados à mulher.

Tal digressão torna-se especialmente – mas não exclusivamente – pertinente quando trabalhamos, por exemplo, no ambiente da prisão masculina, onde, apesar de estar em um meio povoado por anatomias *de homens*, a estrutura de gênero reaparece como uma *estrutura de poder*, e com ela o uso e abuso do corpo de uns por outros.[2] Não obstante o que foi dito, e como consequência da inércia constitutiva da linguagem e da persuasão irresistível que os significantes exercem sobre nós, o meu discurso aqui sobre o feminino e o masculino deslizará, inescapavelmente, aqui e ali, rumo aos significantes *homem e mulher*. Deixo-os, portanto, instalados desde já, mas com ressalvas.

A concepção do estupro apresentada a seguir baseia-se, de forma bastante livre e especulativa, em análises[3] de prontuários e relatos de estupradores. Trata-se de testemunhos de homens encarcerados que, embora temerosos, estão quase sempre dispostos a falar e ansiosos por serem ouvidos. Homens que, como depois comprovaríamos, elaboram incansavelmente, ao longo de seus anos de confinamento, o fato e as circunstâncias de seus crimes, fazendo uso dos escassos recursos analíticos e expressivos de que dispõem em cada caso. Sua reflexão sobre

---

2. Ver, por exemplo, em Schifter (1999), uma extraordinária e reveladora análise, respaldada pelo informe de abundantes casos rigorosamente documentados, da vida sexual dos sujeitos encarcerados em prisões da Costa Rica. (N.A.)
3. Um grupo de estudantes de antropologia sob minha coordenação leu os prontuários de 82 homens presos, em abril de 1994, no presídio da Papuda, complexo penitenciário do Distrito Federal, Brasil, por crimes apenados nos artigos 213 e 214 do Código Penal, embora às vezes combinados com outros, como lesão corporal ou crimes contra a propriedade (ver Almeida, França et al., 1995). Em uma segunda etapa, entre os meses de agosto de 1994 e abril de 1995, procedeu-se a extensas entrevistas, que se centraram em dezesseis homens presos e resultaram em aproximadamente cinco horas de gravação cada uma, realizadas ao longo de várias sessões semanais. Os diálogos com os homens presos foram cara a cara, em salas privadas, sem algemas, sem grades ou vidros separando quem entrevistava de quem era entrevistado e sem agentes carcerários dentro do recinto. As entrevistas foram abertas, tendo como principal objetivo permitir ao sujeito refletir e elaborar sobre as circunstâncias dos crimes cometidos, assim como rememorar a paisagem mental daqueles momentos e os dados biográficos que acreditasse relacionados. Esta primeira análise desses materiais que aqui publico pode ser considerada ainda programática, pois não utilizo de maneira exaustiva as entrevistas gravadas, mas tento, ao contrário, fazer um primeiro esboço dos temas centrais que nelas surgiram à luz de uma perspectiva histórica e cultural abrangente. (N.A.)

os atos cometidos é de grande valor e raramente ultrapassa os muros do cárcere. Investigar suas motivações, suas estratégias de autojustificação e, por último, sua própria compreensão dos atos perpetrados é de máxima importância, pois eles são protagonistas na tragédia de gênero e testemunhas da quase inevitabilidade do destino que essa estrutura impõe a todas as pessoas. Por meio de suas mãos, alcançamos a evidência última da natureza desse destino e, graças às suas confissões, podemos começar a vislumbrar o mandato que o gênero nos impõe. Dessa forma, contribuímos para um campo em que a literatura ainda é relativamente escassa, mesmo em países como os Estados Unidos, onde o estupro é um crime de incidência muito elevada.

A dimensão sociológica do estupro

Tanto as evidências históricas quanto as etnográficas mostram a universalidade da experiência do estupro. O acesso sexual ao corpo da mulher sem o seu consentimento é um fato sobre o qual todas as sociedades humanas têm ou tiveram conhecimento. Por baixo desse nível meramente factual, escondem-se outros aspectos que precisam ser considerados. E, justamente para indicar essa multiplicidade de níveis de compreensão desse fenômeno – que, em certo sentido, o tornam único e ao mesmo tempo o transformam em uma série de fenômenos diversos – é que falo aqui de uma fenomenologia.

No plano étnico, as evidências mostram que não há sociedade em que não exista o fenômeno do estupro. No entanto, a variabilidade na incidência dessa prática é notável; há sociedades – tipicamente os Estados Unidos – onde essa incidência é máxima, e outras nas quais se reduz a casos extremamente esporádicos e singulares, de acordo com a cultura e, em particular, a forma assumida pelas relações de gênero nas diferentes culturas. Em um estudo comparativo de 156 sociedades tribais, Peggy Sanday concluiu que existem sociedades "propensas ao estupro" e "sociedades livres do estupro". No entanto, entre as últimas, a autora inclui as sociedades em que o ato é "raro", e, em um artigo mais recente, ela aponta o seguinte:

> Ao falar de uma sociedade livre de estupro, não pretendo dizer que este esteja totalmente ausente. Na Sumatra Ocidental, por exemplo, durante o ano de 1981, dois relatórios policiais enumeraram 28 casos de estupros em uma população de três milhões de habitantes. Essa cifra pode ser comparada com os mais de oitenta e dois mil casos "fundados" de estupro registrados nos relatórios de crimes comuns nos Estados Unidos em 1982. Trabalhos de campo em ambas as sociedades confirmam a classificação da Sumatra Ocidental como livre de estupros com relação aos Estados Unidos, uma sociedade propensa a cometê-lo.[4]

As evidências etnográficas põem em relevo que, nas sociedades tribais – sejam elas de indígenas americanos ou sociedades polinésias ou africanas –, o estupro tende a ser um ato punitivo e disciplinador da mulher, praticado em grupo contra uma vítima que se tornou vulnerável por ter profanado segredos da iniciação masculina, por não contar com a proteção do pai ou dos irmãos ou por tê-la perdido, ou por não usar uma peça de vestimenta indicativa de que tem essa proteção ou acata sua pertença ao grupo. Nas sociedades indígenas também existe a prática das guerras por mulheres, ou seja, do sequestro de mulheres de outros grupos para se casarem com elas, o que implica certo tipo de estupro para apropriar-se de sua capacidade reprodutiva (ver Laraia, s.d.). Nesse sentido, podemos dizer que nessas sociedades o estupro é, em geral, uma prática regulamentada, prescrita dentro de determinadas condições, e não reveste o caráter de desvio ou crime que tem para o nosso senso comum.

---

4. P. R. Sanday, "Estupro como forma de silenciar o Feminino", in Sylvana Tomaselli e Roy Porter (org.), *Estupro*, 1992.

Contudo, também em nossas sociedades, o estupro pode ser praticado em grupos e, de acordo com nossos dados, com uma intenção punitiva. De fato, tanto na dimensão histórica quanto em suas variantes culturais, é possível que as aparentes diferenças do fenômeno derivem de variações na manifestação de uma mesma estrutura hierárquica, como é a estrutura de gênero. Na verdade, é mister perguntar-se se a questão territorial e de estado na qual o estupro se inscreve nas sociedades pré-modernas ou se o caráter de domesticação da mulher insubordinada que ele assume nas sociedades tribais estão muito distantes da experiência urbana contemporânea. Apesar de, neste novo contexto, o ato cometido visar ao disciplinamento de uma mulher genérica e não mais concreta, ou implicar um desafio dirigido a outro homem também sem identidade definida, ambos os componentes ressoam, de algum modo, nos relatos dos estupradores entrevistados. Dessa forma, poderia tratar-se de uma conduta relacionada a uma estrutura que, apesar da variação de suas manifestações históricas, se reproduz em um tempo "monumental",[5] filogenético. Uma estrutura ancorada no terreno do simbólico e cujo epifenômeno são as relações sociais, as interações concretas entre homens e mulheres históricos.[6]

No plano histórico, o estupro acompanhou as sociedades através das épocas e sob os mais diversos regimes políticos e condições de existência. A pesquisa já clássica de Susan Brownmiller[7] acumula evidências disso, que também tem sido tema de outras autoras e autores.[8] O grande divisor de águas, no entanto, é o existente entre sociedades pré-modernas e modernas. Nas primeiras, o estupro tende a ser uma questão de Estado,[9] uma extensão da questão da soberania ter-

---

5. J. Kristeva, "Women's Time", *Signs*, 1981.
6. R. Segato, "Os percursos do gênero na antropologia e para além dela", *Sociedade e Estado*, 1998.
7. S. Brownmiller, *Against our will: men, women, and rape*, 1975.
8. E. Shorter, *The Making of the Modern Family*, 1975; E. Shorter, "On writing the history of rape". *Journal of Women in Culture and Society*, 1977.
9. S. Tomaselli, "Introdução". In Tomaselli, Sylvana e Roy Porter (org.), *Estupro*, 1992, p. 19-21.

ritorial, uma vez que, como território, a mulher e, mais especificamente, o acesso sexual a ela, é um patrimônio, um bem pelo qual os homens competem entre si. Em uma ampliação interessante desse aspecto, Richard Trexler[10] constata, por exemplo, que na conquista da América (assim como entre os povos autóctones e entre os europeus nas práticas anteriores ao encontro de ambos), a linguagem de gênero estava associada ao processo de subordinação pela guerra. Na bibliografia brasileira,[11] também há evidências da feminização da pessoa indígena – ou de sua infantilização –, o que, mais uma vez, sugere a equivalência dos termos "conquistado", "dominado", "subjugado" e "feminino".

Essa situação começa a modificar-se com o surgimento da modernidade e do individualismo, que, pouco a pouco, estendem a cidadania à mulher e a transformam em sujeito de direito ao lado do homem. Dessa forma, em condições de uma modernidade plena ou avançada, ela deixa de ser uma extensão do direito de outro homem e, portanto, o estupro perde o caráter de uma agressão que, transitivamente, afeta outro homem através do corpo da mulher, para ser entendido como um crime contra a pessoa dela. Em rigor, poderíamos dizer que o estupro só se torna um crime no sentido estrito do termo com o advento da modernidade. Antes, pode ser considerado como um ato regulado pelas relações sociais, cuja aparição está associada a determinadas circunstâncias da ordem social.

Ao manter a ideia de "crime contra os costumes" e não "contra a pessoa", a lei brasileira prolonga a noção pré-moderna de uma agressão que, *através* do corpo da mulher, se dirige a outro e, neste, ameaça a sociedade como um todo, ao colocar em risco os direitos e prerrogativas de seu pai e marido, tais

---

10. R. C. Trexler, *Sex and Conquest. Gendered Violence, Political Order, and the European Conquest of the Americas*, 1995.
11. S.G. Baines, *"É a FUNAI que Sabe"*: A Frente de Atração Waimiri-Atroari, 1991; A. R. Ramos, "Seduced and abandoned", in *Indigenism: Ethnic Politics in Brazil*, 1995.

como, entre outros, o controle da herança e a continuidade da linhagem. Por sua vez, a figura legal da "legítima defesa da honra", frequentemente invocada nos tribunais brasileiros, deixa evidente o resíduo da sociedade de *status*, pré-moderna, que antecede a sociedade moderna e contratual constituída por sujeitos sem marca (de gênero ou raça), que entram no direito em pé de igualdade. O crime por honra indica que o homem é atingido e afetado em sua integridade moral pelos atos das mulheres vinculadas a ele.

Ler a legislação brasileira sob essa perspectiva é importante, pois assim se pode perceber que a lei contra o estupro não busca proteger a vítima em sua individualidade e seus direitos de cidadã, mas, sim, a ordem social, o "costume". A exclusividade do estupro vaginal e a exclusão de outros tipos possíveis de estupro da definição legal sublinham esse sentido, no qual o que se busca resguardar, em primeiro lugar, é a herança e a continuidade da linhagem. Também se observa a extraordinária lentidão do tempo de gênero, o cristal quase inerte de suas estruturas.

Além disso, no mundo contemporâneo, as situações de guerra tornam transparente o fato de que a subjugação da mulher ao *status* masculino ainda se encontra vigente. Isso foi recentemente demonstrado pelos estupros em massa de mulheres durante a guerra na Iugoslávia. É interessante constatar, no relato de Bette Denich, o aspecto de ofensiva e conquista de territórios que o estupro voltou a assumir nesse conflito:

> Perpetradores masculinos se apropriaram das mulheres simultaneamente como objetos de violência sexual e como símbolos em um conflito com homens rivais que reproduziu as formas tradicionais do patriarcado nos Balcãs, onde a incapacidade dos homens de proteger "suas" mulheres e controlar sua sexualidade e poderes procriativos é percebida como um sintoma crítico de debilidade [...]

O elemento adicional da fecundação forçada das mulheres cativas revelou um componente ideológico intencional na violência sexual, já que os soldados justificavam o estupro como método para reproduzir seu próprio grupo étnico.[12]

Esse ressurgimento ou simultaneidade do pré-moderno e do moderno nos lembra a tese de Carole Pateman, que, em discordância com Freud, Lévi-Strauss e Lacan, não vê no assassinato do pai o ato violento que funda a vida em sociedade e dá lugar a um contrato entre iguais, mas o situa em um momento anterior, que fala da possibilidade de dominação do patriarca. Em uma sequência argumentativa ao mesmo tempo mítica e lógica, Pateman aponta para o estupro, no sentido de apropriação à força de todas as fêmeas de sua horda pelo macho-pai-patriarca primitivo, como o crime que dá origem à primeira Lei, a lei do *status*: a lei do gênero. O assassinato do pai marca o início de um contrato de mútuo reconhecimento de direitos entre homens e, como tal, é posterior ao estupro ou apropriação das mulheres à força, que marca o estabelecimento de um sistema de *status*. Na verdade, para Pateman, o estupro – e não o assassinato do pai que põe fim ao incesto e permite a promulgação da Lei que o proíbe – é o ato de força originário, instituidor da primeira Lei, do fundamento da ordem social.

Para essa autora, então, a lei do *status* desigual dos gêneros é anterior ao contrato entre homens derivado do assassinato do pai. A regulação por meio do *status* precede a regulação contratual. Inicialmente, a lei é formulada dentro de um sistema já existente de *status* e refere-se à proteção e à manutenção do *status* masculino. Uma vez estabelecido o sistema de contrato entre pares (ou homens), a mulher fica protegida na medida em que é colocada sob o domínio de um homem signatário desse contrato, ou seja, o sistema de *status* permanece ativo

---

12. B. Denich, "Of arms, men, and ethnic war in (former) Yugoslavia", in Constance R. Sutton (org.): *Feminism, Nationalism, and Militarism*, 1995, p. 68.

dentro do sistema de contrato. Se com a modernidade plena a mulher passa a ser parte do sistema contratual, para Pateman, o sistema de *status* inerente ao gênero continua a acenar e a pulsar por trás da formalidade do contrato; nunca desaparece por completo e, no que diz respeito às relações de gênero, faz com que o sistema contratual nunca possa alcançar uma vigência plena. As peculiaridades e contradições do contrato matrimonial, assim como o acordo fugaz que se estabelece na prostituição, mostrariam, para essa autora, a fragilidade da linguagem contratual quando se trata de gênero.

Os achados de Sophie Day entre as prostitutas londrinas, embora não interpretados dessa forma pela autora, parecem fornecer uma ilustração desse conflito de estruturas fundadoras. No contexto de seu trabalho, essas prostitutas incluem na noção de estupro qualquer forma de quebra unilateral do contrato estabelecido com o cliente por parte deste. Assim, são consideradas como estupro todas as infrações ao acordo, tais como a falta de pagamento pelo serviço, o pagamento com cheque sem fundos, o não uso ou o abandono unilateral do preservativo, a tentativa de realizar práticas sexuais não acordadas previamente ou o uso de força física. "A quebra do contrato é qualificada como estupro."[13] Acredito que o uso da categoria "estupro" dessa forma "inclusiva", conforme descrito pela autora,[14] não é casual nem limitado, mas revela uma teoria própria das prostitutas, perfeitamente compatível com o modelo de Pateman e passível de ser aplicada ao estupro em geral e não apenas ao contexto profissional das trabalhadoras do sexo: o estupro é precisamente a transgressão que evidencia a fragilidade e superficialidade do contrato quando se trata de relações de gênero, e é *sempre* uma quebra contratual que evidencia, em qualquer contexto, a submissão dos indivíduos

---

13. S. Day, "*What counts as rape? Physical assault and broken contracts: contrasting views of rape among London sex workers*", in P. Harvey e P. Gow (org.), *Sex and Violence*, 1994, p. 185.
14. Ibid., p. 179.

a estruturas hierarquicamente constituídas. No plano simultaneamente mítico e lógico em que Pateman formula seu modelo, é precisamente o estupro – e não o assassinato do pai, como no modelo freudiano de *Totem e tabu* – que instaura a primeira lei, a ordem do *status*, e no estupro, portanto, essa lei é ciclicamente restaurada e revitalizada.

Neste contexto argumentativo, no qual se destaca o fato de que as relações de gênero obedecem a estruturas de ordem muito arcaica e respondem a um tempo extraordinariamente lento, eu acrescentaria o estupro como uma situação na qual um contrato que deveria regular as relações entre indivíduos na sociedade moderna se demonstra ineficaz para controlar o abuso de um gênero pelo outro, derivado de um pensamento regido pelo *status*.

Na verdade, é somente na sociedade contratual que a mulher passa a ser protegida pela mesma lei que rege as relações entre homens enquanto sujeitos de direito. No entanto, afirma Pateman, a estrutura de gênero nunca adquire um caráter completamente contratual, sendo o *status* seu regime permanente. No caso particular do estupro como agressão a outro homem através da apropriação de um corpo feminino, como conquista territorial ou como crime contra a sociedade e não contra a pessoa, constatamos, mais uma vez, o afloramento do regime de *status* característico da estrutura hierárquica de gênero, apesar do contexto moderno e supostamente contratual.

Esse aspecto é relevante aqui porque somente esse tipo de consideração permite compreender a afirmação repetida vez ou outra por parte dos homens condenados por estupro, no sentido de que não lhes estava completamente evidente que estavam cometendo um crime no momento de perpetrá-lo. Longe de ignorar ou desconfiar desse tipo de afirmação, devemos entender o que significa, sobretudo em uma cidade como Brasília: trata-se do lado perverso da sobrevivência de um sistema pré-moderno, ordenado pelo regime hierárquico de *status*, para o qual a apropriação do corpo feminino, em determinadas condições, não constitui necessariamente um crime. No meio tradicional deixado para trás pela maioria dos estupradores entrevistados no curto período de uma geração, essa apropriação era regulada pela comunidade, que vigiava com diligência a articulação do *status* com o contrato de não agressão e respeito mútuo entre patriarcas. E mesmo quando a apropriação do corpo feminino (ou feminizado pelo próprio ato de sua subordinação) ocorre em um quadro de suposta modernidade plena, como não é incomum, ela se dá na sobreposição de dois sistemas: um que eleva a mulher a um *status* de individualidade e cidadania igual ao do homem e outro que lhe impõe sua tutela. Este último, como comprovado por Lloyd Vogelman em seu estudo revelador da mentalidade dos estupradores na África do Sul, continua estabelecendo que as "mulheres que não são propriedade de um homem (aquelas que não estão em um relacionamento sexual exclusivo) são percebidas como propriedade de todos os homens. Em essência, elas perdem sua autonomia física e sexual".[15] Essa norma tem sua origem em um sistema de *status*, que rege o gênero e continua aparecendo e demonstrando sua vitalidade inalterada.

É necessário ouvir e tentar entender o que está sendo dito nas repetidas alegações de ignorância prévia da lei por parte dos condenados de Brasília. Somente essa compreensão pode levar-nos a estratégias eficazes de prevenção. Tais afirmações podem indicar a existência de um tipo de sujeito desorientado perante o confronto trágico e agonístico entre duas ordens normativas cuja competência não foi resolvida no trânsito abrupto e confuso do mundo tradicional para a modernidade. Isso sugeriria que, em um contexto como este, o crime de estupro ocorre na passagem incerta do sistema de *status* para o

---

15. L. Vogelman, *The Sexual Face of Violence. Rapists on Rape,* 1991, p. 178.

sistema de contrato pleno entre iguais, no crepúsculo sombrio da transição de um mundo para outro, sem um vínculo com uma formulação discursiva satisfatória e acessível a todas as pessoas. Sem dúvida, as características da cidade de Brasília, com suas gigantescas extensões vazias, a origem migratória da maior parte de sua população e a consequente ruptura com o regime de comunidade, suas normas tradicionais reguladoras do *status* dentro do contrato social e a vigilância ativa de seu cumprimento desempenham um papel importante na notável incidência relativa de estupros. A fórmula de Brasília, baseada em grandes distâncias e pouca comunidade, constitui o caldo de cultivo ideal para esse crime.

Por tudo o que foi dito, seria possível afirmar que, quanto mais repentino e abrangente é o processo de modernização e mais abrupta é a ruptura dos laços comunitários, menos discursivamente elaborado será o retrocesso do sistema de *status* e sua capacidade de regular o comportamento social. As consequências não são apenas as brechas de descontrole social abertas por este processo de implantação de uma modernidade pouco reflexiva, mas a desregulamentação do sistema de *status* tradicional, deixando exposto seu lado perverso, através do qual reemerge o direito natural de apropriação do corpo feminino quando percebido em condições de desproteção, ou seja, o afloramento de um estado de natureza.

O caráter responsivo do ato e suas interpelações

É justamente aqui, no contexto desta avaliação da relação sempre tensa entre *status* e contrato, por um lado, e do solo arcaico no qual se ancoram as relações de gênero, por outro, que é possível entender uma série de temas recorrentes no discurso dos estupradores e que sugerem uma tripla referência desse crime:

1. Como castigo ou vingança *contra* uma mulher genérica que saiu de seu lugar, ou seja, de sua posição subordinada e ostensivamente tutelada em um sistema de *status*. Esse "sair do seu lugar" diz respeito a exibir os signos de uma sociabilidade e uma sexualidade autonomamente geridas ou, simplesmente, a estar fisicamente longe da proteção ativa de outro homem. O mero deslocamento da mulher para uma posição não destinada a ela na hierarquia do modelo tradicional coloca em questão a posição do homem nessa estrutura, já que o *status* é sempre um valor em um sistema de relações. Mais ainda, em relações construídas em tais circunstâncias, como o gênero, o polo hierárquico constitui-se e realiza-se precisamente às custas da subordinação do outro. É como se disséssemos: o poder não existe sem a subordinação; ambos são subprodutos de um mesmo processo, de uma mesma estrutura, possibilitada pela usurpação do ser de um pelo outro. Em um sentido metafórico, mas às vezes também literal, o estupro é um ato canibalístico, no qual o feminino é obrigado a se colocar no lugar de doador: doador de força, de poder, de virilidade.

Nesse aspecto, o estupro é percebido como um ato disciplinador e vingador contra uma mulher abordada de forma genérica. O mandato de castigá-la e retirar-lhe sua vitalidade é sentido como uma condenação forte e inescapável. Por isso, o estupro é também um castigo, e o estuprador, em sua concepção, um moralizador. "Apenas a mulher crente é boa", diz-nos um preso, o que significa: "apenas ela não merece ser estuprada". E isso, por sua vez, quer dizer: "toda mulher que não seja rigidamente moral é suscetível a estupro". Paira sobre a mulher uma suspeita que o estuprador não consegue suportar, pois essa suspeita volta-se contra ele, contra sua (in)capacidade de deter o direito viril e de exercer controle sobre ela. Com a modernidade e a consequente exacerbação da autonomia das mulheres, essa tensão, naturalmente, intensifica-se.

Ao destacar o caráter *genérico* da mulher abordada, indico precisamente isto: que se trata de qualquer mulher e que sua sujeição é necessária para a economia simbólica do estuprador como indicador de que o equilíbrio da ordem de gênero se mantém intacto ou foi restabelecido. Isso coincide com o argumento de Sharon Marcus quando ela aponta que a interação do estupro responde a um "roteiro", no sentido de uma interlocução fixa estruturada por uma "gramática de violência marcada pelo gênero" [*"gendered grammar of violence"*].[16] A mulher genérica à qual me refiro é a mulher sujeita ao papel feminino nesse drama, a mulher com um itinerário fixo nessa estrutura gramatical que opõe sujeitos e objetos de violência marcados pelo gênero. Por isso, afirma a autora, alterar esse roteiro, romper sua previsibilidade e a fixidez de seus papéis pode ser uma das formas de "desferir um golpe mortal à cultura do estupro".[17]

2. Como agressão *ou* afronta *contra* outro homem também genérico, cujo poder é desafiado e cujo patrimônio é usurpado por meio da apropriação de um corpo feminino ou em um movimento de restauração de um poder perdido para ele. Em sua análise de duas pinturas de Rembrandt sobre o estupro de Lucrécia, Mieke Bal sintetiza essa ideia, alinhavando o legado de outros que pensaram e registraram essa percepção do sentido do crime:

> "Os homens estupram o que outros homens possuem", escreveu Catherine Stimpson (1980, p. 58); "falso desejo" é a definição de Shakespeare, proposta já no segundo verso de sua *Lucrecia*. *"Aimer selon l'autre"* (*"Amar de acordo com os outros"*) é a expressão de René Girard (1961); *Between Men* ("Entre homens") é o título do livro de Eve Sedgwick (1985). Todas essas expressões sugerem por que

---

16. S. Marcus, "Fighting Bodies, Fighting Words" in J. Butler e J.Scott (org.), *Feminists Theorize the Political*, 1992, p. 392.
17. Ibid., p. 400.

> os homens estupram; elas também se referem a *o que é um estupro: um ato semiótico público*. Além de ser violência física e assassinato psicológico, o estupro é também um ato de linguagem corporal manifestado a outros homens através e no corpo de uma mulher.[18]

Essa situação é particularmente característica de sociedades de *apartheid* racial ou social, nas quais se faz sentir a existência de fortes barreiras de exclusão e marginalização. Já é clássico o estupro do homem negro, tão presente na literatura sociológica.[19] Mas não podemos deixar de lembrar aqui a crítica de bell hooks[20] a um tipo de interpretação que naturaliza e justifica a aspiração do homem negro a acessar as prerrogativas do patriarca branco no sistema de *status*. A autora adverte que poderia não ser assim e, de fato, afirma ter conhecido homens que buscaram outras soluções e criaram outros dispositivos familiares e sociais por meio dos quais a restauração do *status* face a outros homens mediante a subordinação da mulher não fosse imprescindível. Dessa forma, bell hooks desmonta o que poderíamos chamar de hipótese da determinação funcional e homeostática (no sentido de reparação de um equilíbrio perdido) do estupro. Com efeito, é necessário fazer uma crítica do mandato de estupro em um sistema de *status* e afirmar, assim, a possibilidade de outras soluções mais felizes para as relações de gênero. Em outras palavras, com sua lúcida e já clássica reflexão sobre a sexualidade do homem negro, bell hooks nos indica que não devemos ver a reparação do *status* masculino mediante a subordinação violenta da mulher como uma saída inevitável e previsível para o "problema" da masculinidade malograda, em contextos de extrema desigualdade nos quais os homens excluídos já não estão em condições de exercer a autoridade reservada a eles pelo patriarcado.

---

18. M. Bal, *Reading Rembrandt. Beyond the Word-Image Opposition,* 1991, p. 85.
19. Ver, por exemplo, Vogelman, op. cit., p. 135.
20. b. hooks, "Reconstructing Black Masculinity", in *Black Looks. Race and Representation,* 1992. [Ed. brasileira: *Olhares negros: raça e representações*, trad. Stephania Borges, São Paulo: Editora Elefante, 2019.]

3. Como uma demonstração de força e virilidade *perante* uma comunidade de pares, com o objetivo de garantir ou preservar um lugar entre eles, provando-lhes que se tem competência sexual e força física. Isso é característico dos estupros cometidos por gangues, em geral perpetrados por jovens e frequentemente os mais cruéis. No entanto, em muitos dos relatos escutados, ainda que se trate de um crime solitário, persiste a intenção de fazê-lo *com*, *para* ou *diante* de uma comunidade de interlocutores masculinos capazes de outorgar um *status* igual ao perpetrador. Embora a gangue não esteja fisicamente presente durante o estupro, ela faz parte do horizonte mental do estuprador jovem. E é nesses interlocutores "em sombra" que o ato de agressão encontra seu sentido mais pleno, e não, como se poderia pensar, em um suposto desejo de satisfação sexual ou de roubo de um serviço sexual que, de acordo com a norma, deveria ser contratado na forma de uma relação matrimonial ou no mercado da prostituição. Trata-se mais da exibição da sexualidade como capacidade viril e violenta do que da busca por prazer sexual.

Nesta análise, o estupro aparece contido em uma trama de racionalidade que o torna inteligível enquanto discurso para *outros*, ou que encontra seu sentido nos personagens presentes no cenário mental do estuprador, a quem esse tipo de ato violento é dirigido. Os três referentes mencionados não impedem, no entanto, que as formas de o praticar variem amplamente entre extremos que pareceriam não ter relação entre si. As performances do ato podem variar entre uma busca pelo limite, na qual a morte da vítima é a única resolução possível, e a montagem de uma cena pelo estuprador, na qual a vítima é tratada com cuidado, como acontece nos casos em que o agressor cobre o chão em que a obrigará a deitar-se ou modifica o tipo de relação sexual após descobrir que é virgem, ambos registrados nos prontuários e nos testemunhos coletados. Essas modalidades, estilos ou cenas não alteram a racionalidade geral do ato *diante de outros*. Em sua fantasia – aqui representada de maneira performativa –, o estuprador tenta se apresentar como mais sedutor ou mais violento, mas sempre diante de outros, sejam eles seus competidores e pares na cena bélica entre homens que é o horizonte de sentido do estupro, ou a mulher transgressora que o emascula e o faz sofrer.

Em 1971, em seu estudo estatístico detalhado dos padrões de estupro na cidade de Filadélfia, Menachem Amir põe pela primeira vez em evidência dois fatos cuja inter-relação é relevante aqui: o primeiro é que a atribuição de psicopatologias individuais aos estupradores não procede, uma vez que o estuprador é simplesmente um membro a mais dentro de determinados grupos sociais, com valores e normas de conduta compartilhados, o que o autor chama de "subculturas":

> Essa abordagem propõe, entre outras coisas, explicar a distribuição e os padrões diferenciais do crime e daqueles que o cometem, não em termos de motivações individuais e processos mentais não reproduzíveis que poderiam induzir ao cometimento do crime, mas sim em termos de variações entre grupos e suas normas culturais e condições sociais. Como os mais altos índices das transgressões estudadas ocorreram em grupos relativamente homogêneos, supõe-se, portanto, que esses grupos se situam em uma subcultura.[21]

O segundo fato é que os estupros perpetrados em companhia, ou seja, por grupos de homens ou gangues, são praticamente tão comuns quanto aqueles cometidos por um indivíduo.[22]

Na obra que inaugura a discussão sobre o estupro na forma como o conhecemos hoje, Susan Brownmiller[23] valoriza a descoberta estatística de Amir e amplia suas conclusões e

---

21. M. Amir, op. cit., p. 319.
22. Ibid., p. 337.
23. S. Brownmiller, op. cit.

consequências, destacando a importância da refutação do mito de que "o estuprador é um ofensor reservado e solitário", além de não ter "nenhuma patologia identificável além dos desvios individuais e transtornos de personalidade que podem caracterizar qualquer ofensor que cometa qualquer tipo de crime".[24] Essa autora também atribui a "subcultura" de estupradores de Amir a diferentes épocas, sociedades e grupos sociais, para o que compila evidências em toda a extensão do espectro histórico, cultural e social. Como mencionarei mais adiante, essa "normalidade" do estuprador será ampliada ainda mais na formulação de uma tese feminista, seguindo o rastro da compilação de casos realizada por Brownmiller com um alcance universal. Assim, evitam-se também os riscos de uma teoria da "subcultura" violenta, na qual o estupro seja previsível, já que, desse modo, deslocaríamos a suspeita de um "tipo" psicológico para um "tipo" social, sem englobar nessa suspeita as sociedades como um todo e os valores amplamente compartilhados e difundidos.

A ênfase da minha análise neste trabalho, a partir de uma ampla escuta dos testemunhos recolhidos na prisão, aponta para um estuprador que, mesmo quando atua sozinho, poderíamos descrever como "em companhia", dentro de uma paisagem mental "com outras presenças"; e aponta para um ato intimamente ligado ao mandato de interlocutores presentes no horizonte mental, o âmbito discursivo em que se realiza. Portanto, meu modelo pressupõe uma estrutura dialógica, no sentido bakhtiniano, entre o estuprador e outros genéricos, povoadores do imaginário, na qual o estupro, entendido como um ato expressivo revelador de significados, encontra seu sentido.

> O enunciado está repleto dos ecos e lembranças de outros enunciados [...] (e) deve ser considerado acima de tudo como uma resposta a enunciados anteriores dentro de

24. Ibid., p. 181-182.

uma dada esfera [...]: refuta-os, confirma-os, completa-os, baseia-se neles [...]. É por esta razão que o enunciado é repleto de reações-respostas a outros enunciados numa dada esfera da comunicação verbal [...]. A expressividade de um enunciado é sempre, em menor ou maior grau, uma *resposta, em outras palavras: manifesta não só sua própria relação com o objeto do enunciado, mas também a relação do locutor com os enunciados do outro*.[25]

O enunciado sempre tem um destinatário (com características variáveis, ele pode ser mais ou menos próximo, concreto, percebido com maior ou menor consciência) de quem o autor da produção verbal espera e presume uma compreensão responsiva. Este destinatário é o segundo [...]. Porém, afora esse destinatário (o segundo), o autor do enunciado, de modo mais ou menos consciente, pressupõe um superdestinatário superior (o terceiro), cuja compreensão responsiva absolutamente exata é pressuposta seja num espaço metafísico, seja num tempo histórico afastado [...]. Todo diálogo se desenrola como se fosse presenciado por um terceiro, invisível, dotado de uma compreensão responsiva, e que se situa acima de todos os participantes do diálogo (os parceiros).[26]

Isso não acontece sem consequências, pois se o que torna significativo e inteligível o ato do estupro é a injunção imposta por esses outros genéricos contidos no horizonte mental do agressor, é também essa presença, justamente, que deverá ser suspensa, neutralizada, eliminada e substituída em qualquer processo de reabilitação que pretenda ser eficaz.

Dizer que o estupro deve ser entendido como um ato em companhia implica enfatizar sua dimensão intersubjetiva. A galeria de "acompanhantes" ou interlocutores "em sombra" que

---

25. M. Bakhtin, *Estética da criação verbal*, 1997, p. 316-317.
26. Ibid., p. 356.

participam dessa ação incorpora-se à vida do sujeito desde o primeiro momento e a partir daí é sempre confirmada. Trata-se de uma apreensão dos outros marcada por uma compreensão da centralidade e da estrutura da diferença de gênero, assim como uma hipersensibilidade, trabalhada pela socialização, às exigências que essa diferença coloca ao sujeito masculino para que ele seja e tenha identidade como tal. Essas "companhias" silenciosas, que pressionam, estão incorporadas ao sujeito e já fazem parte dele. Pode-se dizer, portanto, que seu ato, seu crime, mais do que subjetivo, é intersubjetivo: outros imaginados participam.

A partir desse ponto de vista, é possível interpretar o que eles mesmos tentam dizer nas entrevistas realizadas quando afirmam, reiteradas vezes, que "não fui eu" ou "fui eu, mas foi outro que me fez fazer isso", "havia algo, alguém mais", cuja agência adquire uma corporeidade indiscutível e um poder determinante: álcool, drogas, o diabo, um espírito que "incorporou", um colega e até, em um dos casos, um *verdadeiro* autor do crime, com nome e sobrenome, que segundo o prontuário foi inventado pelo réu. Com esses álibis, o estuprador não está apenas tentando mentir ou evitar sua culpabilidade. Mais precisamente, ele tenta descrever e examinar a experiência de uma falta de autonomia que o deixa perplexo; os outros, dentro de sua consciência, às vezes falam mais alto do que sua própria razão subjetiva. Essa escuta rigorosa das palavras é fundamental para compreender um tipo de crime cujo sentido escapa à racionalidade não apenas de quem pesquisa, mas também de seus próprios autores, precisamente porque sua razão de ser não se esgota no indivíduo, mas procede de um campo intersubjetivo que deve ser levado em conta para tornar seu ato, sua "besteira", como às vezes descrevem o crime, inteligível.

No entanto, essa mesma característica aqui mencionada pode abrir caminho para a transformação do sujeito e sua reabilitação, sempre e quando, em uma perspectiva aqui mais fenomenológica do que estruturalista, aceitemos que "essa experiência de si mesmo, ou de si mesmo em relação ao outro, é continuamente ajustada a certos propósitos e é moldada pelas circunstâncias",[27] e acreditemos que o estuprador pode se libertar dos "fantasmas" que o acompanham e lhe fazem demandas, para abrir-se e incorporar um mundo de *outros* transformados: uma mulher cuja liberdade não o ameace, companheiros que não lhe imponham condições para pertencer ao grupo e antagonistas que não vejam suas mulheres como extensão de suas posses e sua honra.

Modelos interpretativos: a perspectiva médico-legal, a perspectiva feminista e a perspectiva do mandato de poder na estrutura de gênero

O que apontamos até agora sugere que o estupro sempre assinala uma experiência de masculinidade fragilizada. E este seria o significado último do tão comentado estupro perpetrado contra o estuprador por seus companheiros no ambiente carcerário. "Pressões" é o nome dado a esse tipo de abuso sexualizado infligido e sofrido na prisão. E embora o termo "pressões" possa ser um eufemismo, também pode ser sinal de uma coação para curvar-se e aceitar uma posição afim com a sua própria natureza na estrutura de relações, fortemente marcada por uma concepção dos lugares e atributos de gênero. Não se trataria meramente de um "castigo", como é popularmente caracterizado no folclore das prisões, mas algo mais profundo: um enunciado feito público e uma constatação da escassa virilidade do estuprador, de sua masculinidade frágil. Um exemplo a mais da sociologia profunda que as teorias nativas costumam conter.

---

27. M. Jackson, "Introduction: phenomenology, radical empiricism, and anthropological critique" in Michael Jackson (org.), *Things as they are. New directions in Phenomenological Anthropology*, 1996, p. 27.

Masculinidade representa aqui uma identidade dependente de um *status* que engloba, sintetiza e confunde poder sexual, poder social e poder de morte. "Os homens", diz Ken Plummer em uma análise interessante das relações entre masculinidade, poder e estupro, "se autodefinem a partir de sua cultura como pessoas com necessidade de estar no controle, um processo que começam a aprender na primeira infância", e continua:

> Se esse núcleo de controle desaparece ou é posto em dúvida, pode ocorrer uma reação a essa vulnerabilidade. [...] Essa crise no papel masculino pode ser a dinâmica central que precisa ser analisada para ter acesso às diferentes facetas do estupro [...] os membros dos grupos sociais mais baixos parecem ser especialmente vulneráveis. Na classe trabalhadora e nas minorias raciais, essa crise atinge sua máxima magnitude: no fundo da escala social, seu sentido de masculinidade é absolutamente fundamental.[28]

Para esse autor, "o problema de estupro passa a ser, em grande medida, o problema da masculinidade, e é este último o que deve ser indagado se se quer ver o problema do estupro, algum dia, resolvido".[29] Isso significa, justamente, compreender o homem de que trato neste capítulo, e as teias de sentido em que a masculinidade e o fenômeno do estupro se entrelaçam.

Assim, o estupro pode ser entendido como uma forma de restaurar o *status* masculino danificado, pairando aqui a suspeita de uma afronta e o ganho (fácil) num desafio aos outros homens e à mulher que cortou os laços de dependência da ordem do *status*, todos eles entendidos genericamente. Na verdade, não se trata de o homem *poder* estuprar, mas de uma inversão dessa hipótese: ele *deve* estuprar, se não literalmente, pelo menos de forma alegórica, metafórica ou na fantasia. Esse abuso

---

28. K. Plummer, "The social uses of sexuality: Symbolic Interaction, Power and Rape" in J. Hopkins (org.), *Perspectives on Rape and Sexual Assault*, 1984, p. 49.
29. Ibid., p. 53.

estruturalmente previsto, essa usurpação do ser, ato vampírico perpetrado *para ser homem*, refazer-se como homem em detrimento do outro, à custa da mulher, em um horizonte de pares, ocorre dentro de um duplo-duplo vínculo: o duplo vínculo das mensagens contraditórias da ordem de *status* e da ordem contratual e o duplo vínculo inerente à natureza do patriarca, que deve ser autoridade moral e poder ao mesmo tempo.

O *status* masculino, como demonstrado em um tempo filogenético pelos rituais de iniciação dos homens e pelas formas tradicionais de acesso a ele, deve ser conquistado por meio de provas e superação de desafios que, muitas vezes, exigem até mesmo contemplar a possibilidade da morte. Como esse *status* é adquirido, conquistado, há o risco constante de perdê-lo e, portanto, é preciso assegurá-lo e restaurá-lo diariamente. Se a linguagem da feminilidade é uma linguagem performativa, dramática, a da masculinidade é uma linguagem violenta de conquista e preservação ativa de um valor. O estupro deve ser compreendido dentro desse contexto e como um movimento de restauração de um *status* sempre prestes a ser perdido, *status* que, por sua vez, se instaura às custas e em detrimento de um outro, feminino, de cuja subordinação se torna dependente.

Como coroamento de suas pesquisas ao longo de mais de três décadas entre os baruyas de Nova Guiné, Godelier relata que chegou a descobrir o segredo mais surpreendente e bem guardado do grupo: que a flauta ritual da casa dos homens, símbolo e segredo da masculinidade, na verdade, é *das mulheres e foi roubada por eles, que, desde então, se beneficiam com sua utilização.*[30] A espoliação do feminino – pela força, pelo roubo – é expressa aqui de uma maneira surpreendentemente próxima da máxima lacaniana segundo a qual "a mulher é o falo", enquanto "o homem tem o falo".[31] Dessa forma, aponta-se também

---
30. M. Godelier, *L'Énigme du don*, 1996. [Ed. brasileira: M. Godelier, *O enigma do dom*. Trad. Eliana Aguiar. Rio de Janeiro: Civilização brasileira, 2001, p. 182.]
31. J. Lacan, "The Signification of the Phallus", in *Écrits: A Selection*. 1977, p. 289.

como exação o que circula da mulher para o homem, condição *sine qua non* da masculinidade. Mas se isso faz parte de uma estrutura identificável em universos tão distantes, significa que a *fragilidade* masculina e sua dependência de uma *substância* que suga ou rouba o feminino não é uma condição excepcional, a *doença* de alguns indivíduos ou dos membros masculinos de algumas camadas sociais, mas parte constitutiva da própria estrutura e da natureza de suas posições.

A atribuição de um sentimento de inferioridade e uma "masculinidade danificada" como fundamento que dá sentido ao estupro é bastante recorrente na literatura.[32] Como afirmam Heleieth Saffioti e Suely de Almeida: "o poder [...] por ter uma eficácia relativa e porosa, não pode prescindir da força. Portanto, esta forma de violência denuncia a impotência de quem consegue supremacia nesse jogo, para manter o outro sob domínio absoluto".[33] É importante destacar aqui, no entanto, uma posição que se separa tanto de um modelo explicativo centrado na patologia individual do criminoso (neste caso, sua fragilidade e sua emasculação) como em um suposto poder que faria parte da natureza do homem. Não se trata de um problema restrito à esfera do indivíduo nem é a consequência direta e espontânea do exercício do poder do homem sobre a mulher.

Diana Scully, em uma análise exaustiva e inteligente de um *corpus* de entrevistas com 114 estupradores condenados, postula o antagonismo das duas teses:

> Em contraste com o modelo psicopatológico, este livro baseia-se em uma perspectiva feminista e no pressuposto de que a violência sexual tem uma origem sociocultural: os

---

32. Ver, entre outros: W. Bromberg, *Crime and the Mind*, 1948, e J.D. West, C. Roy e F. L. Nichols, *Understanding Sexual Attacks. A Study Based upon a Group of Rapists Undergoing Psychotherapy*, 1978.
33. H. Saffioti e S. S. de Almeida, *Violência de gênero. poder e impotência*, 1995, p. 218.

homens aprendem a estuprar. Portanto, em vez de examinar os históricos clínicos de homens sexualmente violentos em busca de evidências de uma patologia (na literatura tradicional, frequentemente acusatória de suas mães ou esposas) ou de motivos individuais, utilizei coletivamente os estupradores condenados como especialistas capacitados para informar sobre uma cultura sexualmente violenta.[34]

A autora expõe de maneira convincente as razões que a afastam das explicações psicopatológicas, ao assinalar que estas separam "a violência sexual do reino do mundo 'normal' ou cotidiano e a colocam na categoria de comportamento 'especial'", eliminando "qualquer conexão ou ameaça aos homens 'normais'". Dessa forma, a abordagem "nunca vai além do ofensor individual", "uns poucos homens 'doentes' [...] Assim, o modelo psicopatológico ou médico-legal do estupro prescinde da necessidade de indagar ou modificar os elementos de uma sociedade que podem precipitar a violência sexual contra as mulheres".[35] Por sua vez, a tese feminista "vê o estupro como uma extensão do comportamento normativo masculino, resultado da adaptação aos valores e prerrogativas que definem o papel masculino nas sociedades patriarcais".[36]

O discurso dos estupradores entrevistados parece-me indicar uma terceira posição, orientada para o que poderíamos descrever como um *mandato* de estupro. Esse mandato, imposto pela sociedade, vigora no horizonte mental do homem sexualmente agressivo pela presença de interlocutores *em sombra*, aos quais o criminoso dirige seu ato e em quem esse ato adquire seu sentido pleno. Esse mandato expressa o preceito social de que esse homem deve ser capaz de demonstrar sua virilidade, como um composto indiscernível de masculinidade e subjetividade, por meio da exação da dádiva do feminino.

34. D. Scully, *Understanding Sexual Violence. A Study of Convicted Rapists*, 1994, p. 162.
35. Ibid., p. 46.
36. Ibid., p. 49.

Na impossibilidade de extrair essa dádiva por meio de procedimentos amparados pela lei, o homem é coagido por essas presenças a arrancá-la por meios violentos. A entrega da dádiva do feminino é a condição que possibilita a emergência do masculino e seu reconhecimento como sujeito assim posicionado. Em outras palavras, o sujeito não estupra porque tem poder ou para demonstrar que o tem, mas porque deve obtê-lo.

A dimensão simbólica do estupro

Parece-me possível, de fato, afirmar que o estupro faz parte de uma estrutura de subordinação que é anterior a toda e qualquer cena que o dramatize e lhe dê concretude. Tal como aponta Kaja Silverman[37] em relação à estrutura de gênero, o estupro participa do horizonte do simbólico, e é apenas por essa razão que certas cenas não exatamente sexuais podem ser lidas como emanações desse solo simbólico e de seu ordenamento. O uso e abuso do corpo do outro sem o seu consentimento pode dar-se de diferentes formas, nem todas igualmente observáveis.

Então, em primeiro lugar, há o que poderíamos chamar de "estupro alegórico", no qual não ocorre um contato que possa ser qualificado como sexual, mas há a intenção de abuso e manipulação indesejada do outro. Imaginemos a cena de um filme em que um estuprador assola uma vizinhança, aterrorizando as mulheres que ali vivem. A narrativa atinge seu clímax quando, finalmente, o estuprador consegue invadir a casa da protagonista. Uma vez frente a ela, ele passa a perpetrar o ato tão temido. No entanto, neste relato em particular, esse ato consiste em fazer a aterrorizada vítima ajoelhar-se, após o que, à maneira de um batismo perverso, o agressor procede a despejar água sobre a cabeça da mulher humilhada. Vamos imaginar que o trauma da humilhação seja dramatizado como devastador,

---

37. K. Silverman, *Male Subjectivity at the Margins*, 1992.

mas aparentemente não houve nenhum contato sexual. Esse é o exemplo paradigmático do que denomino estupro alegórico, no qual um ato de manipulação forçada do corpo do outro desencadeia um sentimento de terror e humilhação idêntico ao causado por um estupro cruento. Somente a existência de uma estrutura profunda que antecede esse ato de poder e sujeição nos permite fazer essa leitura e, o que é ainda mais importante, permite à vítima experimentar seu terror.

Existem também outras formas de estupro metafórico, que consistem em transformações mais ou menos afastadas do protótipo propriamente sexual, como uma prática comum nos anos de 1996 e 1997 entre as gangues de ladrões na Cidade do México. Depois de roubar as mulheres, raspavam-lhes a cabeça, impondo às vítimas o que era entendido consensualmente como *vexame* ou *humilhação* e também pode ser compreendido como um estupro metafórico, pois resultava em um *castigo adicional* que as mulheres – e não os homens assaltados – deveriam sofrer unicamente em razão de seu gênero.

Outro exemplo de um estupro mais simbolizado do que físico é a definição *inclusiva* desse ato utilizada pelas prostitutas londrinas no contexto de seu trabalho, segundo a qual "a violência física ou a ameaça de violência se inclui na mesma categoria que o descumprimento do contrato de serviço acordado" por parte do cliente.[38] Entre as infrações estão, por exemplo, retirar o preservativo, não pagar o combinado, dar um cheque sem fundos ou forçá-las a práticas não acordadas durante a relação sexual. Todas essas e outras formas de rompimento do contrato pré-estabelecido entre a prostituta e o cliente são denominadas "estupro" pelas trabalhadoras sexuais.

No entanto, a alegoria por excelência é, em minha opinião, a constituída pelo *male gaze* ou olhar masculino, em sua predação

---

38. S. Day, op. cit., p. 179.

simbólica do corpo feminino fragmentado. O olhar fixo, em oposição ao olhar, foi teorizado por Lacan e examinado de forma esclarecedora em sua mecânica por Kaja Silverman.[39] Esse tipo de intervenção visual procede ao escrutínio de seu objeto sem que se possa deduzir a comutabilidade de posições entre observador e observado, e é nessa característica que ela se diferencia do "olhar comum": olhares se trocam, enquanto o "olhar fixo" é imperativo, sobrevoa a cena e captura sua presa. A câmera fotográfica incorpora esse tipo de intervenção visual no mundo: "quando sentimos o *gaze* da sociedade focalizada em nós, sentimo-nos fotograficamente 'enquadrados' [...] quando uma câmera real se volta para nós, sentimo-nos constituídos subjetivamente, como se a fotografia resultante pudesse de alguma forma determinar 'quem' somos'".[40] Tal olhar, como o estupro, captura e enclausura seu alvo, forçando-o a se situar em um lugar que se torna destino, um lugar do qual não há escapatória, uma subjetividade obrigatória. Lembro do comentário de Frantz Fanon, em *Pele negra, máscaras brancas*, sobre a alegoria do senhor e do escravo em Hegel: na versão colonial dessa dialética, diz Fanon, o senhor imperial nega ao colonizado sua necessidade, recalca a relação. O *gaze* é esse olhar abusivo, rapinador, que se encontra à margem do desejo e, sobretudo, fora do alcance do desejo do outro. Como tal, constitui a forma mais despojada de estupro.

Poderíamos nos perguntar por que essas formas alegóricas e metafóricas do estupro são possíveis e resultam em atos de sentido e valor equivalentes, e em que exatamente consiste sua equivalência. Em sua interpretação de uma série de representações pictóricas do estupro de Lucrécia, Mieke Bal, na obra já citada, afirma que "o estupro não pode ser visualizado porque a experiência, tanto em sua dimensão física quanto psicológica, é interna. O estupro ocorre dentro. Nesse sentido, o estupro é, por definição, imaginado e só pode existir como experiência e

---

39. K. Silverman, *The Threshold of the Visible World*, 1996.
40. Ibid., p. 135.

memória, como imagem traduzida em signos, nunca adequadamente objetivável"[41]. Sendo assim, uma série de condutas que expressam transposições de uma relação simbólica de abuso e usurpação unilateral podem ser entendidas como equivalentes e desencadear o mesmo tipo de experiência.

Por outro lado, seria possível afirmar que o estupro, mesmo quando inclui, sem lugar a dúvidas, a conjunção carnal, nunca é realmente um ato consumado, mas a encenação de uma consumação, inevitavelmente presa na esfera da fantasia. Em outras palavras, se para a vítima o estupro só se consuma no seu íntimo, para o estuprador, é a irrupção cénica de uma fantasia. Isso torna inteligível, nas emoções que desencadeia, a proximidade entre suas formas alegóricas e violentas. O estupro sempre é uma metáfora, uma representação de uma cena anterior, já produzida e à qual se tenta infrutiferamente retornar. É uma tentativa de retorno nunca consumada. Fantasia de consumação que, na verdade, termina em uma consumição. Consumição que encena a saciedade, mas não a alcança. Daí sua serialidade característica, seu ciclo habitual de repetições. E daí, também, sua associação preferencial com sociedades de grande inclinação consumista, como os Estados Unidos, onde a encenação fugaz, recorrente e serial da saciedade é mais típica.

A racionalidade do estupro

Dos relatos dos estupradores condenados emerge, de maneira reiterada, a opacidade do ato para a própria consciência de quem o perpetrou. Assim, quando comparamos o estupro com outros crimes, constatamos que ele carece da dimensão instrumental própria desses. O roubo é motivado pelo desejo de apropriar-se dos bens da vítima. O homicídio, por sua vez,

---

41. M. Bal, op. cit., p. 68.

pode ser motivado pelo desejo de vingança, pelo medo, para defender-se de uma possível acusação ou delação, ou por encomenda em troca de um pagamento. Alguns testemunhos fazem referência à oportunidade proporcionada por um roubo bem-sucedido para apoderar-se de algo mais, e deixam ver o estupro como um roubo ou como parte de um roubo. Em uma primeira análise, este tipo estaria, portanto, mais próximo de uma instrumentalidade: a apropriação à força de um serviço sexual. Na verdade, todo estupro é um roubo de algo, com a ressalva de que esse algo, como percebido posteriormente, não pode ser roubado: é um bem fugidio, perecível em alto grau. Trata-se, como dissemos, da exação do feminino no ciclo confirmatório da masculinidade. E nos relatos reaparece a perplexidade pela irracionalidade do ato. Porque, em última instância, com o estupro não se ganha nada. É pura perda, mesmo do ponto de vista do estuprador.

Podemos dizer que é um ato ininteligível, percebido *a posteriori* como irracional, isento de sentido. Pareceria, à primeira vista, com o que Jonathan Fletcher, em sua análise da obra de Norbert Elias, chama de "violência expressiva", que constitui um "fim emocionalmente satisfatório em si mesmo", em contraste com a "violência instrumental", como "meio racionalmente escolhido para alcançar um objetivo específico".[42] No entanto, as coisas não acontecem completamente assim, porque de fato o estupro responde dialogicamente à interpelação de personagens que povoam o imaginário do perpetrador, figuras genéricas que o pressionam e exigem restaurar uma ordem danificada. Em última instância, estão em jogo a virilidade e o prestígio pessoal conferidos pelo estupro como valor. Poderíamos dizer, portanto, que se trata de uma violência instrumental que visa um valor, ou seja, a reparação ou aquisição de um prestígio.

---

42. J. Fletcher, *Violence and Civilization. An introduction to the work of Norbert Elias*, 1997, p. 52.

No entanto, gostaria de insistir que sua aparente falta de finalidade racional retorna como perplexidade no discurso dos entrevistados. Aos olhos deles, o desejo ou a intenção que impulsiona o ato do estupro cruento, de rua, carece quase por completo de instrumentalidade. Se esse crime, quando cometido contra uma pessoa conhecida, pode ser pensado como uma tentativa de satisfazer o desejo sexual em relação a uma pessoa específica, no caso do estupro anônimo perpetrado na rua, isto não parece se dar dessa forma. No discurso dos estupradores, é recorrente a ideia de que se trata de qualquer corpo e – o que é mais surpreendente – muitas vezes de um corpo considerado abominável ou, pelo menos, não especialmente desejável. Portanto, embora a sexualidade forneça a arma ou o instrumento para perpetrar a agressão, o ataque não é propriamente do âmbito do sexual. Para podermos nos aprofundar nesse aspecto, fundamental, mas evanescente, deveríamos nos dedicar à complexa tarefa de indagar as relações entre sexualidade e agressividade e nos perguntar se é possível, de fato, separar esses dois campos. Em outras palavras, deveríamos examinar detalhadamente as possibilidades de definir – ou não – a sexualidade como um campo perfeitamente isolável da experiência humana. Por enquanto, só é possível nos atermos, como fizemos nesta análise, às percepções dos próprios atores.

Essa ambiguidade de registros, essa sobreposição dos âmbitos da sexualidade e do poder, tem como consequência a aparência opaca e irracional com que a prática do estupro cruento se apresenta aos olhos de seus próprios perpetradores. Na verdade, no caso do estupro cruento entre pessoas conhecidas, também acaba prevalecendo o aspecto irracional, pois a pergunta reaparece sob outra forma: como seria possível agredir e até eliminar alguém que um instante antes fora objeto de desejo? Quero enfatizar que essa questão de difícil resolução não constitui um problema perturbador exclusivamente para nós, mas muitas vezes o é também para o próprio estuprador.

No entanto, ainda é necessário fazer notar que nenhum crime se esgota em sua finalidade instrumental. Todo crime é maior do que seu objetivo: é uma forma de expressão, parte de um discurso que teve de prosseguir pelas vias de fato; é uma assinatura, um perfil. E por essa razão, é raro o crime que utiliza a força estritamente necessária para alcançar seu objetivo. Sempre há um gesto a mais, uma marca a mais, um traço que excede sua finalidade racional. Portanto, quase todos os crimes aproximam-se em alguma medida do estupro, por sua natureza excessiva e arbitrária. Contudo, se quem fala nos atos violentos em geral é o sujeito, inclino-me a acreditar que, no estupro cruento, é uma estrutura que fala mais alto e através dele, dissolvendo-o e destruindo-o nesta fala como um brinquedo perecível da sua lógica inexorável. A seguir, tentarei demonstrar essa tese.

A dimensão psicanalítica do estupro

Se até aqui falei de uma racionalidade social do ato, que deve ser descoberta nos interlocutores *em sombra* aos quais o discurso do estupro tenta se dirigir, os processos que agora passo a examinar apontam para uma racionalidade que deve ser achada nas tensões intrapsíquicas capazes de dar conta da compulsão e da repetição de um tipo de ato que, em última instância, é autodestrutivo e não proporciona ao seu perpetrador ganho ou saída alguma além de um alívio extremamente fugaz do sofrimento psíquico. Tentarei identificar aqui brevemente, e de maneira programática, os processos e mecanismos psicológicos dos quais o estupro faz parte e que falam da intrusão, no universo intrapsíquico do sujeito, do mandato social que pesa sobre o masculino. No entanto, quero salientar que não se trata de encontrar uma causalidade psicológica do estupro por meio da identificação de psicopatologias específicas. Menachem Amir, na obra já citada, provou exaustivamente ser infrutífera a busca por esse tipo de causalidade nas psicopatologias individuais. Nossa tarefa é mostrar como o universo social irrompe na dimensão intrapsíquica para, através dela, orientar as ações individuais.

Enumerarei brevemente alguns conceitos psicanalíticos que podem servir na identificação de certas estruturas presentes nas falas dos sentenciados por estupro:

1. O conceito de narcisismo é o que vincula com maior nitidez as exigências do meio social que pesam sobre o estuprador, conforme descritas até agora, e o estado interno em torno do seu crime: narcisismo masculino, no sentido elaborado por Kaja Silverman[43] – da encenação, por parte do sujeito masculino, de uma não castração, a negação performativa de sua falta. Trata-se da montagem de uma cena na qual o sujeito representa o papel de não castrado, ou seja, alguém que não é vulnerável à experiência da falta e para quem, portanto, o ato sexual não vai preencher esse vazio. O sujeito encontra-se tão absorto na representação desse papel vital para sua autoimagem, que a vítima entra em cena como mero suporte de seu papel. Por essa razão, nem o desejo, nem o sofrimento da vítima são registrados na consciência do estuprador durante o período em que este está sob os efeitos da cena narcisista, cativo do seu roteiro.

2. Uma das tramas mais frequentes que podem ser captadas nas palavras dos estupradores desenha um tipo particular de *self-fulfilling prophecy* [profecia autorrealizável]. Em alguns deles, a culpa parece preceder o ato e faz parte de um aspecto constitutivo de sua pessoa. O ato de estupro apenas parece confirmar essa qualidade moral anterior a ele. O ato que espera e até busca uma punição parece ser ditado por uma autoabominação preexistente. Por trás de alguns relatos, percebe-se uma curiosa inversão: "o estuprador é antissocial, por

---

43. K. Slverman, *Male Subjectivity at the Margins*, 1992.

isso estupra", em vez de "o estuprador estupra, por isso é antissocial". Nesse sentido, vários testemunhos lembram a culpa prévia e a busca por punição devido a uma masculinidade sob suspeita, que Freud viu na personalidade de Dostoiévski.

Com efeito, em "Dostoiévski e o parricídio", Freud interpreta desta forma a escolha de seus protagonistas – violentos, homicidas e egoístas –, assim como sua adição ao jogo e sua possível confissão de um ataque sexual a uma garota: um pai punitivo e cruel (que, neste caso, podemos substituir por uma ordem punitiva e cruel) que lhe inocula a dúvida sobre o seu próprio valor e virilidade, e a vida sob ameaça, ambos instalam uma culpa que só descansa brevemente no castigo. Em seus crimes, fictícios ou reais, sugere Freud: "Em vez de se punir a si mesmo, conseguiu fazer-se punir pelo representante paterno. Temos aqui um vislumbre da justificação psicológica das punições infligidas pela sociedade. É fato que grandes grupos de criminosos desejam ser punidos. O superego deles exige isso; assim se poupam a si mesmos a necessidade de se infligirem o castigo".[44] Na escuta dos testemunhos, percebi a presença desse elemento: a busca por punição desempenha um papel fundamental na prática do estupro cruento. Há um ódio prévio que procura seu reconhecimento e seu castigo. O reconhecimento desse superego autoritário e punitivo, que atinge os outros para obter a própria destruição do ego, ajusta-se muito bem à ideia de que o estuprador se apega a uma norma moral extremamente (eu diria, patologicamente) rigorosa, como já apontamos.

3. Muitas das falas dos estupradores revelam um notório impulso autodestrutivo associado ao estupro, uma espécie de suicídio consumado no corpo do outro. O estupro emerge como uma agressão autorreferida por intermédio do outro, uma agressão que retorna ao sujeito e o degrada e devasta.

---

44. S. Freud, "Dostoievski e o parricídio", in *Edição standard brasileira das obras completas de Sigmund Freud*, 1980, p. 215.

O conceito de "pasagem ao ato" parece-me um instrumento útil para descrever um processo que creio referido na fala dos estupradores. Se a noção de *"acting out"*, formulada por Lacan em estreita relação com aquele conceito no Seminário X sobre a angústia, pode ser definida como uma ação ostensiva, demonstrativa de uma intenção de significar, na qual o sujeito fala, mas o faz por meio de um ato, a "pasagem ao ato" indica a irrupção da estrutura do simbólico por meio do sujeito e à sua custa. Ao agir, nessa explosão dramática que é a "pasagem ao ato", o sujeito "abandona a cena, por não ter mais um elemento de demonstração para o outro".[45] No caso do estupro como "pasagem ao ato", na e por meio da destruição da subjetividade da vítima, a subjetividade do próprio estuprador é abolida de um golpe só, já que esta é construída em estreita dependência daquela, e assim cai por terra no instante mesmo de seu surgimento a ordem regida por esta gramática.

Podemos expressar isso de outra forma: em um gesto desesperado para responder a um pai abusivo – ou a uma ordem abusiva –, o sujeito masculino coloca-se em seu lugar e, ao incorporá-lo – ou incorporar a ordem –, encena o abuso sobre um outro feminino. Com a destruição de sua vítima como sujeito, seu próprio poder de morte fica subitamente sem suporte. Abolido o poder com a eliminação de sua razão de ser – a vítima em sua subjetividade –, abole-se o sujeito que nele se apoia e que dele obtém sua identidade. Instantaneamente, o mesmo abuso que desencadeou o processo é destruído com a destruição do sujeito, proporcionando-lhe um alívio fugaz. Se invertermos a leitura, podemos dizer, portanto, que o sujeito se autoelimina no estupro para destruir o abuso sofrido e, com ele, o pai – ou a ordem –, em cuja imagem esse abuso se apoiava. A implosão do próprio poder com a morte – imaginária ou real – de sua razão de ser – a vítima – equivale, por um instante, à implosão da estrutura simbólica, o que dá

---

45. M. Gaugain, "El Acting Out, el Pasaje al Acto y la Transferencia Analítica", in Nasio, Juan David Nasio (comp.): *En los Límites de la Transferencia*, 1987, p. 131.

um breve respiro ao sujeito masculino/violento preso a ela. A compulsão à repetição deve-se ao fato de que a estrutura aflora, através do sujeito, para ser desativada apenas por um instante com a neutralização do próprio sujeito violento na eliminação de sua vítima. A passagem ao ato é a seguinte: a destruição do sujeito em seu ato por sua transmutação em puro vazio. O vazio do abolido, no qual não há mais diferença entre vítima e agressor. O vazio da falta, do "objeto *a*".

4. Por fim, o estupro às vezes se apresenta como um gesto de posse violenta da figura materna negada, uma mãe genérica da qual não se precisa nem se pretende consentimento; um ato apenas de reconquista e punição, no qual predomina o aspecto punitivo em função da pretensão de que não há falta e em concordância com o protagonismo de um sujeito que se constrói como não castrado e que, para isso, monta a cena do estupro.

Algumas palavras sobre a prevenção

Qualquer discurso sobre a prevenção deve partir da seguinte pergunta: se o abuso e a exação do feminino são, como dissemos, parte constitutiva da estrutura de gênero, se a fantasia difusa do abuso do outro é onipresente, uma vez que ultrapassa o imaginário social e estrutura as relações sociais, em que momento e por meio de que processo a apropriação do outro que alimenta a identidade masculina sai de seu confinamento na imaginação coletiva e se instala nas relações concretas entre as pessoas na forma de ato violento? Em que circunstâncias a barreira que contém a fantasia cai e o ato cruento é desencadeado? Por que e quando se abre a caixa-preta da fantasia para que o ato violento se instale nas relações interpessoais? Em parte, alguns dos subsídios para responder a essas perguntas já foram fornecidos ao longo do capítulo, mas considero pertinente destacar aqui a importância da pergunta para a questão da prevenção.

Ao examiná-la com mais vagar, percebemos que, de alguma forma, a prevenção pragmática do estupro cruento poderia significar, de maneira um tanto cínica, o respaldo do regime de espoliação que é a condição de possibilidade e manutenção da identidade masculina (e, aliás, de toda identidade enraizada no poder) na esfera das relações imaginárias, no sentido de preservar no campo da fantasia a realização desse regime simbólico e das relações que ele produz, porém estabelecendo limites precisos à sua expressão.

De fato, se o lugar da usurpação do ser é indissociável de uma estrutura social hierárquica e habita o imaginário coletivo, surge aqui uma questão muito debatida: são as representações de fantasias de violência e abuso propícias ao desencadeamento da violência física ou, pelo contrário, contribuem para sua prevenção? Seria possível sugerir a imersão na fantasia para suspender o ato? Qual é, então, o papel da fantasia na sociedade?

Aqui só posso deixar a questão em aberto e propor alguns elementos que estimulam a indagação. Em "A obra de arte na era de sua reprodutibilidade técnica", Walter Benjamin já falava sobre o "inconsciente ótico":

> [...] essa mesma tecnização abriu a possibilidade de uma imunização contra tais psicoses de massa através de certos filmes, capazes de impedir, pelo desenvolvimento artificial de fantasias sadomasoquistas, seu amadurecimento natural e perigoso [...] A enorme quantidade de episódios grotescos atualmente consumidos no cinema constituem um índice impressionante dos perigos que ameaçam a humanidade, resultantes das repressões que a civilização traz consigo. Os filmes grotescos [...] produzem uma explosão terapêutica do inconsciente.[46]

---

46. W. Benjamin, "A obra de arte na era de sua reprodutibilidade técnica (primeira versão)", in *Obras Escolhidas,* 1987, p. 190.

Benjamin parece sugerir aqui que o papel da representação da fantasia e sua reprodução e difusão por meios técnicos consistiria em servir como espelho para que a sociedade pudesse reconhecer-se em suas tendências e perigos. O cinema e outros meios de comunicação em massa seriam produtos da transferência das imagens do inconsciente social para um suporte projetivo, no qual adquiririam visibilidade. No entanto, cabe questionar quando essa visibilidade funciona como reflexão para permitir o reconhecimento e, com isso, o autoconhecimento, e quando ocorre uma identificação cega, na qual o sujeito fica preso à imagem e a fantasia toma conta, deixando o mundo sem lado de fora. Onde está esse limite, quais são as garantias necessárias para que essa captura não ocorra?

Judith Butler faz uma análise semelhante ao comparar, corajosamente, a Lei Helms, que impede o financiamento com fundos estatais de artistas como Robert Mapplethorpe, em função da transgressão da moralidade estabelecida que seus trabalhos exibem, com a Lei MacKinnon/Dworkin, resultante das lutas feministas contra a pornografia. Para analisar os perigos de uma convergência sub-reptícia entre a nova direita e o feminismo em um moralismo reacionário, Butler esmiúça de forma deslumbrante o papel ambíguo da fantasia na vida social.

> A fantasia é postulada *como* realidade, estabelece a realidade por meio da impostura repetida e persistente, mas também abrange a possibilidade de suspender e interrogar sua própria pretensão ontológica, de rever suas próprias produções, por assim dizer, e de impugnar sua pretensão de constituir a realidade.[47]

Ao longo de uma *démarche* analítica que avança a passo firme, Butler mostra com nitidez que a ação física constitui

---

[47]. J. Butler, "The Force of Fantasy: Feminism, Mapplethorpe, and Discursive Excess", *Differences: A Journal of Feminist Cultural Studies*, 1990, p. 108.

precisamente a forclusão da fantasia e não sua consequência, como poderíamos inicialmente supor.

> [...] se confunde a construção fantasmática do real com um vínculo temporal entre fantasia e realidade, como se a primeira pudesse transmutar-se de repente em ação e ambas fossem, em princípio, separáveis. Eu diria, no entanto, que a fantasia é uma ação psíquica, e o que é invocado como "ação física" nessa formulação causal é precisamente a condensação e a forclusão da fantasia [...] o ponto de vista de que a fantasia motiva a ação elimina a possibilidade de que a primeira seja a própria cena que *suspende a segunda e, em sua suspensão, propicia a indagação crítica do que constitui a ação.*[48]

Ao continuar sua análise, Butler conclui que "as proibições invariavelmente produzem e proliferam as representações que procuram controlar; portanto, a tarefa política consiste em promover a proliferação das representações, os espaços de produção de discursos que possam, por sua vez, questionar a produção autorizadora resultante da proibição legal".[49] Para a autora, a proibição produz pornografia, já que a reconhece, mas impede a circulação de discursos e formas de representação que permitiriam sua superação reflexiva. Do mesmo modo, a verdadeira causa da violência seria então aquela que impede e obstaculiza a passagem dos discursos e imagens que possibilitam uma reflexão sobre ela.

A meu ver, o fundamental é perceber que o tempo de reflexão e a abundância dos recursos discursivos à disposição são inversamente proporcionais ao tempo e aos meios da violência. Em uma sociedade em que o tempo de reflexão e os meios discursivos que o possibilitam diminuem dia após dia, a violência aumenta em ritmo proporcional. Na sociedade moderna, o

---

48. Ibid., p. 113.
49. Ibid, p. 119.

problema da prevenção do estupro é o problema do autoconhecimento: colocar à disposição das pessoas um vocabulário que permita um caminho de interiorização, expor e tornar acessíveis ao olhar e à compreensão as estruturas que mobilizam nosso desejo e nos fazem agir, significa, acredito, abrir e manter em bom estado as vias de acesso ao bem. Nada menos radical do que isso poderá garantir uma prevenção eficaz em termos duradouros.

Bibliografia

AMIR, Menachem. *Patterns in Forcible Rape*. Chicago e Londres: The University of Chicago Press, 1971.

ALMEIDA, Tânia et al. Relatório Parcial da Pesquisa sobre Estupradores Internos na Papuda. Brasília: NEPeM, 1995.

BAINES, Stephen Grant. *"É a FUNAI que Sabe": A Frente de Atração Waimiri-Atroari*. Belém: Museu Paraense Emílio Goeldi/CNPq/SCT, 1991.

BAKHTIN, Mikhail. *Estética da Criação Verbal*. Tradução de Maria Emsantina Galvão G. Pereira. 2ª ed. São Paulo: Martins Fontes, 1997.

BENJAMIN, Walter. "A obra de arte na era de sua reprodutibilidade técnica (primeira versão)", in *Obras Escolhidas*, v. 1, *Magia e Técnica, Arte e Política*, 3ª ed. São Paulo: Brasiliense, 1987.

BAL, Mieke. *Reading Rembrandt. Beyond the Word-Image Opposition*, Cambridge: Cambridge University Press, 1991.

BROMBERG, Walter. *Crime and the Mind*. Nova York: Lippincott, 1948.

BROWNMILLER, Susan. *Against Our Will: Men, Women, and Rape.*, Nova York: Simon & Schuster, 1975.

BUTLER, Judith. "The force of fantasy: feminism, Mapplethorpe, and discursive excess", *Differences: A Journal of Feminist Cultural Studies*, vol. 2, nº 2, p. 105–125, 1990.

CENTRO FEMINISTA DE ESTUDOS E ASSESSORIA (CFMEA). *Guia dos Direitos da Mulher*. Brasília, 1994.

DAY, Sophie. "What counts as rape? Physical assault and broken contracts: contrasting views of rape among London sex workers", in HARVEY, Penelope; GOW, Peter (org.). *Sex and Violence*. Londres: Routledge, 1994.

DENICH, Bette. "Of arms, men, and ethnic war in (former) Yugoslavia". In SUTTON, Constance R. (org.). *Feminism, Nationalism, and Militarism.* Arlignton: American Anthropological Association/ Association for Feminist Anthropology, 1995.

FLETCHER, Jonathan. *Violence and Civilization. An introduction to the work of Norbert Elias.* Cambridge: Polity Press, 1997.

FREUD, Sigmund. "Dostoievski e o parricídio", in *Edição Standard Brasileira das Obras Completas de Sigmund Freud* vol. XIV. Rio de Janeiro: Imago, [1928] 1980.

GAUGAIN, Michael. "El Acting Out, el Pasaje al Acto y la Transferencia Analítica", in NASIO, Juan David Nasio (org.). *En los Límites de la Transferencia.* Buenos Aires: Nueva Visión, 1987.

GIRARD, René. *Mensonge romantique et vérité romanesque*, París, Grasset, 1961. [Ed. brasileira: *Mentira romântica, verdade romanesca*. Tradução de Lilian L. da Silva. São Paulo: É Realizações, 2009.]

GODELIER, Maurice. *L'Énigme du don*, París, Fayard, 1996. [Ed. brasileira: GODELIER, Maurice. O enigma do dom. Tradução de Eliana Aguiar. Rio de Janeiro: Civilização brasileira, 2001.]

HOOKS, bell. "Reconstructing black masculinity", in *Black Looks. Race and Representation*, Boston: South End Press, 1992. [Ed. brasileira: *Olhares negros: raça e representações*, trad. Stephania Borges, São Paulo: Editora Elefante, 2019.]

JACKSON, Michael. "Introduction: phenomenology, radical empiricism, and anthropological critique", in JACKSON, Michael (org.). *Things as Ehey Are. New Directions in Phenomenological Anthropology*, Bloomington e Indianápolis, Indiana University Press, 1996.

KRISTEVA, Julia. "Women's Time", in *Signs* 7/1, Automn, 1981, p. 13–35.

LACAN, Jacques. "The Signification of the Phallus", in *Écrits: A Selection.* Nova York e Londres: W.W. Norton & Company e Tavistock Publications, 1977.

____. "Seminario X. La angustia, primera parte", mimeo, Buenos Aires, Escuela Freudiana de Buenos Aires, 1978

LARAIA, Roque. "Violência sexual nas sociedades indígenas", Mimeo.

MARCUS, Sharon. "Fighting Bodies, Fighting Words", in BUTLER, Judith; Joan Scott (org.). *Feminists Theorize the Political.* Nova York: Routledge, 1992

NASSIO, Juan David (comp.) *En los límites de la transferencia.* Buenos Aires: Nueva Visión, 1987.

PATEMAN, Carole. *O contrato sexual.* São Paulo: Paz e Terra, 1993.

PLUMMER, Ken. "The social uses of sexuality: symbolic interaction, power and rape", in HOPKINS, June (org.). *Perspectives on Rape and Sexual Assault.* Londres: Harper and Row, 1984.

RAMOS, Alcida Rita. "Seduced and abandoned", in *Indigenism: Ethnic Politics in Brazil*, Madison, University of Wisconsin Press, 1998.

SAFFIOTI, Heleieth e DE ALMEIDA, Suely Souza. *Violência de gênero. Poder e impotência*. Rio de Janeiro: Revinter, 1995.

SANDAY, Peggy Reeves. *"The socio-cultural context of rape: a cross-cultural study"*. *Journal of Social Issues*, v. 37, n. 4, 1981.

____. "Estupro como forma de silenciar o Feminino". In Tomaselli, Sylvana e Roy Porter (org.). *Estupro*. Rio de Janeiro: Editora Rio Fundo, 1992.

SCULLY, Diana. *Understanding Sexual Violence. A Study of Convicted Rapists*. Nova York e Londres: Routledge, [1990] 1994.

SCHIFTER, Jacobo. *Macho Love. Sex behind bars in Central America*. Nova York, Londres, Oxford: Haworth Press, 1999.

SEDGWICK, Eve Kossofsky. *Between Men: Homosocial Desire and the English Novel*. Nova York: Columbia University Press, 1985.

SEGATO, Rita Laura. "Os percursos do gênero na antropologia e para além dela", *Sociedade e Estado,* v. 1, n. 2, dezembro-julho, 1998.

SHORTER, Edward. *The Making of the Modern Family*. Nova York: Basic Books, 1975.

____. "On writing the history of rape". *Journal of Women in Culture and Society*, vol. 3., nº 2, 1977.

SILVERMAN, Kaja. *Male Subjectivity at the Margins*. Nova York: Routledge, 1992.

____. *The Threshold of the Visible World*. Nova York e Londres: Routledge, 1996

STIMPSON, Catherine R. "Shakespeare and the Soil of Rape", in Ruth, Carolyn, Swift Lenz et allii (org.). *The Woman's Part: Feminist Criticism of Shakespeare*. Urbana: The University of Illinois Press, 1980.

TOMASELLI, Sylvana. "Introdução", in Tomaselli, Sylvana e Roy Porter (orgs.): *Estupro*. Rio de Janeiro: Editora Rio Fundo, 1992.

TREXLER, Richard C. *Sex and Conquest. Gendered Violence, Political Order, and the European Conquest of the Americas*. Ithaca, Nova York: Cornell University Press, 1995.

VOGELMAN, Lloyd. *The Sexual Face of Violence. Rapists on Rape*. Johannesburg: Ravan Press, 1991.

WEST, Donald J., ROY, C. e NICHOLS, Florence L. *Understanding Sexual Attacks. A Study based upon a group of rapists undergoing psychotherapy*. Londres: Heinemann, Agincourt: The Book Society of Canada, 1978.

2. O gênero na antropologia e para além dela

> *"Nenhuma sociedade trata suas mulheres tão bem quanto seus homens."*[1]

Introdução

Pretendo fazer aqui uma avaliação sumária e pessoal da trajetória dos estudos de gênero no campo da antropologia. Chamo essa trajetória de *itinerário* porque, na minha opinião, apesar de a disciplina antropológica estar inteiramente atravessada pela questão de gênero, esse tema não se limita às fronteiras disciplinares e não poderia fazê-lo, devido a algumas razões que tentarei expor. A abertura transdisciplinar atual demonstra, precisamente, o limite da capacidade de uma única disciplina para dar conta dos fenômenos sociais, e a teoria de gênero encontra-se justamente no cerne dessa abertura.

Por outro lado, e de maneira correlata, os debates feministas e a reflexão sobre gênero emprestam seus achados a interesses mais amplos. É significativo que a perspectiva interdisciplinar dos estudos pós-coloniais, que abordam a subalternidade no mundo contemporâneo, considere a hierarquia de gênero, a subordinação feminina, como um protótipo a partir do qual se pode compreender melhor o fenômeno do poder e da sujeição em geral. Portanto, é uma característica do momento presente, a partir da década de 1990, que tanto homens quanto mulheres no campo da filosofia, no campo da análise do discurso, da literatura comparada e das ciências sociais, entre

---

1. PNUD, Relatório de Desenvolvimento Humano, 1997.

outros, passaram a ver no gênero uma cena cujos personagens permitem entender e formular os processos inerentes a toda subordinação, a toda subalternidade. Confluem, nessa proposta, achados da antropologia, da psicanálise e da teoria gramsciana da hegemonia. As autoras que considero paradigmáticas na encruzilhada das áreas e das abordagens são, entre outras, Gayatri Spivak, principalmente com seu texto "*Can the Subaltern Speak?*",[2] dentre uma bibliografia extremamente prolífica, e Judith Butler, especialmente com sua obra recente *The Psychic Life of Power*.[3]

Apesar de ter sido tradicionalmente deixada nas mãos das mulheres, a reflexão sobre gênero, na verdade, trata de uma estrutura de relações e, portanto, diz respeito a todas as pessoas, ao mesmo tempo em que fornece uma grande metáfora de todas as formas de subordinação voluntária. Além disso, permite-nos abordar outras disposições hierárquicas na sociedade, outras formas de sujeição, sejam elas étnicas, raciais, regionais ou as que se instalam entre os impérios e as nações periféricas.

Meu propósito não é resenhar, já que meu ponto de vista é teórico. Lanço mão de referências básicas para abordar a tensa relação entre posturas universalistas e relativistas nos estudos de gênero na Antropologia, e as dificuldades inerentes à definição da categoria *mulher*, com a qual o movimento social deve trabalhar. Relaciono, por sua vez, esse dilema com a questão da universalidade da hierarquia frente à possibilidade de que, em algumas sociedades humanas, exista igualdade na diferença. Contudo, tento demonstrar que a resposta à pergunta sobre se existem ou não sociedades igualitárias não poderia vir, como muitas vezes se acredita, de uma mera observação

---

2. G. C. Spivak, *Can the Subaltern Speak?*, 2021; J. Butler, 1988 e1985.
3. J. Butler, T*he Psychic Life of Power. Theories in Subjection,* 1997; e ver também J. Butler, "Introduction" e "Contingent Foundations: Feminism and the Question of 'Postmodernism", in Butler, Judith e Joan W. Scott (eds.), *Feminists Theorize the Political*, 1992, sobre a contribuição da perspectiva de gênero para a elaboração de uma teoria do poder e de uma postura crítica.

empírica dos fatos. Ou seja, não será o registro etnográfico dos papéis sociais nem a distribuição de direitos e deveres o que poderá provar ou não o caráter igualitário dos gêneros numa determinada sociedade. O que pode ser observado é o maior ou menor grau de opressão da mulher, o maior ou menor grau de sofrimento, o maior ou menor grau de autodeterminação, o maior ou menor grau de oportunidades, de liberdade, etc., mas não a igualdade, pois esta pertence ao domínio da estrutura, e a estrutura que organiza os símbolos, conferindo-lhes sentido, não é da ordem do perceptível à primeira vista, sem o uso das ferramentas de *escuta* adequadas que denominamos, em sua variedade, de *análise do discurso*. O poder revela-se, às vezes, com infinita sutileza.

Numa erudita e esclarecedora resenha, Maria Luisa Heilborn[4] aproxima-se de algumas questões também relevantes para o meu argumento. Ela opta por abordar o gênero como um princípio de classificação abstrato inspirado na observação de outros âmbitos da realidade e, especialmente,[5] na descontinuidade presente no mundo biológico. O gênero seria, assim, uma categoria que – qualquer que venha a ser sua implementação prática numa cultura particular – fala de relações de oposição e constitui "a forma elementar da alteridade". A isto, ela acrescenta a "possibilidade" de introduzir a noção dumontiana de hierarquia, que "organiza a estrutura binária dos modelos classificatórios, de modo que um termo sempre abrange o outro".[6] Dessa forma, a perspectiva estruturalista, para a qual o gênero se constitui numa categoria abstrata, permite postular uma "equidistância valorativa entre as categorias" ou, "acoplada à teoria da hierarquia, a vigência de um princípio onto assimétrico".[7]

---

4. M. L. Heilborn, "Fazendo Gênero? A Antropologia da Mulher no Brasil", in A. de O. Costa, e Cristina Bruschini, *Uma questão de gênero*, 1992, p. 98-106.
5. Seguindo F. Héritier, "Symbolique de l'inceste et de sa prohibition", in Isard, M. y P. Smith (eds.), *La Fonction Symbolique*, 1979.
6. M. L. Heilborn, 1992, p. 104.
7. Ibid., p. 105.

Apesar de concordar com o reconhecimento da abstração constitutiva do gênero, essa abordagem diverge da minha análise atual, pois, invertendo os termos das autoras citadas, coloca o gênero como uma experiência fundante que organiza o mundo, inclusive o universo biológico. Na verdade, os seres biológicos adquirem muito da sua aparência descontínua como efeito de nossa percepção, já informada pela estrutura hierárquica que organiza a realidade social e natural em termos de gênero, e não vice-versa. Por outro lado, a perspectiva estruturalista, tal como formulada por Lévi-Strauss para a antropologia e por Lacan para a psicanálise, é sempre, em última instância, hierárquica. Pode conter a possibilidade de inversões e permutas, mas nunca de simetrias. Ou seja, a ordem "do simbólico" – isto é, a ordem da estrutura que organiza os significantes na vida social – é de "natureza patriarcal", e a ordem patriarcal é, por definição, hierárquica e controlada pela presença do poder simbólico encarnado na figura do pai.[8]

De minha parte, afirmo que, por meio de sua encarnação em atores sociais ou em personagens míticos, os gêneros constituem uma emanação de posições em uma estrutura abstrata de relações fixada pela experiência humana acumulada ao longo de um tempo muito longo, que se confunde com o tempo filogenético da espécie. Essa estrutura impõe ao mundo uma ordenação hierárquica e contém a semente das relações de poder na sociedade. Os gêneros seriam, deste ponto de vista, transposições da ordem cognitiva à ordem empírica. Seria possível dizer que a estrutura, a partir da primeira cena em que participamos (a cena familiar – ou substituta-primigênia, não importa a cultura de que se trate ou o grau de desvio em relação ao padrão social vigente numa cultura particular), se reveste de gênero, emerge nas caracterizações secundárias com os traços do homem e da mulher, ou com os gestos da masculinidade e da feminilidade em personagens dramáticos que representam seus

---

8. T. Brennan, "Introdução", in *Para além do falo. Uma crítica a Lacan do ponto de vista da mulher*, 1997, p. 12.

papéis característicos. Kaja Silverman[9] chama essa cena de "ficção dominante" e considera os papéis de gênero nessa cena originária como um reflexo do que acontece, de fato, na estrutura que organiza as relações dessa cena e que se encontra, ao mesmo tempo, oculta e revelada por elas.

Somente quando compreendemos isso podemos reformar a maneira como o senso comum apreende o que é ser mulher e ser homem, de modo a poder captar, em nossas representações, a capacidade deles de circular pelas posições que a estrutura pressupõe. Essa circulação é, na verdade, como argumentarei, um fato corriqueiro em qualquer sociedade, mas um fato mascarado por uma ideologia que apresenta os gêneros como condenados a reproduzir os papéis relativos previstos para eles na "ficção dominante" ou cena original, e fixados, aderidos, grampeados ao que, na verdade, são, nada mais, nada menos, que posições e lugares numa estrutura de relações aberta e disponível para ser ocupada por outros significantes.

Quando me refiro à possibilidade de trânsito possível por esses lugares, indicando que se trata de não lugares marcados para ser ocupados por anatomias preestabelecidas, não me refiro simplesmente ao que usualmente se compreende, no plano empírico e observável, como atribuições, direitos, deveres, profissões. Nos últimos anos, observamos um avanço no que poderíamos chamar de *dimensão funcional do gênero*, ou seja, a mulher acessou e até substituiu o homem em papéis que implicam o exercício do poder, embora isso não tenha garantido uma reforma dos afetos. De fato, como já muito se apontou, a entrada da mulher no registro das interações afetivas, calcada ainda na experiência da sua entrada na cena original, pouco se modificou. A saída que indico para o impasse hierárquico instituído pela estrutura que rege as relações de gênero é o que chamarei, ao final, de circulação entre posições. Trata-se de um trânsito

---

9. K. Silverman, op. cit.

que implica não uma androginia como situação de indiferenciação de gêneros ou de sua neutralização num mundo novo formado por seres híbridos, como Elizabeth Badinter sugere para a sociedade futura (1988), mas sim uma androginia como possibilidade aberta de permuta de posições no registro afetivo. Isso ocorre porque, mesmo em um mundo de significantes indiferenciados do ponto de vista do gênero como marca anatômica e sociológica, a estrutura – da qual os gêneros não passam de um reflexo ou personificação – continuaria pulsando.

É por isso que afirmo que os gêneros não são precisamente observáveis nem mesmo na ordem empírica, pois eles são, em última instância, o registro no qual nos instalamos ao ingressar numa cena, numa trama de relações. Nessa tese, masculino e feminino são posições relativas, que se encontram mais ou menos estavelmente representadas pelas anatomias de homens e de mulheres na vida social como sinais dessa diferença estruturada. Mas não necessariamente. De fato, no seio das instituições totais, como cárceres e conventos, essas posições relativas ressurgem – não me refiro somente a sua reedição no campo da sexualidade, mas aponto para o universo mais amplo das relações afetivas –, agora reencarnadas em anatomias uniformes.[10]

Um exemplo etnográfico que ilustra a possibilidade de um tipo de circulação como a que proponho aqui é o que chamei de "mobilidade de gênero" ao me referir à concepção de gênero nas religiões afro-brasileiras (ver Capítulo 7). O estilo de sociabilidade que se forma em torno das tradições afro-brasileiras é – como se sabe e como está registrado em inúmeras etnografias – um dos mais igualitários do mundo em relação ao gênero.[11] No mundo afro-brasileiro, as mulheres têm um acesso incomum, raramente registrado em outras culturas ou períodos históricos, a uma posição de domínio em sua comunidade.

10. Ver, por exemplo, J. Schifter, *Macho Love. Sex behind bars in Central America*, 1999.
11. R, Landes, *A Cidade das Mulheres*, 1940; L. Silverstein, "Mãe de todo mundo: modos de sobrevivência nas comunidades de candomblé da Bahia", *Religião e Sociedade*, 1979.

É por isso que ele constitui um laboratório fértil para a análise da questão da universalidade da hierarquia. A filosofia religiosa que se encontra na base desses cultos fornece um esquema que inscreve os trânsitos de gênero no plano das representações e garante a um mesmo sujeito social a possibilidade de circular pelos registros afetivos do masculino e do feminino. Assim, por meio de um uso muito complexo e sofisticado das categorias de gênero, desconstrói-se o apego ou a fixação desses registros a anatomias particulares, tão forte nas concepções de gênero do mundo ocidental (essa "proposta" tem sido um dos atrativos dessas tradições para sua expansão na Argentina e no Uruguai, como afirmo no último ensaio deste volume).

Na minha exposição a seguir, apoio-me na literatura em língua inglesa inicialmente bem delimitada dentro das fronteiras disciplinares das ciências sociais, especialmente a antropologia, mas que se foi abrindo, a partir do estruturalismo de Lévi--Strauss, a um diálogo com a psicanálise lacaniana. O artigo de Gayle Rubin, que cito mais abaixo, situa-se precisamente no ponto de mutação dessa passagem, embora a psicanálise já tenha estado presente na abordagem de Nancy Chodorow e o estruturalismo na de Sherry Ortner, ao que também me referirei brevemente. Essa abertura para Lacan também se encontra inevitavelmente presente no pensamento feminista francês, que parte dele para tentar rejeitar ou ultrapassar seu modelo, mas sem conseguir evitar manter-se tributário e derivativo do mesmo. Desse processo de crescentes intercâmbios entre a contribuição anglófona e a contribuição francófona, é representativo um número da revista *Signs* dedicado à "Teoria feminista francesa", nele representada por artigos de Julia Kristeva,[12] Hélène Cixous,[13] Luce Irigaray[14] e Christine Fauré.[15] É a partir do diálogo com o feminismo francês que a antiga

---

12. J. Kristeva, "Women's Time", *Signs*, 1981.
13. H, Cixous, "Castration or Decapitation?", *Signs*, 1981.
14. L. Irigaray, "And the One Doesn't Stir without the Other", *Signs*, 1981.
15. C. Fauré, "Absent from History", *Signs*, 1981.

perspectiva meramente antropológica se abre à Psicanálise e ao estruturalismo, inclusive para debater com ele, e isso é o que irá permitir, em um momento ainda posterior, que o gênero se mostre apto para pensar, como já mencionei, o poder e a sujeição noutras trincheiras da vida social.

Os dois caminhos contraditórios do gênero na antropologia: relativismo ou universalismo?

A noção de gênero transita pela antropologia revitalizando a tensão básica entre a relatividade e a universalidade das experiências humanas, inerente à disciplina. Quando, nos anos de 1930, Margaret Mead publicou *Sexo e temperamento em três sociedades melanésias*,[16] inaugurou uma das duas vertentes que, com suas próprias características e apesar de ter sofrido transformações, se mantém até o presente. Trata-se do conjunto de assuntos que chamamos, habitualmente, de *construção cultural do gênero* e que tem seu ponto de partida na constatação inicial de que *mulher* e *homem* são entidades diferentes, associadas com conteúdos variáveis através das sociedades. Introduz-se assim o *gênero* como uma questão antropológica, etnograficamente documentável.

Até hoje, são produzidas inúmeras teses em programas acadêmicos de antropologia que tratam dessa variação entre o que é um homem e o que é uma mulher nas diversas tradições humanas e, assim, contribuem, a partir do conhecimento de casos particulares, para desenhar um mapa geral das formas como os gêneros se configuram nos diversos grupos humanos. Esse primeiro momento foi caracterizado pela proposta de relativizar o gênero, colocá-lo dentro de uma perspectiva construtivista, e as centenas de teses escritas dentro desse grande capítulo tiveram como título e tema "a construção do gênero"

---

16. M. Mead, *Sexo e temperamento em três sociedades melanésias*, 1935.

em uma determinada sociedade. No entanto, esse caminho vem perdendo força ultimamente, consumido lentamente pela irrupção de novos temas e perspectivas. Essas novas análises tendem a ser cada vez mais transdisciplinares e a ir além do olhar tipicamente relativista e etnográfico da antropologia.

A contrapartida daquela primeira contribuição, daquele primeiro ponto de vista, eminentemente antropológico e relativista, veio a ser, a partir dos anos 1970, a ênfase colocada por um conjunto de autoras na questão da universalidade da hierarquia de gênero, seguida por uma tentativa de gerar modelos para dar conta dessa tendência universal da subordinação da mulher nas representações culturais. Esta constatação, naturalmente, não negou as estratégias singulares das mulheres para participar do poder ou situar-se em posições de autoridade, mas afirmou que, nas mais diversas sociedades, a ideologia de gênero, embora apresentando diferenças, tende a representar o lugar das mulheres como um lugar subordinado.

Constata-se, a partir dessa geração de estudos hoje clássicos, o primeiro grande dilema ou contradição que os estudos de gênero enfrentam na antropologia. Por um lado, o relativismo das construções: mulher e homem são categorias associadas a conteúdos diferentes em tradições diferentes e até em épocas diferentes da mesma história ocidental. Por outro lado, a descoberta, através e apesar das diferenças culturais, de uma tendência à universalidade da hierarquia de gênero, ou seja, da universalidade do gênero como uma estrutura de subordinação, o que deu origem a uma série de trabalhos hoje clássicos. Gayle Rubin, Sherry Ortner, Nancy Chodorow, Louise Lamphere, Michelle Rosaldo, Rayna R. Reiter são autoras que colocaram essa questão e, com isso, instituíram a antropologia do gênero como uma área de estudos específica. Elas falaram dessa tendência hierárquica universal e tentaram, cada uma a partir de uma abordagem própria, embora relacionando suas perspectivas, explicar por que, apesar das diferenças culturais, apesar do princípio relativista, dá-se essa tendência geral à subordinação das mulheres. Três coletâneas fundamentais marcam essa época e essa perspectiva, estabelecendo as bases dos estudos de gênero na antropologia: *Woman, Culture, and Society*, de 1974, *Toward an Anthropology of Women*, de 1975, e, mais tarde, *Sexual Meanings: The Cultural Construction of Gender and Sexuality*, de 1981.

Michelle Rosaldo[17] situa a hierarquia como oriunda da separação dos trabalhos das mulheres e dos homens nas esferas doméstica e pública, respectivamente, considerando que a esfera pública tem a característica de ter mais prestígio, de ser mais valorizada, na grande maioria, senão na totalidade das sociedades conhecidas (seu prestígio, contudo, acentua-se nas sociedades modernas). Para Rosaldo, sociedades como os Illongot das Filipinas, onde os homens circulam pelas esferas pública e doméstica, revezando-se com as mulheres nas suas tarefas, permitem uma igualdade maior entre os gêneros.

O modelo de Nancy Chodorow,[18] fazendo convergir a psicanálise com a antropologia, explica a subordinação feminina nas mais diversas sociedades pelo fenômeno da socialização em proximidade com a mãe, por meio do qual a mulher emerge como um ser social sem chegar a quebrar completamente essa identificação primária e, por essa razão, sem jamais transformar-se num ser autônomo. Se, no homem, o processo de identificação secundária se dá por meio da ruptura – muitas vezes abrupta e bastante cruel – da identificação primária com a mãe, Chodorow afirma que, no caso da mulher, não há um corte claro entre a identificação primária com a mãe e a identificação secundária que dá origem à identidade de gênero, pois ambas têm um mesmo referente; trata-se, portanto, de dois momentos

---

17. M. Rosaldo, "Women, Culture, and Society: A Theoretical Overview", in Michelle Z. Rosaldo e Louise Lamphere (orgs.), *Women, Culture and Society*, 1974.
18. N. Chodorow, "Family Structure and Feminine Personality", in M. Z. Rosaldo e L. Lamphere (orgs.), *Women, Culture and Society*, 1974; N. Chodorow, *The Reproduction of Mothering. Psychoanalysis and the Sociology of Gender*, 1978.

sem solução de continuidade. A mãe percebe a filha, por sua vez, como uma continuação de si mesma. Sobre ela pesa a autoimagem materna, que a impede de emergir como um ser plenamente separado. Ela herda, assim, também, a desvalorização que pesa sobre a mãe e sobre o trabalho materno, contaminado pelo menor valor das tarefas da esfera doméstica.

Outro texto fundamental para a disciplina, sob essa perspectiva universalista, é o artigo "*Is female to male as nature is to culture?*" de Sherry Ortner,[19] que examina o gênero a partir do pressuposto estruturalista da oposição entre cultura e natureza. A autora propõe, como centro do seu modelo, a oposição levi-straussiana entre cultura e natureza, e a associação entre mulher e natureza, por um lado, e homem e cultura, pelo outro. Dessa ideologia de oposições derivaria a tendência bastante generalizada nas sociedades humanas de representar as mulheres associadas à natureza/objeto e os homens como parte da cultura/ação transformadora, par de associações que configuraria uma hierarquia.

Esse trabalho suscitou, posteriormente, uma grande polêmica originada na crítica da suposição de universalidade da representação de natureza e cultura como uma oposição. Em outras palavras, nem toda sociedade humana construiria a sua noção de cultura em oposição a uma natureza que deve ser dominada, domesticada. Colocou-se, portanto, em dúvida a validade da tese de Ortner sobre a subordinação universal das mulheres, sustentada a partir da associação desta com uma natureza objeto do trabalho transformador da cultura, próprio dos homens. Apesar de suas possíveis invalidações a partir de trabalhos etnográficos em sociedades onde a oposição cultura/natureza não parece ter a centralidade nas representações e nos mitos que o estruturalismo sugere, vale a pena voltar constantemente a esse texto histórico porque contém,

---

19. S. Ortner, "Is Female to Male as Nature is to Culture?", in M. Z. Rosaldo e L. Lamphere (org.), *Women, Culture and Society*, 1974.

senão afirmações e proposições perenes, pelo menos uma formulação constantemente aberta ao debate e a novas reflexões.

Na coletânea de estudos organizada mais tarde por Sherry Ortner e Harry Whitehead,[20] as autoras sustentam uma variação das teses mencionadas até aqui, e afirmam que a tendência universal é a de associar a masculinidade e suas tarefas específicas ao prestígio social, e não necessariamente ao poder, econômico ou político. Assim, de acordo com essa perspectiva, o homem constitui-se, ao longo de um tempo de escala filogenética, como o *lócus* ou significante do prestígio, capaz de contaminar com seu *status* todas as tarefas e os campos de atuação que venham a estar a seu cargo – apesar do caráter mutável dessas tarefas ao longo da história e através das sociedades. Portanto, nesse modelo, observa-se uma inversão: não seriam os trabalhos sob a responsabilidade do homem os que lhe conferiram sua importância, mas ele que contaminaria – com o prestígio inerente à masculinidade – as tarefas que realiza. Masculinidade e *status* seriam, neste sofisticado modelo, qualidades intercambiáveis, e somente isso poderia explicar, por exemplo, o prestígio e a importância atribuída à caça em sociedades simples onde, contrariamente ao que as representações dominantes estabelecem, é a coleta de frutos e tubérculos – realizada pelas mulheres – o que proporciona o sustento básico e diário desses povos.[21]

Em outro artigo já clássico, Rayna Reiter[22] procurou mostrar como e por que, em sociedades tradicionais e pré-modernas, a esfera doméstica tem mais importância do que no mundo moderno, no qual a esfera pública concentrou o controle total da sociedade. A partir dessa constatação, a autora afirma

---

20. S. Ortner e H. Whitehead, "Accounting for sexual meanings", in *Sexual Meanings. The Cultural Construction of Gender and Sexuality*, 1981.
21. S. Slocum, "Woman the Gatherer: Male Bias in Anthropology", in R. Reiter (org.), *Toward an Anthropology of Women*, 1975.
22. R. Reiter, "Men and Women in the South of France: Public and Private Domains", in R. Reiter (org.), *Toward an Anthropology of Women*, 1975.

que, contrariamente ao que aparece à nossa percepção e ao que os nossos estereótipos nos levariam a pensar, as mulheres teriam mais poder e mais prestígio social nas sociedades pré-modernas. Dada a importância e a autonomia da esfera doméstica nestas sociedades, e dada a associação das mulheres com a esfera doméstica, elas contariam com um espaço para o exercício do poder e teriam garantido um âmbito de prestígio, que, a partir do domínio desse espaço, lhes permite competir com a hierarquia masculina. Pelo forte impacto que as decisões da esfera doméstica têm nessas sociedades, elas poderiam ser consideradas sociedades mais igualitárias.

Com o advento das sociedades regidas por um Estado moderno e a emergência da esfera pública como uma esfera totalmente separada, especializada na administração da sociedade, o seu tradicional controle pelos homens desembocaria na concentração do domínio de todos os âmbitos da vida social em mãos destes. Análises mais recentes mostram que a esfera pública moderna não somente se constitui como um território exclusivamente masculino e não neutro, mas também como um domínio do homem branco, com posses e "moral", ou seja, "normal" do ponto de vista da sua sexualidade.[23]

Entretanto, considero que o texto teórico de maior vigência dentre os publicados naquele período é o de Gayle Rubin,[24] pois fez convergir a perspectiva antropológica estruturalista com a psicanalítica, de maneira sofisticada, conjugando o construtivismo relativista e a universalidade da estrutura. Rubin enuncia a conhecida "matriz sexo-gênero", como uma matriz heterossexual do pensamento universal. Contudo, apesar da sua universalidade, primeiramente ela separa a dimensão biológica do "sexo" orgânico, anatômico, da dimensão "simbólica", na

---

23. M. Warner, *The Letters of the Republic: Publication and the Public Sphere in Eighteenth-Century America*, 1990; M. Warner, "The Mass Public and the Mass Subject", in C. Calhoun (org.), *Habermas and the Public Sphere*, 1992.
24. G. Rubin, "The Traffic in Women: Notes on the 'Political Economy' of Sex", in R. Reiter (org.), *Toward an Anthropology of Women*, 1975.

qual os termos adquirem o seu valor do lugar a partir do lugar que ocupam em uma estrutura de relações na qual, geralmente, mas nem sempre, os significantes anatômicos representam as posições, que, no entanto, não podem ser consideradas fixas ou coladas a eles. Em segundo lugar, também separa o plano biológico da dimensão cultural, agregada, do "gênero", determinada pelos conteúdos relativos a cada tradição.

Aqui é importante compreender a separação, mas também as associações, entre o sexo biológico, enquanto leitura da natureza, por um lado, e a posição assinalada a cada um deles numa estrutura de sentido eminentemente abstrata, que se encontra por trás de toda organização social, por outro; e, ainda, a construção variável, cultural e histórica, do conjunto de comportamentos e predisposições ideologicamente associados à dualidade de gêneros pelas representações dominantes. A cada um dos termos da classificação dimórfica do mundo biológico macho-fêmea agrega-se um conjunto de significados distribuídos na matriz binária masculino-feminino que configura a dualidade dos gêneros na cultura e na história. Essa dualidade encobre e traduz, simultaneamente, uma estrutura que, mais do que empírica, é cognitiva – denominada "matriz heterossexual" por autoras como Rubin e, posteriormente, por Judith Butler.[25]

A matriz heterossexual é, em primeiro lugar, a matriz primordial do poder, o primeiro registro ou inscrição da relação poder/sujeição na experiência social e na vida da pessoa: é cristal de rocha ou o *imprinting* inoculado a partir da entrada na vida social por meio de uma "primeira cena", familiar e patriarcal, que também obedece a essa estrutura, independentemente do aspecto anatômico que tenham os personagens que a representam em cada uma de suas versões[26]. O patriar-

---

25. J. Butler, "The Force of Fantasy: Feminism, Mapplethorpe, and Discursive Excess", *Differences: A Journal of Feminist Cultural Studies*, 1990.
26. Silverman, op. cit.

cado é uma gramática; as combinações de elementos lexicais que ele organiza são ilimitadas. Qualquer que seja o conjunto de traços que venham a incorporar cultural e socialmente a imagem do feminino – ou femininos – e do masculino – ou masculinos – em uma determinada cultura, a estrutura básica que articula o par de termos masculino/feminino – em que o primeiro se comporta como sujeito do discurso e entra ativamente na esfera pública da troca de signos e objetos, e o segundo participa como objeto/signo – permanece no centro da ideologia que organiza as relações de gênero como relações de poder. Nesse modelo lévi-straussiano, a mulher, como o significante usual da posição feminina, tem a particularidade de se comportar de forma ambígua, participando da estrutura como um verdadeiro anfíbio: parte sujeito, parte objeto; parte falante, parte signo. E isso é assim mesmo quando, na prática, as posições feminina e masculina experimentam a inflexão da convergência de outras dimensões sociais, como classe, raça ou nacionalidade.

Tem sido dada muita ênfase à observação de que não se trata de uma única identidade feminina, mas de uma multiplicidade de entradas da feminilidade no mundo e de tipos diversificados de inserção nas interações sociais – "O que está emergindo na literatura feminista é, ao contrário, o conceito de uma identidade múltipla, mutável e frequentemente autocontraditória [...] formada pela convergência de representações heterogêneas e heterônomas de gênero, raça e classe".[27] [28] Além disso, aplicando o modelo de inspiração deleuziana, chamou-se a atenção para as sexualidades nômades que modificam a paisagem de gênero no mundo contemporâneo, tentando assim romper, por outra via, com a inércia inerente à formulação lacaniana de estruturação simbólica e pensar o gênero de uma forma

---

27. T. De Lauretis, *Feminist Studies / Critical Studies*, 1986, p. 9.
28. Tradução do original em inglês: "*What is emerging in feminist writings is, instead the concept of a multiple, shifting, and often self-contradictory [...] made up of heteregenous and heteronomous representations of gender, race, and class [...].*" (N.T.)

mais plural e dinâmica. Com o "nomadismo", as autoras e os autores que tentaram a crítica por essa via sugerem que o que ocorre é uma multiplicidade de práticas sexuais para os mesmos sujeitos e um desdobramento das identidades de gênero. Mas o problema com esse modelo está no fato de que, em geral, esses comportamentos são reunidos em novas identidades, substituindo o dimorfismo anatômico por um polimorfismo de marcas corporais, gestuais e de vestuário, ou seja, os significantes geralmente acabam se fixando em identidades – ainda que múltiplas – da mesma forma que no modelo contra o qual se luta. Um exemplo clássico que não consegue superar esse problema é o trabalho de Néstor Perlongher.[29] A mesma ênfase tem sido dada à existência de identidades masculinas plurais, em que a articulação de gênero, raça e classe resulta em uma grande variedade de identidades e em uma maior complexidade de relações de poder do que aquelas previstas pelo esquema básico de gênero.[30] Mas todas essas críticas, que certamente são pertinentes, concentram-se na dimensão empírica, sociológica e observável da constituição das identidades e das relações entre elas, e não na mecânica que organiza as relações de poder entre elas. Essa mecânica é a transposição, sempre renovada, da cena original, modelada pela "matriz heterossexual", independentemente das anatomias que a representam, a menos que haja uma desconstrução esclarecida, ativa e deliberada de sua estrutura – como a que analiso no último capítulo deste trabalho – e, mesmo assim, a tentativa de desconstrução pode falhar.

O artigo de Rubin, que já antecipava os elementos desse tipo de argumento, vincula de forma definitiva o tema antropológico do parentesco aos trabalhos que introduzem o modelo de Lacan na discussão do gênero. A autora aponta para o núcleo

---

29. N. Perlongher, *Negocio do michê: Prostituição Viril em São Paulo*, 1987.
30. R. W. Connel, *Masculinities*, 1995; A. Cornwall e N. Lindisfarne, "Dislocating Masculinity: Gender, Power and Anthropology", in A. Cornwall e N. Lindisfarne (eds.), *Dislocating Masculinity. Comparative Ethnographies*, 1994.

preciso em que as teorias de Lévi-Strauss e Lacan, antropologia e psicanálise, se encontram e se tornam impossíveis de dissociar: a função central da proibição do incesto, que impõe um regime de circulação e trocas, no qual se divorciam os termos de quem troca e quem é trocado, o masculino e o feminino, calcados (mas não inseparáveis) nos significantes do corpo do homem e da mulher. Do lado do primeiro desses termos, permanece o sujeito na plenitude da sua agência, enquanto o outro termo oscila entre a atuação do sujeito e passividade do objeto e acessa, portanto, uma amplitude existencial maior, que pode ser a base do "outro gozo", não fálico, o "gozo além do falo" atribuído por Lacan. Com a regra do incesto, a sociedade irrompe na trama familiar e, com ela, o regime da lei que separa o que, por natureza, permaneceria unido. Essa lei rege a emergência de cada novo sujeito, de cada criatura humana, no centro de um cenário em que os papéis masculino e feminino são prefigurados pelo regime de troca. (Veja uma análise esclarecedora do encontro dos modelos de incesto de Lacan e Lévi-Strauss em Tavares.)[31]

Da psicanálise, autoras como Juliet Mitchell e Jacqueline Rose[32] e, da filosofia, autoras como Ragland-Sullivan[33] e Judith Butler,[34] entre muitas outras num campo de estudos extremamente desenvolvido, convergem para encontrar-se nesse ponto, em que a questão de gênero já não pode mais ser abordada exclusivamente a partir do registro das variações etnográficas e nos vemos obrigadas a interrogá-la com um instrumental teórico que permita uma "escuta" mais sensível, na qual o modelo psicanalítico, particularmente o estruturalismo lacaniano, faz uma contribuição que não pode mais ser ignorada.

---

31. H. C. Tavares, *Troca de Mulheres (em Lévi-Strauss e Lacan*, s/d.
32. J. Mitchell, *Psychoanalysis and Feminism*, 1975. J. Mitchell e J. Rose, *Feminine Sexuality. Jacques Lacan and the école freudienne*, 1982.
33. E. Ragland-Sullivan, *Jacques Lacan and the Philosophy of Psychoanalysis*, 1986.
34. J. Butler, "The force of fantasy: feminism, Mapplethorpe, and discursive excess", *Differences: A Journal of Feminist Cultural Studies*, 1990; J. Butler, *Bodies that Matter. On the Discursive Limits of "Sex"*, 1993.

Contudo, trabalhos como os de Henrietta Moore[35] e suas tentativas de combinar antropologia e psicanálise deixam à vista as dificuldades que obstruem um cruzamento satisfatório entre a abordagem empírica habitual do etnógrafo ou etnógrafa, que coloca seu foco nas relações observáveis entre sujeitos sociais e registra seus discursos, e a abordagem, em última instância, estrutural da psicanálise, para a qual as relações que contam são de uma ordem abstrata, encontrando-se aquém das descrições etnográficas.

A geração de estudos que desemboca nesse diálogo com a psicanálise é respondida hoje por um conjunto de autoras que, a partir de etnografias particulares, tentam desmontar a tese da universalidade da estrutura hierárquica do gênero. Contudo, é habitual encontrar afirmações de que existem, dependendo da sociedade, formas de compensação do domínio masculino por algum tipo de exercício de poder feminino e fala-se, assim, de sociedades mais igualitárias ou menos hierárquicas, porém não de sociedades totalmente igualitárias. Um raríssimo exemplo de afirmação desse tipo pode-se achar na obra de Maria Lepowsky sobre os Vanatinai de Nova Guiné.[36] Já clássicos, dentro dessa perspectiva, são os textos de Eleanor Leacock que, a partir de um enfoque marxista e de uma leitura renovada da obra de Engels, foi uma das autoras precursoras dessa discussão, atrelando a subordinação feminina à evolução da ideia de propriedade. Segundo Leacock, sociedades simples, igualitárias do ponto de vista da economia e da propriedade, tenderiam também a sê-lo no campo das relações de gênero.[37]

---

35. H. Moore, "Gendered Persons. Dialogues between Anthropology and Psychoanalysis", in Suzette Heald e Arianme Deluz (eds.), Anthropology and Psychoanalysis. An Encounter Through Culture, 1994a; H. Moore, "The Problem of Explaining Violence in the Social Sciences", in Penelope Harvey e Peter Gow (eds.). *Sex and Violence. Issues in Representation and Experience*, 1994b.
36. M. Lepowsky, *Fruit of the Motherland. Gender in an Egalitarian Society*, 1993.
37. E. B. Leacock, *Myths of Male Dominance. Collected Articles on Women Cross-Culturally*, 1981.

Dessa forma, é importante sublinhar que, nos trabalhos antropológicos sobre gênero, consolidaram-se duas vertentes que fizeram, cada uma delas, uma contribuição diferenciada aos feminismos: a. a geração de estudos que acabo de mencionar e que, apesar de afirmar a variabilidade das leituras culturais do dimorfismo biológico dos sexos, identifica como uma tendência universal dos gêneros a sua ordenação numa estrutura hierárquica refletida por uma ideologia patriarcal; b. a mencionada anteriormente, que surge com Margaret Mead e encontra continuidade nas pesquisas sobre a *construção cultural* dos gêneros. Precisamente, os trabalhos etnográficos que, na atualidade, tentam contestar a tese da universalidade da hierarquia são os expoentes mais recentes desta vertente. Ela deu sua contribuição fundamental ao colocar e demonstrar, com evidência etnográfica, a dimensão construtivista, relativa, dos gêneros, derrubando a premissa do determinismo natural e, com ela, do essencialismo biológico. Ao apontar para a relatividade e variabilidade dos conteúdos associados com as categorias *mulher* e *homem* através dos tempos e das culturas, provou que elas são produtos histórico-culturais e não fatos da natureza. Dessa forma, instalou as bases do discurso crítico contra o sexismo, ou seja, contra as formas de discriminação que encontram seu suporte na afirmação das determinações biológicas sexuais sobre as nossas faculdades e comportamentos.

Não obstante, seguindo à risca o programa proposto por essa visão construtivista dos gêneros, chegaríamos – como em alguns casos se chegou – praticamente a desmontar a categoria mulher e, com isso, a invalidar as propostas feministas que atravessam nações e grupos humanos específicos. Paradoxalmente, por outro lado, invalidam-se também as lutas feministas se não afirmamos a liberdade de optar e construir a própria história, liberdade fundamentada no princípio da indeterminação biológica do destino humano. Estabelece-se aí um paradoxo, porque o feminismo, enquanto movimento social de escopo universal na sua reivindicação dos direitos humanos das mulheres, necessita afirmar a existência de alguma entidade ou categoria social, uma forma estável de "mulher" e do feminino que atravessa as sociedades, um conjunto de experiências específicas associadas a significantes anatômicos do corpo feminino. Essa vertente, que se constitui na primeira geração das pesquisas antropológicas de gênero, a partir de Margaret Mead, na verdade, dificulta a possibilidade de se falar "da mulher", porque afirma a absoluta relatividade das construções de gênero.

O dilema das contribuições da antropologia para o feminismo reside no fato de que se, por um lado, o feminismo precisa da premissa desessencializadora da antropologia para demonstrar que não há determinismo biológico por trás do papel subordinado que nos é destinado, por outro lado, tal premissa também desestabiliza a consolidação de uma *plataforma das mulheres* para uma política capaz de unir as mulheres entre nações e grupos étnicos. Como já mencionei, configura-se, então, um paradoxo de difícil resolução, que pulsa no centro de nossas questões, incomodando-nos. Iremos até as últimas consequências na análise desessencializadora, erradicadora de todo e qualquer determinismo, para poder dizer que, como mulheres, podemos aspirar a todo e qualquer comportamento e temos abertura para todas as capacidades mentais e físicas. Entretanto, ao mesmo tempo, necessitamos também essencializar para dar unidade ao movimento social em torno dos problemas "da mulher". Esse é o impasse a que chega a relação entre o feminismo e a antropologia.

É, de fato, a segunda geração que, ao questionar o determinismo biológico, mas também ao apontar para a experiência universal da subordinação feminina, dá sustentação às plataformas feministas, vinculando a experiência das mulheres através das sociedades sem cair no essencialismo. Da descoberta inicial da variabilidade das formas de ser homem e mulher e das múltiplas disposições da formação sexo-gênero, esta postura herda a premissa de que a passagem da biologia para a cultura não é da ordem do instinto, ou seja, não é da ordem das determinações inescapáveis. Permanece, portanto, aqui, o paradoxo ao qual até hoje nos rendemos: se a passagem do dado biológico para os comportamentos sociais depende de uma leitura mediada pela cultura, como se explica a tendência universal da subordinação, ainda quando consideramos variações de grau, matizes na hierarquia? Como conciliar a relatividade das construções culturais com a tendência universal à representação do gênero como hierarquia? A essa pergunta segue outra, necessariamente, colocando novamente em xeque o programa reformador dos feminismos: se há, de fato, uma estrutura profunda que rege essa universalidade, é possível pensar uma sociedade que, finalmente, erradique, dissolva essa estrutura que provou ser tão estendida e poderosa até o momento, ao longo do tempo e das culturas humanas?

A Lei: o masculino invisível

Como mencionei, em tensão com a segunda dessas linhas de pensamento, cujo foco se encontra na hierarquia, existem tentativas etnográficas de desmontar a suposição da subordinação universal por parte de autoras que colocam no centro a pergunta sobre a existência de sociedades realmente igualitárias como uma pergunta ainda não respondida de forma definitiva. Um artigo publicado pela antropóloga inglesa Joanna Overing, "*Men Control Women? The 'Catch 22' in the Analysis of Gender*",[38] representa, em minha opinião, um dos momentos mais férteis dessa discussão, pois expõe sua dificuldade e a necessidade de esclarecer melhor os parâmetros que possam permitir sua elucidação. A autora leva a questão sobre a hierarquia a um grupo indígena da Venezuela, os Piaroa, para, a partir de um mito, tentar provar que se trata de uma sociedade igualitária.

---

38. J. Overing, "Men Control Women? the 'Catch 22' in the Analysis of Gender", in *International Journal of Moral and Social Studies,* 1986.

Contudo, parece-me que o artigo de Overing acaba justamente mostrando a quase impossibilidade de chegarmos a uma conclusão com base em materiais etnográficos, expondo a dificuldade de observar o gênero. Surge a pergunta: é o gênero observável? Onde se observa? Quais são os critérios para avaliar o caráter igualitário ou hierárquico que ele assume numa determinada sociedade? Esta questão não comporta uma pergunta de resposta simples. Mais ainda, acredito atualmente que o gênero não seja exatamente observável, pois se trata de uma estrutura e, como tal, tem um caráter eminentemente abstrato, que se reveste de significantes acessíveis aos sentidos, mas que não se reduz nem se fixa a estes.

Hoje, a grande questão da disciplina é a seguinte: se desessencializamos o gênero, retirando a biologia do seu lugar determinante – que é a contribuição antropológica por excelência –, mas continuamos a constatar a hierarquia de gênero, só nos resta a alternativa de tentar identificar modelos explicativos que substituam a biologia na determinação da universalidade dessa hierarquia. Por esse caminho podemos chegar à conclusão de que essa hierarquia depende de uma ordem ou estrutura abstrata bastante estável. Uma estrutura que é mais das instituições que dos sujeitos sociais que por elas transitam, e que forma parte do mapa cognitivo com que esses sujeitos operam antes que de uma identidade estável supostamente inerente a sua constituição. Essa identidade, longe de ser inerente e determinada de antemão, vai-se imprimindo no sujeito como parte do processo pelo qual emerge como um ser social a partir das identificações em que ele se envolve. Nesse processo, a leitura que a pessoa realiza de seus próprios signos anatômicos a conduzirá à construção de uma identidade, mas essa leitura ou interpretação desses signos ou inscrições anatômicas, embora informada pela cultura, é sempre, em última análise, individual e pode ser bastante aleatória e acidentada.

Onde, então, devemos observar o que é, ao fim a ao cabo, masculino e feminino, se eles constituem apenas uma âncora ideal de sustentação a partir da qual os sujeitos sustentam suas identidades, e nunca são realidades sociais concretas e totalmente estáveis, nunca totalmente incorporadas, nunca reduzidas a uma realidade física? Se é verdade que os personagens da "cena original",[39] geralmente uma cena familiar, constituem a referência inicial para a apreensão de quais são as posições e características relativas dos gêneros, eles não são mais do que representações exemplares, significantes transitórios em última instância em uma cadeia de substituições às quais o sujeito será exposto no decorrer de sua vida. Considero, em oposição à própria autora, que o texto de Joanna Overing fornece as diretrizes para a compreensão dessa questão com base em um mito que resumirei a seguir. A partir desse mito e de seu contexto, o artigo citado propõe uma conclusão, enquanto eu chego à conclusão oposta. Avalio que, mesmo admitindo essa discordância, o artigo é de grande interesse para mostrar o que estou descrevendo como a dificuldade de observar o gênero.

O mito Piaroa, relatado pela autora, fala de um deus chamado Wahari, suas várias esposas e seu irmão chamado Buok'a, que tem acesso sexual ilimitado às mulheres do grupo, as quais ele satisfaz por meio de um pênis muito longo que carrega enrolado em seu pescoço. É um estado paradisíaco de satisfação irrestrita, finalmente interrompido quando Wahari decide colocar um limite no relacionamento entre seu irmão e suas mulheres. Vestido de mulher, ele surpreende o irmão e corta seu pênis, deixando-o com dimensões normais. A partir desse ato de castração, Buok'a sangra e diz que menstrua. As mulheres o visitam uma última vez e, assim, adquirem, por contágio, sua menstruação, com todas as restrições e reclusão compulsória associadas a ela. A partir desse momento, os limites das ações

---

39. K. Silverman, op. cit.

de homens e mulheres são instituídos na sociedade Piaroa. O exercício da sexualidade dos homens torna-se limitado, e as mulheres ficam sujeitas às imposições do período menstrual.

Em sua interpretação, Joanna Overing identifica vários princípios de igualdade vigentes no contexto da sociedade Piaroa: homens e mulheres sofrem proibições simétricas e equivalentes, originadas no mesmo ato. Ambos, descritos como seres que aspiram ao prazer sexual da mesma forma e na mesma medida, acabam castrados, sujeitos a regras, também na mesma medida. Para a autora, o mito descreve uma sociedade relativamente igualitária porque os direitos e deveres dos homens e das mulheres do grupo também se apresentam à etnógrafa como bastante equilibrados na prática.

Acontece que, nessa análise, que como um todo é muito informada pelo profundo conhecimento da autora sobre a vida social e a cultura do grupo, um elemento da narrativa que me parece essencial foi deixado de fora. Refiro-me àquele ser transcendente que separa os direitos e as obrigações dos membros do grupo, que atribui seus papéis, distribui identidades e estabelece limites. O portador da norma. O grande legislador. Esse agente regulador, normalizador e disciplinador, apesar de ser transcendente, não é uma entidade neutra, mas um ser masculino, personificado no deus Wahari como emblemático do papel masculino na sociedade. É particularmente interessante e revelador que o resto, até mesmo o exercício da própria sexualidade, seja apresentado como secundário na narrativa: em um determinado momento, Wahari se disfarça de mulher para se aproximar do irmão e castrá-lo, mas essa flutuação de significantes não prejudica sua posição masculina na estrutura dos relacionamentos. É também seu irmão, e não ele, que exibe a sexualidade mais ativa. Mas nenhuma dessas suposições aparentes tem importância, pois o papel de instituir a lei, distribuir identidades e definir responsabilidades na vida social não é cedido a ninguém e permanece fortemente associado à virilidade ideológica e transcendente do deus. A autoridade, portanto, não é neutra, não está incorporada em uma figura andrógina, mas está enraizada em uma divindade que exibe os atributos da masculinidade. Dessa forma, essa figura, essa posição no discurso, embora não atue nem seja observável no contexto social, constitui, de fato, a chave para entender o que é a masculinidade. O portador da lei, o juiz, como fonte de significado e regras para a organização da vida social – nessa e em outras sociedades – tem uma face masculina. É, mais uma vez, a lei fálica da interdição, da separação, do limite e da ordem.

No exemplo paradigmático desse mito e sua relação com uma sociedade que a etnógrafa descreve como igualitária, é possível verificar o que chamei neste ensaio de "não observabilidade do gênero". Aos olhos do antropólogo ou antropóloga em campo, as interações sociais e a distribuição de direitos e deveres são apresentadas como equivalentes, mas a base ideológica que sustenta a hierarquia de prestígio das tarefas, assim como a estrutura que é transmitida na narrativa mítica, são evidentemente patriarcais. Nesse sentido, podemos afirmar que o patriarcado é simbólico, e seus traços só podem ser identificados por meio de uma *escuta* adequada e consciente. Isso sugere que, se quisermos erradicar a orientação patriarcal de nossa afetividade, e de acordo com o que sugeri anteriormente quando apontei o caráter superficial e inócuo de uma transformação que se restringe exclusivamente à *dimensão funcional do gênero*, não se trata simplesmente de modificar comportamentos e papéis na divisão sexual do trabalho, mas de minar, corroer e desestabilizar seus cimentos e a ideologia que emana deles.

O paralelo com o processo de emergência do sujeito no modelo lacaniano é evidente. A partir de uma situação de indiferenciação originária, em que a criatura humana se percebe em contiguidade indissolúvel com o corpo da mãe – que representa a função ou posição materna, a função do feminino, qualquer que seja a pessoa que venha a ocupar essa posição e qualquer que seja seu sexo – e em que os olhos da mãe outorgam à criança a certeza de sua existência, a função fálica do pai – ou função ou posição paterna, do masculino, qualquer que seja a pessoa ou o sexo daquele que venha a ocupar essa posição – é precisamente a de se fazer presente, capturando uma parte do desejo materno e, assim, subtraindo-o da criança. A função fálica, portanto, intercepta e interdita a fusão original entre o sujeito, que é assim obrigado a emergir na vida social, e o personagem que, nessa cena, representa a função materna. Não importa, como eu já disse, quem ele é, de fato, ou qual é a anatomia daquele que vem a ocupar essas posições na cena inicial. A cena sempre incluirá esses papéis. O materno, o feminino, marcado pela participação na satisfação irrestrita, e a fusão a ser desarmada, abolida; o paterno, ou fálico, pela apropriação do falo ao capturar para si uma parcela do desejo materno, como um poderoso interceptador desse desejo e, dessa forma, instaurador da lei ou do limite e da separação da qual dependerá a possibilidade de convivência dentro de uma norma social. Lacan chama essa lei de "castração" ou interdição da fusão originária, e ela representa a transposição, no campo psicanalítico, da proibição do incesto no campo antropológico do parentesco, que também determina a instalação da vida social em uma escala de tempo filogenética.

Em síntese, a partir da figura materna, o feminino é aquilo que se subtrai, a falta, o outro, aquilo que está submerso no inconsciente, formando-o. Por sua vez, o masculino, a figura paterna, fálica e poderosa porque capturou uma parte do desejo da mãe, permite a satisfação, mas também sabe cortá-la, interditá-la, em nome da lei que instaura: é o legislador, o discernidor, e também o teórico, o filósofo e o ideólogo, porque é capaz de atribuir nomes, lugares e papéis, criando o mundo com seus objetos e pessoas imbuídos de valor e de sentido.

A criança, o sujeito que emerge para a vida em sociedade, que vem a instalar-se no terreno do simbólico, que se torna humano, deve aprender a prescindir da fusão originária, a curvar-se à lei do pai que o separa, a introjetar os limites, a acatar a castração.[40] O "sujeito", diz Judith Butler, "é constituído por meio de operações de exclusão",[41] emergindo de um mar de negações. Em seu processo constante e reiterado de emergência e instalação em cada cena social, e qualquer que seja sua anatomia, o sujeito encontra-se sempre do lado da ação, da lei, do exercício do poder. Ao constituir-se pela lei do pai, ele é sempre fálico, sempre masculino. O feminino será o excesso nele, o outro dele que, no entanto, permanece nele e que ele deve negar e expurgar por toda a vida a fim de diferenciar-se. Aquilo que ele vem a silenciar de si mesmo. Mas o feminino também é sua origem, o universo completo, inteiramente prazeroso e satisfatório do qual ele provém.

Imediatamente após sua aparição, em um processo de segundo grau – também chamado de "identificação secundária" por Ellie Ragland-Sullivan –,[42] ele tenderá a usar sua anatomia (embora não necessariamente) como referência para identificar-se e revestir-se da aparência do princípio feminino, que o continha, ou do princípio masculino, que o separou, transformando-se, assim, em uma mulher ou em um homem, ou seja, em alguém que expõe sua castração, fazendo dela um signo – a encenação do que lhe falta – ou em alguém que esconde sua castração, fantasiando-se como completo e exibindo-se como potente.[43]

O caráter construído, artificial, inerente à feminilidade, já apontado por Simone de Beauvoir naquele famoso enunciado

---

40. J. Lacan, op. cit.
41. J. Butler, Introduction" e "Contingent Foundations: Feminism and the Question of 'Postmodernism", in Butler, Judith e Joan W. Scott (eds.), *Feminists Theorize the Political*, 1992, p. 14.
42. E. Ragland-Sullivan, op. cit.
43. K. Silverman, op. cit.

da mulher que "se faz",[44] resulta de sua teatralidade, de sua encenação como mascarada, para usar o termo de Joan Rivière.[45] De acordo com Judith Butler, "no caso que ela própria (Joan Rivière) examina, e que alguns consideram ser autobiográfico, a rivalidade com o pai não se dá em torno do desejo da mãe, como se poderia esperar, mas do lugar do pai no discurso público, como orador, conferencista ou escritor – isto é, como usuário de signos ao invés de um objeto-signo, um item de troca" (aludindo à posição de não-falante, de "outro" da pessoa ou do "falo" que ela é, mas o homem tem, atribuído à mulher no estruturalismo lacaniano-levi-straussiano.)[46] É nesse sentido que, mesmo quando exibe ativamente os sinais associados à feminilidade, a mulher o faz como mascarada, ou seja, como um sujeito ativo, enunciador de signos e, portanto, mascarada de sujeito e dentro do registro da masculinidade. São esclarecedoras as palavras de Lacan ao contrapor a mascarada inerente à atuação feminina na cena social – sua performance como sujeito dramático – com a posição da mulher na economia do desejo: "Por mais paradoxal que possa parecer essa formulação, dizemos que é para ser o falo, isto é, o significante do desejo do Outro, que a mulher vai rejeitar uma parcela essencial da feminilidade, nomeadamente todos os seus atributos na mascarada".[47]

Em contrapartida, a construção do masculino como obliteração da mãe – uma condição necessária para a ocultação da castração e a dramatização narcisista de um nada-falta – implica a conquista desse *status* por meio de provas de coragem e completude que impõem ao aspirante (homem) o desafio de confrontar-se com a possibilidade da morte. Isso encontra eco nas mais diversas fontes, desde a Dialética do Senhor e do

---

44. S. de Beauvoir, *O segundo sexo*, 1949.
45. J. Rivière, Womanliness as a Masquerade", *The International Journal of Psychoanalysis*, 1929.
46. J. Butler, "The force of fantasy: feminism, Mapplethorpe, and discursive excess", *Differences: A Journal of Feminist Cultural Studies*, 1990, p. 84.
47. J. Lacan, *A transferência*, 1958, p. 701.

Escravo, de Hegel, até os nativos da Nova Guiné.[48] Essa proliferação da cena inicial, transposta e ampliada *ad infinitum* na experiência cumulativa do sujeito por meio dos cânones que a cultura prescreve, é nada mais nada menos do que o constante aprofundamento de seu processo de identificação secundária, a reafirmação, ao longo da vida, de como deve calcar-se e fixar-se sempre de forma renovada em uma das posições da estrutura relacional dos gêneros (estendo esse argumento no Capítulo 3).

Portanto, contrariando a análise de Joanna Overing, considero que seria possível trazer a psicanálise lacaniana (não exatamente como ela é aplicada na clínica, mas como é reciclada nos estudos sobre subalternidade) para entender os elementos dessa cena fundadora, narrativa-mestra, em que a figura instauradora da lei é simultaneamente abstrata e masculina. Chegamos, então, à formulação da pergunta que me parece central sobre o que é gênero: uma dualidade empírica e observável de papéis, atribuições, direitos e deveres, ou uma estrutura de relações cujos termos se revestem da roupagem dos atores de cada cena social, mas onde, no fundo, a relação entre atores e papéis dramáticos é sempre fluida e, até certo ponto, aleatória? É o gênero um conjunto de comportamentos documentáveis que consiste no que os homens e as mulheres fazem em uma determinada sociedade? Ou o observável é nada mais nada menos do que uma transposição, para um quadro de verossimilhanças, de uma cena-mestra, primária, original, mítica, muito próxima à estrutura do simbólico, a "ficção dominante" formulada por Kaja Silverman?[49] Se os gêneros fossem simplesmente o que homens e mulheres fazem de forma diferenciada, como poderíamos explicar, por exemplo, o ressurgimento da estrutura de gênero no interior de instituições totais, como prisões e conventos, mas encenadas ali por atores com anatomias idênticas?

---

48. G. Herdt, *Rituals of Manhood. Male Initiation in Papua New Guinea*, 1982; G. Herdt, *Guardians of the Flutes. Idioms of Masculinity*, 1987; G. Herdt e R. J. Stoller, *Intimate Communications. Erotics and the Study of Culture*, 1990.
49. K. Silverman, op. cit.

Crítica ao patriarcado e imperialismo moral

Em um texto brilhante, Chandra Mohanty expõe as falácias teóricas e a manobra político-ideológica que se esconde atrás da universalização da categoria social que chamamos de *mulher* por parte de observadoras ocidentais (feministas e acadêmicas). Ao estabelecer essa equivalência universal das mulheres, estabelece-se também sua comparabilidade fática e, embora não seja esse o caso no texto de Overing, essa comparação leva, quase inevitavelmente, à confirmação da superioridade das mulheres ocidentais – essa "constatação pelos fatos" é, ademais, o pressuposto do movimento supostamente humanitário em direção ao Outro, configurando-se, assim, um clássico pensamento circular. Na verdade, mesmo que outra sociedade emerja desse exercício como uma sociedade igualitária, como quer Overing, os parâmetros e os valores implícitos na comparação serão definidos pelo padrão ocidental.

Curiosamente, na análise de Mohanty, o universalismo está alinhado com o empirismo: não se trata da crítica da universalidade da estrutura, dos termos abstratos, que daria origem à categoria *mulher* ou ao que chamei de *o feminino* em uma estrutura relacional, mas da crítica da observabilidade e da comparabilidade da situação das mulheres em sua concretude, sem problematizar a passagem da mulher genérica, da posição do feminino como categoria, para as entidades concretas que representam o gênero feminino através de todas as culturas e a partir do princípio de uma anatomia comum. De acordo com Mohanty, que se inspira, por sua vez, em um artigo de Beverley Brown:[50]

> Alguns autores confundem o uso do gênero como uma categoria superior de organização da análise com a prova universalista e a instauração dessa categoria. Em outras

---

50. B. Brown, "Displacing the Difference", in *Nature, Culture and Gender*, 1983.

palavras, os estudos empíricos das diferenças de gênero são confundidos com a organização analítica do trabalho transcultural. A resenha de Beverley Brown sobre o livro *Nature, Culture and Gender* (1980) ilustra melhor esse ponto. Brown sugere que natureza:cultura e feminino:masculino são categorias superordenadas que organizam e localizam categorias menores (como selvagem/doméstico e biologia/tecnologia) dentro de sua lógica. Essas categorias são universais no sentido de que organizam o universo de um sistema de representações. Essa relação é totalmente independente da fundamentação universal de qualquer categoria específica. Sua crítica se baseia no fato de que [...] o livro interpreta a universalidade dessa equação como estando no nível da verdade empírica, que pode ser investigada por meio de trabalho de campo [...] Aqui, o universalismo metodológico é assumido com base na redução das categorias analíticas natureza:cultura e feminino:masculino a uma demanda por prova empírica de sua existência em diferentes culturas. Os discursos de representação são confundidos com realidades materiais, e a distinção entre "mulher" e "mulheres" é perdida". [51] [52]

---

51. Tradução do original em inglês: "[...] *some writers confuse the use of gender as a superordinate category of organizing analysis with the universalistic proof and instantiation of this category. In other words, empirical studies of gender differences are confused with the analytical organization of cross-cultural work. Beverley Brown's review of the book* Nature, Culture and Gender *(1980) best illustrates this point. Brown suggests that nature:culture and female:male are superordinate categories which organize and locate lesser categories (like wild/domestic and biology/technology) within their logic. These categories are universal in the sense that they organize the universe of a system of representations. This relation is totally independent of the universal substantiation of any particular category. Her critique hinges on the fact that [...] the book construes the universality of this equation to lie at the level of empirical truth, which can be investigated through field-work [...] Here, methodological universalism is assumed on the basis of the reduction of the nature:culture::female:male analytic categories to a demand for empirical proof of its existence in different cultures. Discourses of representation are confused with material realities, and the distinction between 'Woman' and 'women' is lost*". (N.T.)
52. C. T. Mohanty, "Under Western Eyes: feminist Scholarship and Colonial Discourses", in P. Williams e L. Chrisman (eds.), *Colonial Discourse and Post-Colonial Theory. A Reader*, 1994, p. 211.

Em meus próprios termos, então, o que nossas etnografias podem observar é como o feminino e o masculino, enquanto posições em uma estrutura relacional, se instauram em cada interação social, vivida ou relatada, do cotidiano ou do mito. Inicialmente, essa estrutura se revela (e se oculta), como já disse, por verossimilhança, nas relações entre os atores da cena original. Essa cena, apesar de ser constituída dos papéis prescritos pela estrutura, é sempre diferente e peculiar para cada novo ser que emerge para a vida em sociedade. Portanto, seria possível afirmar que se o gênero, enquanto categoria, faz parte de um modelo estável, ele é extremamente instável e esquivo em seus processos de instanciação.

Somente dessa forma seria possível explicar os rígidos mecanismos de coerção social que regem a identificação secundária através de diversas culturas, constrangendo os sujeitos a se enquadrarem e se fixarem de forma estável e previsível em personagens em que a cena original sempre acaba sendo reconhecida. Nossa política, entretanto, deve concentrar-se em desvelar os processos de trânsito e circulação que ocorrem constantemente, mas que permanecem ocultos pelo peso das representações que prescrevem e pressionam para reproduzir a adesão dos sujeitos a posições estabelecidas como determinantes e originárias. Isso não significa, de forma alguma, patrulhar as fantasias que, muitas vezes, na busca pelo prazer inerente à economia libidinal do sujeito, nos condenam, mas, sim, indagar o que as sustenta.

Androginia como circulação pelos registros de gênero

Se o patriarcado pertence, como afirmo, ao terreno simbólico, e os fatos são um epifenômeno dessa outra inscrição fundante, o que se lhe pode opor? Como é possível atuar? Nada mais e nada menos do que tornando representáveis e representadas, em um plano ideológico, as constantes experiências de circulação dos sujeitos-atores por meio dos registros de gênero, ou seja, a androginia e a fluidez inerentes à vida humana que, no entanto, raramente obtêm visibilidade e permanecem mascaradas pela inércia conservadora da linguagem e de outras formas de coerção oriundas do campo ideológico.

Quando, dentro de um programa crítico e transformador, aponto para a possibilidade de uma política de circulação, como eu disse, o que pretendo é simplesmente trazer à tona elementos que já estão presentes nos próprios processos do sujeito, mas que são mascarados pelas representações (ideológicas) dominantes de gênero. Essas tendem a fixar e atribuir significantes a significados permanentes, especialmente na cultura ocidental, mas também em outras sociedades. Identifico dois aspectos como capazes de comportar os trânsitos contidos e, implicitamente, já previstos na composição de gênero dos sujeitos. O primeiro deles tornou-se perceptível para mim a partir de minhas descobertas etnográficas sobre os modos de sociabilidade e sexualidade próprios das tradições religiosas afro-brasileiras. Acredito que seja possível afirmar – com os nativos dessa tradição – que toda pessoa tem a possibilidade aberta de ser uma criatura mista no que diz respeito à sua composição de gênero, e que circular, em suas experiências, por diferentes (e nem sempre compatíveis) registros de gênero faz parte de seus hábitos – mesmo que esses hábitos sejam imperceptíveis e careçam de um vocabulário específico no Ocidente. O segundo aspecto que garante a fluidez do gênero resulta da forma, sempre mutante, em que sua estrutura relacional se introduz e se articula por baixo dos universos de interação.

O primeiro desses aspectos revela o fato de que o gênero se transpõe, tornando-se concreto, em vários estratos da experiência do sujeito, de modo que este tem, geralmente do ponto de vista do gênero, uma composição mista e plural na variedade de esferas de experiência que constituem sua interioridade.

O que poderíamos considerar como *um composto de gênero* é assim constituído e não o ser monolítico e unissêmico que as representações impõem, especialmente no Ocidente. Os estratos que tento definir a seguir foram inspirados em minha etnografia da tradição religiosa afro-brasileira em Recife, já citada (veja a descrição detalhada no Capítulo 7). Essa influência local na produção teórica não deveria causar espanto, pois não é outro o papel do antropólogo ou antropóloga senão o de tratar de superar as categorias ocidentais, inclusive as científicas, quando as ilumina a partir das categorias de seus nativos e, assim, lhes revela dimensões não discursivas da experiência que, por si só, não seriam capazes de acessar. De fato, categorias como *fetiche*, *tabu* ou *mana*, hoje transformadas em ferramentas analíticas de grande alcance para mostrar práticas e experiências ocidentais, originam-se de etnografias localizadas. Esse é um exercício metodológico do tipo que já chamei de "exegese recíproca" e "diálogo intercultural"[53] ou que Boaventura de Souza Santos descreveu mais recentemente como "hermenêutica diatópica".[54]

1. O corpo, a anatomia propriamente dita, é a maneira pela qual o gênero se inscreve na autopercepção. De fato, a anatomia propriamente dita, o nível biológico, constitucional, a natureza orgânica do macho e da fêmea da espécie, deveria entrar nessa sequência como nível zero, porque é inalcançável em si mesmo e nunca o acessamos em seu estado puro, nem mesmo com os instrumentos da própria ciência, livre dos investimentos afetivos, valorativos e cognitivos que a cultura induz. O nível 1, por sua vez, está representado pelas categorias de *homem* e *mulher* acatadas e introjetadas pelo sujeito a partir da percepção de seu próprio corpo e das relações de identidade e diferença que estabelece entre as características de seu corpo e os personagens da *ficção dominante* ou primeira

---

53. R. Segato, *Santos e daimones. o politeísmo afro-brasileiro e a tradição arquetipal*, 1995.
54. B. S. Santos, "Toward a Multicultural Conception of Human Rights", in B. E. Hernández-Truyol (ed.), *Moral Imperialism. A Critical Anthology*, 2002.

cena. Aqui, os estudos pioneiros de Robert Stoller sobre transexualidade[55] mostram a impressionante maleabilidade da inserção do corpo na experiência do sujeito e as vicissitudes da autopercepção – e é interessante notar que Stoller iniciou suas pesquisas no campo da psiquiatria para, mais recentemente, somar esforços com a antropologia.[56] Por outro lado, como mencionei, a partir de Margaret Mead, as categorias às quais o corpo, enquanto significante, dá lugar, isto é, as categorias de *homem* e *mulher*, adquirem conteúdos variados por meio do estudo etnográfico de diferentes culturas.

2. Nessa tentativa de discriminar as diversas maneiras pelas quais cada pessoa se inscreve no complexo mapa do gênero, um segundo estrato poderia ser chamado de *gênero da personalidade*. Essa denominação segue de perto a noção de *santo* ou *orixá de cabeça* dos cultos afro-brasileiros, em que o gênero do santo atribuído à pessoa como sua entidade tutelar (*santo masculino* ou *santo feminino*) fala do gênero de sua personalidade, de seu gênero psíquico, não necessariamente vinculado ao corpo, ao papel social, nem mesmo à orientação sexual ou disposição sexual. Fala-se aqui da feminilidade e da masculinidade tal como expressas nas atitudes e no temperamento da pessoa, mas também de sua disposição afetiva, da maneira como a pessoa se posiciona frente ao outro nas interações de sua vida afetiva.

3. Por sua vez, a orientação sexual fala do objeto preferencial do investimento libidinal, alertando, no entanto, que as categorias de homossexualidade e heterossexualidade servem apenas de forma muito esquemática para ver as alternativas envolvidas nessa dimensão do gênero. Falar exclusivamente de homossexualidade e heterossexualidade restringe

---

55. R. Stoller, "A Contribution to the Study of Gender Identity", *International Journal of Psychoanalysis*, 1964; R. Stoller, *Sex and Gender*, 1968; R. Stoller, *Sex and Gender*, 1975; R. Stoller, *Observing the Erotic Imagination*, 1985, entre outras obras de sua autoria.
56. G. Herdt e R. J. Stoller, op. cit.

o amplo campo das orientações e disposições afetivo-sexuais. É importante ressaltar que a orientação sexual deve ser discriminada do gênero da personalidade, e textos como os de Michael Pollak[57] e Philippe Ariès[58] sobre a história da homossexualidade no Ocidente fornecem evidências a esse respeito. A orientação sexual geralmente é indicada por um repertório de sinais mais ou menos estereotipados, verdadeiros gestos codificados, que os incautos confundem muitas vezes com indicadores do que chamo de personalidade ou *disposição afetiva* masculina ou feminina.

4. Devemos ainda separar a disposição sexual de uma pessoa, ou seja, o que ela diz sobre seu comportamento sexual propriamente dito e sua tendência a assumir papéis sexuais ativos ou passivos em sua interação sexual. Esse estrato não guarda necessariamente uma relação linear com a orientação sexual.

5. Por fim, o âmbito mais reconhecido dos papéis sociais resultantes da divisão sexual do trabalho, aos quais, por muito tempo, as análises sociológicas e antropológicas reduziram a categoria de gênero. Como tentei mostrar, essa categoria é muito mais ampla e inclui dimensões sociais, psíquicas e sexuais que se entrelaçam de maneira complexa.

É necessário, no entanto, dizer que, quando falamos habitualmente de gênero, cobrimos todos esses níveis de forma imprecisa. Apesar disso, dependendo da cultura em questão, esses níveis serão representados como mais ou menos firmemente vinculados entre si, e sua articulação em uma única identidade de gênero estará sujeita a um maior ou menor grau de vigilância e coerção. No entanto, a psicanálise tem dificuldade em conceber essas camadas que compõem a experiência

---

57. M. Pollak, A homossexualidade masculina, ou: a felicidade no gueto?", in *Sexualidades ocidentais*, 1986.
58. P. Ariès, "Reflexões sobre a história da homossexualidade", in *Sexualidades ocidentais*. 1986.

de gênero do sujeito como desvinculadas. Na verdade, a psicanálise prende a orientação sexual, a disposição sexual e a disposição afetiva ou personalidade a cada um dos termos do dimorfismo anatômico, como a própria Nancy Chodorow chega a reconhecer, apesar da dívida que seu próprio modelo mantém com essa disciplina.[59] Por outro lado, mesmo em um sistema que tem um discurso muito elaborado sobre a respectiva independência dos níveis anatômico, psicológico, sexual e social da composição de gênero, ocorrem constantes deslizes e intrusões de um estrato em outro, como consequência da inércia – e consequente conservadorismo – inerente às representações hegemônicas originadas no sistema ocidental e na linguagem em geral. Como Jane Gallop demonstrou, até mesmo o mais prevenido, aquele que desessencializou a própria ideia do falo ao separá-lo de seu suporte ou significante anatômico e, assim, lançou as bases de uma noção de patriarcado que é mais simbólica do que factual – o próprio Lacan – viu sua prosa acabar caindo na armadilha dessa inércia.[60]

O outro aspecto, talvez mais fácil de reconhecer, é a própria circulação do sujeito, ao longo do tempo e nas relações afetivas nas quais se envolve, entre diferentes disposições ou registros de gênero em relação aos seus outros. De fato, apesar da inércia inerente aos processos de construção de identidade, esse trânsito ocorre, e a maturidade, bem como as posições institucionais que ocupamos, têm incidência sobre esse fenômeno de transformação na maneira como nos posicionamos em relação aos outros nas relações das quais participamos. Aqui também podemos aprender com o material etnográfico e tomar emprestado, por exemplo, do vocabulário de várias sociedades africanas, como a Igbo da Nigéria, a categoria de mulher-homem, como a mulher que atinge a senioridade, traduzida como *status* masculino, com a velhice.

---

59. N. Chodorow, op. cit., p. 139.
60. J. Gallop, *Lendo Lacan*, 1992, especialmente o capítulo "*On the Phallus*" [Sobre o falo].

Bibliografia

ARIÈS, Philippe. "Reflexões sobre a História da Homossexualidade", in *Sexualidades Ocidentais*. São Paulo: Brasiliense, 1986.

BADINTER, Elisabeth. *Um é o outro*. Rio de Janeiro: Nova Fronteira, 1988.

BEAUVOIR, Simone de. *O Segundo Sexo*. São Paulo: Difusão Européia do Livro, [1949] 1970.

BRENNAN, Teresa. "Introdução", in *Para Além do Falo. Uma Crítica a Lacan do Ponto de Vista da Mulher*. Rio de Janeiro: Editora Rosa dos Tempos, [1989] 1997.

BROWN, Beverley. "Displacing the Difference", in *Nature, Culture and Gender*, vol. 8, 1983.

BUTLER, Judith. "Introduction" y "Contingent Foundations: Feminism and the Question of 'Postmodernism", in BUTLER, Judith e SCOTT, Joan W. (org.). Feminists Theorize the Political, Nova York/Londres, Routledge, 1992.

____. *Bodies that Matter. On the Discursive Limits of "Sex"*. Nova York e Londres: Routledge, 1993.

____. *The Psychic Life of Power. Theories in Subjection*. Stanford: Stanford University Press, 1997.

____. *Problemas de gênero. Feminismo e subversao da identidade*. Rio de Janeiro: Editora Civilização Brasileira, 2003.

CHODOROW, Nancy. "Family Structure and Feminine Personality", in RROSALDO, Michelle Z. e LAMPHERE, Louise (org.). *Women, Culture and Society*. Stanford: Stanford University Press, 1974.

____. The Reproduction of Mothering. *Psychoanalysis and the Sociology of Gender*. Berkeley: University of California Press, 1978.

CIXOUS, Helène. "Castration or Decapitation?", *Signs*, vol. 7, nº 1, outono, 1981, p. 41-55.

CONNEL, R. W. *Masculinities*. Berkeley e Los Ângeles: University of California Press, 1995.

CORNWALL, Andrea; LINDISFARNE Nancy. "Dislocating Masculinity: Gender, Power and Anthropology", in CORNWALL, Andrea e LINDISFARNE, Nancy (org.). *Dislocating Masculinity. Comparative Ethnographies*. Londres e Nova York: Routledge, 1994.

DE LAURETIS, Teresa. *Feminist Studies/Critical Studies*. Londres: Macmillan, 1986.

FAURÉ, Christine. "Absent from History", *Signs*, vol. 7, nº 1, outono, 1981, p. 71-80.

GALLOP, Jane. *Lendo Lacan*. Rio de Janeiro: Imago, 1992.

HEILBORN, Maria Luiza. "Fazendo Gênero? A Antropologia da Mulher no Brasil", in OLIVEIRA COSTA, Albertina de e BRUSCHINI, Cristina, *Uma Questão de Gênero*. Rio de Janeiro: Editora Rosa dos Ventos/Fundação Carlos Chagas, 1992, p. 93-126.

HERDT, Gilbert (org.). *Rituals of Manhood. Male Initiation in Papua New Guinea*, Berkeley/Los Ângeles/Londres: University of California Press, 1982.

____. *Guardians of the Flutes. Idioms of Masculinity*. Nova York: Columbia University Press, 1987.

HERDT, Gilbert e Stoller, Robert J. *Intimate Communications. Erotics and the Study of Culture*. Nova York: Columbia University Press, 1990.

HÉRITIER, Françoise. "Symbolique de l'inceste et de sa prohibition", in ISARD, M. e SMITH, P. (org.). La Fonction Symbolique, París, Gallimard, 1979, p. 209-243.

IRIGARAY, Luce. "And the One Doesn't Stir without the Other", *Signs*, vol. 7, nº 1, outono, 1981, p. 60-67.

KRISTEVA, Julia. "Women's Time", *Signs*, vol. 7, nº 1, outono, 1981, p. 13-35.

LACAN, J. *A transferência*. O Seminário: livro 8. Rio de Janeiro: Zahar [1958] 1992.

LANDES, Ruth. *A Cidade das Mulheres*. Rio de Janeiro: Civilização Brasileira, [1940] 1967.

LEACOCK, Eleanor Burke *Myths of Male Dominance. Collected Articles on Women Cross-Culturally*. Nova York: Monthly Review Press, 1981.

LEPOWSKY, Maria *Fruit of the Motherland. Gender in an Egalitarian Society*. Nova York: Columbia University Press, 1993.

MACCORMACK, Carol e STRATHERN, Marilyn (org.). *Nature, Gender and Culture*. Cambridge: Cambridge University Press, 1980.

MEAD, Margaret. *Sex and Temperament in Three Primitive Societies*, Nova York: New American Library, 1935.

MITCHELL, Juliet. *Psychoanalysis and Feminism*. Harmondsworth, Middlesex: Penguin Books, 1975.

MITCHELL, Juliet e ROSE, Jacqueline. *Feminine Sexuality. Jacques Lacan and the école freudienne*. Londres: Macmillan, 1982.

MOHANTY, Chandra Talpade. "Under Western Eyes: feminist Scholarship and Colonial Discourses", in WILLIAMS, Patrick e CHRISMAN, Laura (org.). *Colonial Discourse and Post-Colonial Theory. A Reader*. Nova York: Columbia University Press, 1994.

MOORE, Henrietta. "Gendered Persons. Dialogues between Anthropology and Psychoanalysis", in HEALD, Suzette e DELUZ, Arianme (org.). *Anthropology and Psychoanalysis. An Encounter Through Culture*. Londres e Nova York: Routledge, 1994a.

_____. "The Problem of Explaining Violence in the Social Sciences", in HARVEY, Penelope e GOW, Peter (org.). *Sex and Violence. Issues in Representation and Experience*. Londres e Nova York: Routledge, 1994b.

ORTNER, Sherry. "Is Female to Male as Nature is to Culture?", in ROSALDO, Michelle Z. e LAMPHERE, Louise (org.). W*omen, Culture and Society*. Stanford: Stanford University Press, 1974.

ORTNER, Sherry e WHITEHEAD, Harriet. "Accounting for sexual meanings", in *Sexual Meanings. The Cultural Construction of Gender and Sexuality*. Cambridge: Cambridge University Press, 1981.

OVERING, Joanna. "Men control women? the 'catch 22' in the analysis of gender", in *International Journal of Moral and Social Studies*, vol. 1, n° 2, verão, 1986.

PERLONGHER, Néstor. *Negocio do michê: Prostituição Viril em São Paulo*. São Paulo: Brasiliense, 1987.

POLLAK, Michael. "A homossexualidade masculina, ou: a felicidade no gueto?", in *Sexualidades Ocidentais*. São Paulo: Brasiliense, 1986.

RAGLAND-SULLIVAN, Ellie. *Jacques Lacan and the Philosophy of Psychoanalysis*. Londres: Croom Helm, 1986.

REITER, Rayna. "Men and Women in the South of France: Public and Private Domains", in REITER, Rayna (org.). *Toward an Anthropology of Women*. Nova York: Monthly Review Press, 1975.

RIVIÈRE, Joan. "Womanliness as a Masquerade", *The International Journal of Psychoanalysis*, vol. 10, 1929.

ROSALDO, Michelle. "Women, Culture, and Society: A Theoretical Overview", in ROSALDO, Michelle Z. e LAMPHERE, Louise (org.). *Women, Culture and Society*, Stanford, Stanford University Press, 1974.

RUBIN, Gayle. "The Traffic in Women: Notes on the 'Political Economy' of Sex", in REITER, Rayna (org.). *Toward an Anthropology of Women*. Nova York: Monthly Review Press, 1975.

SANTOS, Boaventura de Souza. "Toward a Multicultural Conception of Human Rights", in TRUYOL, Berta Esperanza Hernández (org.). *Moral Imperialism. A Critical Anthology*. Nova York: New York University Press, 2002.

SEGATO, Rita Laura. *Santos e Daimones. O Politeísmo Afro-Brasileiro e a Tradição Arquetipal*. Brasília: Editora da Universidade de Brasília, 1995.

_____. "Frontiers and Margins: The Untold Story of the Afro-Brazilian Religious Expansion to Argentina and Uruguay", *Critique of Anthropology*, vol. 16, n° 4, 1996.

SCHIFTER, Jacobo. *Macho Love. Sex behind bars in Central America*, Nova York e Londres: Oxford, Haworth Press, 1999.

SILVERMAN, Kaja. *Male Subjectivity at the Margins.* Nova York e Londres: Routledge, 1992.

SILVERSTEIN, Leni. "Mãe de todo mundo: modos de sobrevivência nas comunidades de candomblé da Bahia", *Religião e Sociedade*, vol. 4, 1979, p. 143-175.

SLOCUM, Sally. "Woman the Gatherer: Male Bias in Anthropology", in REITER, Rayna (org.), *Toward an Anthropology of Women*. Nova York: Monthly Review Press, 1975.

SPIVAK, Gayatri Chakravorty. "Three Woman's Texts and a Critique of Imperialism", *Critical Inquiry*, vol. 12, nº 1, 1985, p. 262-280.

_____. "Can the Subaltern Speak?", in WILLIAMS, Patrick e CHRISMAN, Laura (org.), *Colonial Discourse and Post-Colonial Theory. A Reader*. Nova York: Columbia University Press, [1988] 1994.

STOLLER, Robert. "A Contribution to the Study of Gender Identity", *International Journal of Psychoanalysis*, vol. 45, 1964.

_____. *Sex and Gender*. Nova York: Science House, vol. 1, 1968.

_____. *Sex and Gender*. Londres: Hogarth, vol. 2, 1975.

_____. *Observing the Erotic Imagination*. New Haven/Londres: Yale University Press, 1985.

TAVARES, Hugo Cesar. *Troca de Mulheres (em Lévi-Strauss e Lacan)*. Rio de Janeiro: Hólon Editorial, s. d.

WARNER, Michael. *The Letters of the Republic: Publication and the Public Sphere in Eighteenth-Century America*. Cambridge, Mass.: Harvard University Press, 1990.

_____. "The Mass Public and the Mass Subject", in CALHOUN, Craig (org.), *Habermas and the Public Sphere*, Cambridge: The MIT Press, 1992.

3. A célula violenta que Lacan não viu: um diálogo (tenso) entre a antropologia e a psicanálise

Para Ondina Pena Pereira

Transdisciplinaridade e retrocesso nas humanidades: o caso da antropologia

Foi com imensa satisfação que aceitei vir expor sobre a transdisciplinaridade nas humanidades.[1,2] Nos últimos anos venho defendendo – e, por momentos, pagando caro por fazê-lo – a necessidade de baixar os parapeitos disciplinares, cruzar as áreas, ler extensamente o que se escreve nos outros campos.

Não será com facilidade que vamos consegui-lo, porque abrir a cidade murada desses campos significa quebrar a arquitetura de um sistema de autoridade que se reserva o direito de estabelecer, internamente para cada área, os parâmetros para julgar o que serve e o que não serve e, sobretudo, distribuir os fundos de pesquisa, dar emprego nas universidades e todas as demais prerrogativas que disto dependem. No entanto, quando paramos para pensar nos grandes autores e autoras de nosso tempo, nos formuladores de modelos de grande impacto nas humanidades em geral e, portanto, reformadores da história, vemos que nenhum deles, absolutamente nenhum, deixou de circular entre uma variedade de disciplinas, como as ciências sociais, a história, a linguística, a filosofia e a psicanálise,

---

1. Conferência lida em 9 de abril de 2003, no Congresso Internacional "Nuevos paradigmas transdisciplinarios en las Ciencias Humanas», na Universidad Nacional de Colombia, em Bogotá, 7-9 de abril, 2003. (N.A.)
2. Neste artigo, excepcionalmente, por tratar-se de um texto lido pela autora em um Congresso, decidimos evitar alterar substancialmente a redação, mantendo, na maioria das vezes, o masculino universal então utilizado por Segato em sua alocução. (N.T.)

e alguns deles são até muito difíceis de situar. De Foucault, por exemplo, que afetou definitivamente os paradigmas de todas as nossas ciências, pouquíssimos estudantes são capazes de dizer qual foi sua formação básica, em que área se graduou, o que mostra que da fertilização mútua dos campos nasce a teoria, e é na transgressão das fronteiras disciplinares que encontramos novas ideias.

Estou deliberadamente abordando o tema a partir da antropologia porque essa disciplina, entre todas as ciências humanas, sofreu recentemente, em suas cátedras e em sua orientação acadêmica em geral, o maior retrocesso para o que já ouvi ser descrito como um retorno virtuoso a um *fundamentalismo disciplinar*. Acadêmicos muito sérios e prepotentes franzem a testa e balançam a cabeça em sinal de condenação quando comentam sobre o perigoso desvio da disciplina na década de 1980, afirmando a necessidade de redisciplina-la. Esses verdadeiros restauradores da disciplina tentam expurgar a contaminação introduzida pela chamada antropologia pós-moderna e tentam retornar às suas origens conservadoras. Para salvaguardar a identidade disciplinar – que temem estar seriamente ameaçada – eles são forçados a se tornar reacionários, no sentido estrito de reagir contra qualquer infiltração de outros campos. Seu lema, francamente fundamentalista em espírito pelos enganos que contém, é o retorno ao suposto legado dos pais fundadores da disciplina, copiando seu método, que assim se torna mais a-histórico do que já era.

Esse *retorno* não considera, em primeiro lugar, que o objeto tenha mudado, que não existem sociedades que não estejam expostas à administração ativa dos Estados-nação modernos, que não sejam atravessadas pela globalização e que, em muitos casos, não desejem nem precisem de mais porta-vozes, analistas, representantes eruditos para dar ao mundo uma versão sempre parcial do que são. Pois seu interesse particular não está em serem compreendidas como são, mas em passar a mensagem do que querem e deixar explícito o que não querem – neste último aspecto, de tentar entender e representar o que as sociedades desejam para si, os antropólogos e antropólogas, pelo menos no Brasil, temos contribuído pouco.

Em segundo lugar, em sua reação defensiva e purista aos supostos *pilares* da profissão de etnografia, os antropólogos se esquecem de que a antropologia clássica lançou suas bases com trabalhos que respondiam a perguntas feitas por outras disciplinas na época. O encapsulamento fundamentalista que alguns defendem hoje nunca existiu, certamente não no período de fundação. Ler filósofos, teólogos, linguistas e psicanalistas fazia parte do processo criativo de Malinowski, Leenhardt, Evans-Pritchard, Mauss, Lévi-Strauss e muitos outros. Freud e Durkheim publicaram seus modelos teóricos – *Totem e Tabu* e *As Formas Elementares da Vida Religiosa* – com apenas um ano de diferença, ambos usando sociedades totêmicas como chave para conjecturar sobre as bases que tornam possível a coexistência humana e a organização social. Isso não pode ter sido uma coincidência, mas uma consequência do fato de que eles eram autores de seu tempo, imersos nas questões da época, em que o conhecimento etnográfico existente circulava entre as áreas e a exposição de um discurso acadêmico ao outro era intensa.

Malinowski questionou-se e indagou em seu material das ilhas Trobriand se o complexo de Édipo é universal, e respondeu com o que acreditava ser outra triangulação: em vez de pai/mãe/filho, como no triângulo freudiano, ele apontou para o triângulo mãe/irmão da mãe/filho, para a sociedade de avunculado que estava descrevendo. Nela, como se sabe, a paternidade biológica é separada da paternidade jurídica, o pai do *pater*, o afeto da linhagem.Mas hoje nos dizem para não fazer isso, que atravessar esses campos incertos envolve perigos indescritíveis para a saúde disciplinar. A sobrevivência da própria profissão pode estar em jogo, após o grande susto da crítica pós-moderna da representação etnográfica, que ameaçou inviabilizar a fé em nossas *descobertas* bem-intencionadas no campo. Era necessário devolver a credibilidade às genealogias, mapas de aldeias, gráficos de parentesco e outras categorias nativas anotadas pelo antropólogo e pela antropóloga como conhecimento contundente sobre a realidade.

No entanto, se esse conhecimento contundente, se esses dados duros não respondem a questões de época, se não dialogam com as grandes questões abertas e em circulação no mundo de hoje, ocorre o que está sucedendo conosco como disciplina: escrevemos e publicamos para especialistas, independentemente do fato de a mídia poder entrevistar-nos com certa assiduidade, levando-nos à presença do grande público. Mas as outras disciplinas nos leem pouco, temos pouco trânsito transdisciplinar: basta entrar nas grandes livrarias do mundo, Barnes and Noble, Borders, Fnac, e ver as prateleiras de filosofia, história, psicanálise, estudos culturais e pós-coloniais, comunicação, estudos de gênero, e pouquíssimas prateleiras de antropologia, que nunca foi um campo massivo, mas cujo público leitor extradisciplinar – e esse é um critério muito importante para avaliar o impacto de uma ciência no mundo – está se tornando cada vez menor. A verdade é que nossa produção para o público geral das ciências humanas foi perigosamente reduzida. E esse é o verdadeiro risco – e não, como se insiste, a perda de rigor que significaria para o/a antropólogo(a) se aproximar do estilo de comunicação ou do chamado diletantismo dos estudos culturais, que, segundo se comenta nos círculos antropológicos, carece de método ou identidade. Práticas interpretativas ruins sempre existiram, em terrenos disciplinares abertos ou fechados.

É por causa do meu profundo descontentamento com esse recuo medroso e conservador dos últimos tempos, por meu profundo desagrado com uma antropologia que se quer técnica, que quero me referir hoje a um diálogo difícil e específico entre duas disciplinas que mantiveram uma relação muito tensa, mas também muito prolífica, desde suas origens: a antropologia e a psicanálise.

Essa relação é tensa por vários motivos práticos e teóricos. Todos nós que nos formamos em ciências sociais já ouvimos de nossos professores e professoras a advertência um tanto intimidadora de que nunca deveríamos cruzar a fronteira entre as disciplinas que pensam sobre fenômenos relacionados ao indivíduo, ou ciências psicológicas, e aquelas que pensam sobre a sociedade, as ciências sociais. Parecia inquestionável o que, dito assim, estabelecia as bases nítidas das fronteiras disciplinares, com seus próprios poderes. Isso nos fazia esquecer que, muitas vezes, esses mesmos professores e professoras, tentando ir além das ideias de uma superorganicidade da cultura, como no culturalismo norteamericano, ou da sociedade, como no estrutural-funcionalismo britânico, teriam de lembrar a esses mesmos alunos, em uma releitura de Weber, que somente a agência individual e as milhares de decisões diárias de seus membros reproduzem – ou não – o modo de vida de uma determinada coletividade. Em outras palavras, é nos processos individuais que é possível observar a reprodução da vida coletiva, regida por padrões culturais considerados estáveis pelos antropólogos em sociedades descritas como agregados articulados de pessoas que compartilham essa cultura minimamente estável e identificável. E se essa reprodução é mecânica, ela se deve à repetição processada pelas consciências e práticas individuais. Melford Spiro já apontara isso em 1951, em seu artigo *"Culture and personality: The natural history of a false dichotomy"* [Cultura e personalidade: a história natural de uma falsa dicotomia], no qual argumentava que a chave para a conversão ou passagem entre o coletivo e o individual está localizada no dispositivo que Freud chama de superego, por meio do qual a voz do pai, ou dos deveres sancionados coletivamente, é internalizada como um mandato próprio e pessoal pela criança.

Antropologia e psicanálise: o que elas podem e não podem fazer juntas

Entretanto, apesar dessa primeira ponte de traduzibilidade das linguagens disciplinares e das negociações de sentido possíveis entre as categorias das duas disciplinas, várias outras dificuldades permaneceriam.

Dito de forma um pouco vaga e da perspectiva do psicanalista e não do paciente, a clínica é o trabalho de encontro e extração de informações que aquele (o psicanalista) faz *ouvindo* seu paciente, e que poderia ser considerado equivalente e proporcional ao do antropólogo com seu nativo. No entanto, eles diferem com relação ao projeto terapêutico de análise, que é solicitado pelo paciente e no qual, por assim dizer, o objeto de estudo também é o suposto beneficiário do processo de indagação. Já no projeto antropológico, é o antropólogo quem toma a iniciativa, e o nativo não participa nem como beneficiário do conhecimento obtido pelo antropólogo, nem como aprendiz de sua ciência.

Seus caminhos cruzam-se quando, enquanto o paciente avança na via do autoconhecimento por meio do processo denominado *transferência*, o antropólogo *conhece* por meio da contratransferência. Em outras palavras, o paciente se conhece por meio da catexia que realiza sobre o analista, investindo-o afetivamente e atualizando, com ele, um passado, a fim de ter acesso gradual a uma percepção de sua própria projeção, que serve de espelho ao devolver uma imagem que o adverte sobre a natureza de seu desejo. Já o antropólogo inverte o curso na relação etnográfica, na qual se poderia dizer que ele percorre sua jornada hermenêutica por meio de um processo de contratransferência no nativo: a projeção das expectativas do observador em seu observado, seguida de procedimentos de autocorreção e redirecionamento de suas pressuposições ou pré-conhecimento, até chegar a uma reflexão sobre as pressuposições de seu próprio solo cultural.

Vincent Crapanzano, em seu ensaio *"Text, transference, and Indexicality"*,[3] enfatiza que tanto o encontro etnográfico quanto o analítico são transferenciais, no sentido de que tanto as narrativas do paciente quanto as do nativo indexam e presentificam a posição que ocuparam em experiências passadas e, portanto, são dramas de autoconstituição. O dêitico torna-se pleno de sentido a partir das evocações que o interlocutor lhe suscita e dependendo do que quer depositar nele. Isso nos leva a uma série de críticas à entrevista – aberta ou fechada, formal ou informal – como método de extração de informações, uma vez que, como argumentei em outra oportunidade com a ajuda da noção de dialogia de Bakhtin, todo enunciado é responsivo e não há neutralidade nas informações que coletamos em campo: elas nos são dadas indexicamente por alguém indexicamente posicionado; tanto o antropólogo quanto seu nativo são índices de lugares sociais relativos cujo registro é impresso nas narrativas coletadas. A mutualidade dos dois será, sem dúvida, impressa na narrativa anotada.[4]

Mas a comparação que estou tentando articular é, na realidade, muito mais complexa do que aparenta ser, e é interessante lembrar aqui que, ao mesmo tempo que há antropólogos que, apesar de não serem etnógrafos, trabalham interpretando, contextualizando ou fazendo a epistemologia do trabalho antropológico, há autores que trabalham com a psicanálise privilegiando exclusivamente a investigação filosófica derivada de seu discurso sobre o sujeito e não estão interessados em seu papel curativo.[5]

---

3. V. Crapanzano, "Text, transference, and Indexicality", in *Hermes' Dilemma and Hamlet's Desire. On the Epistemology of Interpretation*, 1992b.
4. R. Segato, "Frontiers and Margins: The Untold Story of the Afro-Brazilian Religious Expansion to Argentina and Uruguay", in *Critique of Anthropology*, 1996.
5. A. Juranville, *Lacan et la Philosophie*, 1984; J. Gallop, *Reading Lacan*, 1985; E. Ragland-Sullivan, *Jacques Lacan and the Philosophy of Psychoanalysis*, 1986; J. Goux, *Oedipus, Philosopher*, 1993; J. Alemán e S. Larriera, *Lacan: Heidegger*, 1996; O. Pena Pereira, *No Horizonte do Outro. Uma etnografia da cena analítica na sociedade contemporânea*, 1999, entre outros.

Ainda assim, na prática clínica, como eu disse, o/a psicanalista é procurado(a) pelo(a) paciente. No campo, é o/a antropólogo(a) que sai em busca de seu/sua nativo(a), embora isso esteja mudando hoje em dia, e o conceito de *campo* possa muito bem ter uma configuração muito diferente hoje do que tinha há vinte anos – embora eu não tenha visto estudos, por certo muito pertinentes, sobre a história das transformações sofridas pela noção e pelas práticas do que nós, antropólogos, chamamos de *campo*. Nos últimos três meses de 2002, tive uma experiência etnográfica que transgride e inverte todos os meus hábitos anteriores: um grupo de mulheres indígenas pediu à autoridade indigenista brasileira – a Fundação Nacional do Índio (Funai)[6] – para ser "ouvido", a fim de construir, com base nessa consulta, uma proposta de políticas públicas especificamente voltada para elas. Nesse caso, as anotações etnográficas foram feitas a pedido das indígenas e para atender a seus interesses. Exemplos como esse indicam que a relação usual entre etnógrafo e nativo, que estrutura o "campo" antropológico, está mudando.

No entanto, é necessário mencionar neste ponto que nenhum dos dois campos, até o momento – e nisso eles são semelhantes – inverte (ou subverte) a relação hierárquica entre observador-observado, e nenhum deles prevê a possibilidade do retorno do olhar, ou seja, que o analisando possa eventualmente analisar o analista, ou que o nativo se torne o etnógrafo de seu antropólogo.

Por outro lado, a antropologia e a psicanálise diferem na maneira pela qual a teoria participa de suas respectivas práticas. Na psicanálise, as categorias previamente enunciadas fornecem os marcos que orientam a escuta e sua interpretação. Os antropólogos veem a psicanálise como um método cativo de sua teoria e se veem como pesquisadores da teoria do outro, da teoria nativa. Em outras palavras, o psicanalista

---

6. Desde 2023, renomeada Fundação Nacional dos Povos Indígenas. (N.T.)

sabe, desde o início, para onde está indo, qual é o seu porto de ancoragem, pois a teoria já indica o que ele está procurando, embora não onde o encontrará – ou seja, sob quais significantes as personagens da cena originária e fundadora da triangulação edípica são revividas.

A teoria antropológica determina justamente a abstenção teórica ou a suspensão das categorias da(o) antropóloga(a) durante o período da pesquisa etnográfica, uma vez que o que se busca é, precisamente, a teoria do outro sobre o mundo: a perspectiva, as crenças e os modelos do nativo, mesmo que estejam em contradição com os nossos. No entanto, eu mesma argumentei anos atrás, em meu artigo "Um paradoxo do relativismo: o discurso racional da antropologia frente ao sagrado",[7] que, ao impor nossa racionalidade sociológica às crenças religiosas, estávamos deixando de cumprir a premissa relativista da suspensão do julgamento. Isso certamente desafia a ideia do método cativo da psicanálise em oposição ao método *livre* da antropologia. Por outro lado, a matéria-prima da psicanálise é o texto verbal, a fala, enquanto a matéria-prima da antropologia é o texto vivido, a interação social e seu contexto discursivo verbal. Assim, enquanto o psicanalista *ouve* seu paciente, o etnógrafo observa a vida cotidiana de seus nativos, ouvindo suas conversas e fazendo-lhes as perguntas necessárias para dar sentido às ações observadas. Novamente, se o paciente vai para o divã, o antropólogo vai para o campo e observa seu objeto *in situ*.

A isso se soma outra diferença que gostaria de enfatizar: a psicanálise é mais clara sobre a "suspeita" ricoeuriana e administra um método mais preciso para chegar ao que a consciência de seu paciente esconde. Sua escuta é direcionada às inconsistências, aos atos não voluntários da fala, ao que o sujeito mascara quando finge contar. Não se duvida da opacidade da

---

7. R. Segato, "Um paradoxo do relativismo: o discurso racional da antropologia frente ao sagrado", *Religião e Sociedade*, 1992.

consciência do paciente, que, ao mesmo tempo em que revela, positivamente esconde, pois não pode saber sobre si mesmo – se os sujeitos pudessem saber e relatar sobre si mesmos, se sua consciência fosse lúcida, as ciências humanas não teriam nenhuma contribuição a oferecer. Infelizmente, a antropologia muitas vezes cai em uma má prática que consiste na transcrição editada da fala nativa e no abandono da suspeita. Hoje em dia, cada vez menos antropólogos se dedicam a qualquer tipo de análise de discurso capaz de penetrar na opacidade da consciência nativa, e os procedimentos antropológicos de desvendamento, por serem menos formalizados do que os da psicanálise, muitas vezes acabam sendo negligenciados. A maneira etnográfica de *ouvir* corretamente o discurso nativo é correlacionar o texto verbal com o texto da interação social, correlacionar a fala com as práticas e comparar os enunciados nativos entre si. O psicanalista escuta as fissuras e falhas da fala; o antropólogo deve escutar as articulações entre ação e fala, bem como as inconsistências entre os discursos diferentemente situados dos vários atores sociais.

Nesse contexto de *escutas* psicanalítica e antropológica, a principal tarefa colaborativa que possivelmente compartilhamos é uma tarefa já inaugurada pelo próprio Freud em textos como "O mal-estar na cultura", "O futuro de uma ilusão" ou em sua análise do sorriso da Mona Lisa: a leitura psicanalítica de textos culturais. Se a etnografia é a inscrição, feita pelo antropólogo, da interação social e dos valores e categorias culturais que a orientam, sua interpretação também poderia se valer da *escuta* psicanalítica do discurso assim inscrito pelo antropólogo.

Tentei reunir a psicanálise e a anotação etnográfica para interpretar o texto social, por exemplo, em minha leitura da interação de interlocutores na Internet, que incluo neste volume. Ali, para entender o caráter beligerante e a postura onipotente dos frequentadores das salas de bate-papo, independentemente do assunto, destaco o fato de que eles assumem a dispensabilidade do corpo material, que é substituído por um corpo ideal, construído virtualmente por meio de uma narrativa (não me refiro aqui aos casos em que o corpo intervém, filmado e projetado na superfície bidimensional da tela, o que exigiria outro tipo de análise da redução da materialidade à imagem virtual). Essa atuação como se o corpo não existisse exclui a materialidade como o primeiro limite do qual o sujeito tem notícia, a primeira evidência da lei. A primeira lei e a materialidade estão profundamente ligadas, pois é na ausência do que é sentido como um fragmento próprio que é separado do bebê quando o corpo materno é retirado dele, que o limite e a falta são introduzidos. A materialidade e a experiência originária da falta e da lei que a impõe são um processo único e indissociável. Portanto, a obliteração da materialidade do corpo na internet permite que o sujeito fale como se fosse inteiro, simulando, para todos os efeitos, sua própria completude. Com isso, inevitavelmente, ele se torna prisioneiro de sua própria fantasia, que o totaliza. E com isso, também, o outro na tela é percebido como um boneco, um manequim, que pode ser seduzido, derrotado ou anulado. A tela funciona aqui como um espelho no qual a alteridade é apenas uma miragem. Com a exclusão da lei do corpo como limite, qualquer índice de alteridade ou resistência no mundo é eliminado, e o outro deixa de ser percebido em sua radicalidade e irredutibilidade. Encontramo-nos em um mundo de gente solitária que, ante a menor contrariedade causada pelo interlocutor virtual, pode eliminá-lo, anulá-lo, saindo de cena com um simples clique do *mouse*.

Esse tipo de análise do sujeito contemporâneo como sujeito onipotente, paradigmatizado no usuário da internet, é próxima e complementar ao que, segundo Judith Butler, surge com a primeira invasão do Iraque. De acordo com Butler, a partir do momento em que o telespectador estadunidense pode observar a morte do inimigo na tela da televisão, do sofá de casa, sem estar sob a mira das armas ou da lente da câmera do outro, podemos falar de um *sujeito telescópico*. Esse sujeito estadunidense ocupa uma posição que não é nem simétrica, nem comutável com a de seu outro, nesse caso o sujeito iraquiano, e é, em meus próprios termos, um sujeito onipotente e solipsista, em cuja fantasia o outro deixa de constituir um risco.[8] O sujeito telescópico e o sujeito da internet, indiscutivelmente o mesmo, excluem sua própria finitude, pois, ao mesmo tempo que eliminam o outro, permanecem fora do alcance do poder de matar do outro. Esse sujeito belicista é particular, civilizacional, histórica e sociologicamente situado e escolarizado. Daí é possível deduzir que, se há um modo culturalizado de ser sujeito, dependente do ambiente ou, em outras palavras, da ordem discursiva que o articula e atravessa,[9] é possível a produção ou a emergência de um sujeito onipotente, como esse, ou de sujeitos dialógicos capazes de admitir a comutabilidade de posições e prever a circulação por lugares relativos. O horizonte cultural e histórico transformará a maneira pela qual o sujeito se localiza em relação aos outros.

Outro exercício de interpretação do texto social por meio do instrumental psicanalítico é o que realizei ao tentar compreender o trânsito inter-religioso, cuja prática cada vez mais frequente no mundo contemporâneo convoca atualmente tantos sociólogos e antropólogos da religião. Em vez de me ater ao paradigma durkheiminiano, que estabelece que o modelo do sagrado reproduz, metaforiza o modelo do mundo, optei por colocar o sujeito religioso, o sujeito crente, no centro da cena. Ao fazer isso, substituí o procedimento da metáfora, próprio das análises simbólicas sociológicas usuais, e propus o procedimento da metonímia, que implica traçar o itinerário desse sujeito de significante em significante, por meio de uma cadeia transcultural que ele articula em direção ascendente ao sagrado, inspirado por uma aspiração muito próxima à do

---

8. J. Butler, "Contingent Foundations: Feminism and the Question of 'Post-modernism'", in Butler, Judith e Joan Scott, *Feminists Theorize the Political*, 1992.
9. M. Foucault, *L' ordre du discours*, 1971.

desejo amoroso. Assim, utilizando a cadeia metonímica de significantes como referência para a leitura do comportamento do sujeito que crê e se submete à experiência da conversão religiosa, torna-se mais acessível compreender as vicissitudes da fé de sujeitos que abraçam diferentes credos, transitando entre repertórios de símbolos religiosos que, como observadores, nos parecem incompatíveis.[10]

Esses exemplos permitem-nos sugerir que, na prolífica conjunção da antropologia e da psicanálise, surge uma possibilidade de culturalizar o sujeito, ou seja, não colocar no foco de nosso trabalho etnográfico, nem a identidade, nem a construção cultural da categoria *pessoa*, nem a subjetividade enquanto conteúdos constitutivos do ego, que sustentam a identidade do sujeito e são da ordem do imaginário,[11] mas a maneira como pronunciamos, tácita ou explicitamente, a primeira pessoa do singular.

Classicamente, desde que Marcel Mauss introduziu em 1938 a categoria pessoa como um tema interessante a ser abordado a partir de uma perspectiva relativista, ou seja, antropológica, antropólogos e antropólogas têm pensado na noção de pessoa como a arquitetura – e aqui a metáfora espacial é intencional – com a qual as diversas culturas moldam sua concepção da pessoa humana.[12] Em seu ensaio seminal sobre a categoria *pessoa*, Mauss afirmou que, em oposição a ela, o *eu*, ou seja, a primeira pessoa do singular, era uma categoria presente em todas as línguas humanas e, portanto, universal. O que estou sugerindo é justamente interrogar a universalidade dessa experiência da primeira pessoa ou, em outras

---

10. R. Segato, "Religions In Transition: Changing Religious Adhesions In a Merging World. An Introduction", in J.-A. Alvarsson e R. Segato (eds.), *Religions In Transition: Mobility, Merging and Globalization In Contemporary Religious Adhesions*, 2003.
11. J. Lacan, "The function and field of speech and language in psychoanalysis", in *Écrits. A Selection*, 1977a.
12. M. Mauss, "A Category of the Human Mind: The Notion of the Person; The Notion of Self", in Michael C., S. Collins e S. Lukes (eds.), *The Category of the Person*, 1985.

palavras, a maneira pela qual diferentes culturas e épocas pronunciam seu *eu* no mundo, tendo em perspectiva diferentes paisagens e cartografias, e colocando-se a distâncias relativas variadas de seus outros. Onde se encontra o outro quando um sujeito de sua cultura e de seu tempo enuncia sua presença no mundo?

O sujeito entendido dessa forma não tem conteúdo discursivo, mas é rastreável e identificável como uma posição no discurso. Ele constitui uma função relacional. É o ponto de articulação entre o eu e a máquina de comunicação; o lugar onde instalo meu *eu* quando falo, a plataforma a partir da qual me lanço na conversa, a partir da qual entro na interlocução, e que denota minha atitude, minha disposição afetiva em relação aos outros, bem como o lugar que atribuo a eles em minha paisagem mental. Nesse sentido, o sujeito é um índice, um dêictico vazio, sem substância, uma posição pura em relação aos outros.

Isso é diferente de falar da construção da pessoa à maneira de Mauss, ou de "si mesmo em seu ambiente comportamental" à maneira de Irving Hallowell.[13] Tampouco equivale aos conteúdos da subjetividade de si mesmo que o sujeito encontra em sua virada reflexiva quando, interpelado, é levada a se reconhecer e a se identificar, teorizados amplamente por Vincent Crapanzano,[14] nem à formação de noções de identidade através das fronteiras étnicas de que fala Barth,[15] nem à produção de identidade pelo processo ativo e deliberado de identificação como adesão a predicados emblemáticos de que nos fala Stuart Hall.[16]

---

13. A. I. Hollowell, "The Self and Its Behavioral Environment", in *Culture and Experience*, 1955.
14. V. Crapanzano, "The Self, The Third, and Desire", in *Hermes' Dilemma and Hamlet's Desire. On the Epistemology of Interpretation*, 1992a.
15. F. Barth, *Ethnic Groups and Boundaries*, 1969.
16. S. Hall, "Introduction: Who Needs 'Identity'?", in S. Hall e P. du Gay (eds.), *Questions of Cultural Identity*, 1996.

Trata-se, alternativamente, de etnografar e relativizar o sujeito, em seu ato de emergência frente aos outros, como um puro índex, dêictico linguístico ou pura posição vazia de conteúdos. Enquanto Lacan vincula a subjetividade ao plano do imaginário, com seus conteúdos informados pela fantasia, ele situa o sujeito no plano do simbólico, e dele só se pode dizer onde se encontra quando faz seu ato de emergência e revela de que lugar relativo, na hierarquia de posições, ele fala com seus outros significativos. Assim, introduziríamos na análise antropológica – como tentei fazer nos exemplos que acabei de apresentar – uma noção que culturaliza o que a psicanálise considera universal: a estrutura de relações que sustenta o simbólico, mostrando que o sujeito – como aquele expresso e potencializado pela Internet na sociedade contemporânea, ou o navegador inter-religioso característico da intensificação dos encontros interculturais típicos do mundo atual, ou o sujeito telescópico da invasão do Iraque descrito por Judith Butler – se torna dominante em uma época e em um solo civilizacional propícios e, se não se pode negar a possibilidade de que tenha tido alguma presença em outras culturas ou épocas, pode-se pelo menos dizer que se torna normativo em relação à – ou relativamente à – cultura de nosso tempo.

Em uma análise aprofundada que aplique essa perspectiva até suas últimas consequências, é provável que as *culturas do sujeito*, assim compreendidas como culturas que orientam a maneira como o sujeito confronta e se dirige a seus interlocutores e os constrói em seu discurso, apresentem regularidades a partir de afinidades com as maneiras específicas pelas quais cada sociedade ou época concebe o *outro* em sua oposição ao *nós*. Como muitos têm observado, embora a oposição indivíduo-sociedade não tenha a universalidade que Durkheim lhe atribuiu, as concepções relativas do nós e dos outros existem e orientam a interação em todas as sociedades humanas, e o modo como o sujeito se opõe aos outros depende desse desenho fundador. Boaventura de Souza Santos, em uma proposta que me parece ressignificar e relançar o projeto antropológico da comunicação intercultural como uma tarefa de grande relevância no mundo contemporâneo, propõe a reforma da concepção imperialista e ocidental dos direitos humanos por meio do que ele define como hermenêutica diatópica – um método próximo ao que chamei de exegese recíproca (ver nota de rodapé 19). Por meio desse procedimento, diferentes visões de mundo e seus respectivos modelos de bem viver e do dever ser são colocados em diálogo, a fim de "expandir ao máximo a consciência da incompletude mútua por meio de um diálogo que se desenvolve... com um pé em uma cultura e outro em outra".[17, 18] Ao aplicar esse exercício aos universos dos direitos humanos no Ocidente, ao Dharma na Índia e ao Ummah no mundo islâmico, Boaventura de Souza identifica, com base em analistas nativos das respectivas civilizações, que se a noção ocidental de direitos humanos fracassa por seu individualismo, a Shariah islâmica, por outro lado, encerra a noção de fraternidade na coletividade religiosa, excluindo os não-islâmicos e resultando em uma construção restritiva do *Outro*, enquanto nos *dharmas especiais* em vigor na Índia, a ideia de *nós* é restrita com base em critérios de casta. A reforma desses três modelos civilizatórios inspirada por uma hermenêutica diatópica corrigiria precisamente os excessos de cada um que emergem quando são abordados a partir da perspectiva dos outros. Visto a partir da maneira que proponho, parece-me que cada um deles forma um horizonte que impele o sujeito a se posicionar diante dos outros de uma maneira específica e que a afirmação de sua contemporaneidade pelo modelo diatópico, bem como a ênfase na troca de olhares proposta por Boaventura de Souza Santos, aponta precisamente para a possibilidade de uma reforma do sujeito, em seus hábitos interlocutivos.

---

17. Traduzido do original em inglês pela tradutora: [...] *to raise the consciousness of reciprocal incompleteness to its possible maximum by engaging in the dialogue, as it were, with one foot in one culture and the other in another* [...]. (N.T.)
18. B. S. Santos, "Toward a Multicultural Conception of Human Rights", in H.-T., B. Esperanza (eds.), *Moral Imperialism. A Critical Anthology*, 2002, p. 48.

O mito lacaniano em perspectiva transcultural: uma exegese recíproca[19] do material etnográfico e psicanalítico

E assim chegamos, após essa longa jornada de negociações sobre o possível e o impossível na colaboração entre a antropologia e a psicanálise, à pedra angular da suposta incompatibilidade entre os dois campos: o postulado psicanalítico da universalidade do complexo de Édipo e seu caráter central como modelo para formular a emergência do sujeito no mundo regulado da cultura e no mundo culturalmente regido da sociedade. Antes da emergência do sujeito da usina edípica, mediada pela proibição do incesto, tanto na escala filogenética da história da espécie quanto na escala ontogenética da história individual, a criatura humana é regida por seu programa biológico e, portanto, ainda não é humana. Apenas a primeira lei não biológica, diz-nos Lévi-Strauss de forma persuasiva, pode ser uma lei humana, pode ser uma lei na sociedade, e essa lei é a mesma lei do pai no vocabulário lacaniano: a proibição do incesto. As duas teorias remetem a um mesmo modelo de origem para a sociedade, a cultura e a humanidade. A primeira lei não biológica é, portanto, em ambas as teorias, aquela que expulsa o sujeito de seu ninho biológico e o impulsiona, fazendo-o emergir humano, regulado, entre humanos.

Os mitos de criação do mundo replicam essa tese nas mais diversas culturas, falando de outra forma de uma triangulação em que o sujeito é expulso ou, alternativamente, sequestrado de um estado paradisíaco e fusional de satisfação originária

---

19. Aqui, utilizo o método de "exegese recíproca" ou "diálogo intercultural" que formulei no meu livro *Santos e Daimones* (Segato, 1995). O procedimento consiste em produzir e intermediar um diálogo, quase uma confrontação, entre dois textos culturais oriundos de tradições diferentes e, fazendo-os falar um com o outro, identificar através de quais afinidades conversam e o que os distancia. A antropóloga ou antropólogo desempenha aqui um papel de mediação entre dois mundos que se encontram e dialogam graças à sua intervenção. (N.A.)

por um grande legislador onipotente que, com seu poder ilimitado para fundar a lei que inaugura o mundo, corta a satisfação irrestrita, introduz interdições e divide entre todos os papéis, os valores e as atribuições. O símbolo primário da queda ou expulsão do paraíso, universal de acordo com Paul Ricoeur,[20] é uma alegoria geral da satisfação e do estado de plenitude perdidos depois que uma infração humana causa a regulação do mundo e a restrição da felicidade.

Vemos isso, por exemplo, de forma paradigmática, no grande mito Piaroa, no qual, apesar do regime marcadamente igualitário de direitos, deveres, liberdades sexuais e atribuições que caracteriza as relações de gênero, é uma figura anatomicamente masculina que representa o primeiro legislador. Assim, a aparente igualdade das relações de gênero confunde sua etnógrafa, Joanna Overing,[21] que relata como, mesmo no mito de origem, as mulheres do deus Wahari e de seu irmão desfrutavam igualmente de liberdade sexual irrestrita até que se entregaram a excessos, abusando do sexo – e até nisso, transgrediram na mesma medida. Wahari, alarmado e descontente com esse comportamento desregrado, pune a ele e a elas, cortando o pênis muito longo de seu irmão e dando menstruação às suas mulheres, o que as obriga a recolher-se por um número de dias todos os meses. A etnógrafa, então, aponta essa igualdade também na distribuição de punições – ambos perdem em função da mesma lei, ambos se beneficiam da nova ordem na mesma medida, ambos estão sujeitos à mesma obediência e aos mesmos limites, ambos passam a poluir ou contaminar o mundo e devem manter resguardos equivalentes – como uma evidência adicional de um regime de gênero não hierárquico. Mas ela se esquece do aspecto masculino e viril do grande legislador originário, que, no plano da ideologia, introduz, de forma fundacional, o simbólico de corte patriarcal.

---

20. P. Ricoeur, *The Symbolism of Evil*, 1969.
21. J. Overing, "Men Control Women? the 'Catch 22' in the Analysis of Gender", in *International Journal of Moral and Social Studies*, 1986.

Também encontramos essa narrativa de um crime primordial e a consequente expulsão do paraíso originário por obra e graça de um interventor viril – benigno ou rigoroso – investido de autoridade instauradora da lei do grupo em vários outros casos de, por exemplo, sociedades australianas, como a Aranda ou a Murimbata, analisadas por L. R. Hiatt.[22] E não precisamos recorrer aos mitos de criação dos chamados "primitivos", pois temos no Gênesis bíblico uma narrativa estruturada de forma semelhante – a satisfação ilimitada do cotidiano no Éden é interrompida pela punição de um legislador viril, que dá início assim à jornada humana das restrições e da lei.

Hans Baldung, um pintor e gravador alemão do século XVI de inspiração religiosa, retratou essa dimensão erótica do estado de plenitude, fusão e indiferenciação inerente ao simbolismo adâmico. Uma de suas xilogravuras mostra

> [...] uma natureza exuberante que irrompe por toda parte. Os cabelos de Eva se emaranham e se misturam com galhos e folhas de árvores, enquanto os cachos de Adão se entrelaçam com os dela [...] O corpo de Adão é modelado por músculos sinuosos replicados pelas curvas de um tronco de árvore. Eva, [...] totalmente carnal, estende uma maçã [...] para Adão. ...] Adão, em um gesto que replica a oferta da fruta por Eva, oferece o seio esquerdo de Eva ao espectador [...] [e] ... alcança com a mão direita, por trás de Eva, uma maçã da árvore.[23]

Assim, ele traça a equivalência entre o seio feminino e a maçã como uma duplicação erótica proibida da fonte originária de nutrição e prazer. Essa equivalência será, momentos depois da cena retratada por Baldung, quebrada e impedida de entrar

---

22. L. R. Hiatt, Indulgent fathers and collective male violence", en S. Heald e A. Deluz (eds.), *Anthropology and Psychoanalysis. An encounter through culture*, 1994.
23. M. R. Miles, *Carnal Knowing. Female Nakedness and Religious Meaning in the Christian West*, 1991, p. 129.

na consciência, permanecendo como uma lembrança vaga e inatingível. Essa é a equivalência e a indefinição que será a interdição imposta pelo juiz legislador, que será quebrada na cena seguinte, da qual a representação de Baldung é apenas o subtexto ou, melhor ainda, o pré-texto.

A emergência do sujeito é também dramatizada pelos rituais de iniciação masculina ao redor do mundo, como mostram numerosos exemplos documentados por etnógrafos e etnógrafas. Os povos originários de África, da América do Sul e da Nova Guiné dão exemplos espectaculares de processos de iniciação de jovens, nos quais se podem identificar os motivos da expulsão do mundo materno, do útero doméstico e a entrada regulada no mundo regido pelas normas da masculinidade. Um exemplo impressionante é o relatado por Gilbert Herdt em *The Guardians of the Flutes*,[24] que descreve o processo de acesso à masculinidade adulta dos jovens desse povo de guerreiros da Nova Guiné por meio da ingestão progressiva de sémen dos homens mais velhos na prática de felação, num evidente desterro do mundo materno, onde o alimento material é totalmente substituído pelo alimento viril, com suas regras hierárquicas e sua estrutura de autoridade. Esse desterro masculino é também descrito de forma inequívoca por Suzette Heald[25] para o mundo africano em sua etnografia da iniciação masculina entre os gisu de Uganda.

Trata-se de verdadeiras encenações coletivas do drama simbólico no qual o processo edípico e a emergência do sujeito no mundo humano da Lei é replicado pela comunidade. O reingresso na vida social dos adolescentes duplica e amplifica, agora transposta em símbolos da cultura coletivamente compartilhados, sua primeira emergência infantil da fase edípica.

---

24. G. H. Herdt, *Guardians of the Flutes; Idioms of Masculinity: A Study of Ritualized Homosexual Behavior*, 1987.
25. S. Heald, "Every Man a Hero. Oedipal Themes in Gisu Circumcision", in S. Heald, e A. Deluz (eds.), *Anthropology and Psychoanalysis. An encounter through culture*, 1994.

É o caminho guerreiro da reemergência no mundo como sujeito masculino, a duplicação da emergência do ciclo edípico para dar lugar ao segundo nascimento de um sujeito agora inequivocamente marcado como sujeito masculino. Sua marca é o *status* adquirido como resultado de ter sobrevivido ao risco de vida e à dor característica de todos esses processos paradigmáticos de iniciação masculina dispersos pelo mundo, ainda que possam estar mais formalizados nas sociedades "simples" ou menos ritualizados, como atualmente no Ocidente. *Dessensibilização* e o que estou chamando aqui *segunda emergência* do homem no mundo são processos concomitantes, já que para adquirir o *status* masculino é necessário expurgar a sensibilidade e o acomodamento ao bem-estar do contato materno. Ser homem, à maneira em que esses processos e procedimentos de produção de masculinidade o narram, é sempre um pouco ser soldado: duro ante a dor própria ou alheia, pouco sensível ante a perda.

Mitos de criação e rituais de iniciação masculina narram e dramatizam repetidas vezes a cena primordial: fusão, intervenção de uma força normativa externa obedecida por pelo menos um dos elementos da fusão, expulsão do sujeito do seu paraíso originário. Nessa perspetiva, podemos entender a narrativa freudiana-lacaniana como mais um mito, que culturaliza com as narrativas particulares da família nuclear ocidental aquela cena originária, esquema – ou estrutura – último do que chamamos de *simbólico*, uma relação entre posições: a materna – não importa quem a encarne –, a filial – ligada a esse estado edênico e que só acatará a sua autonomia e as regras de vida em sociedade a partir da entrada sempre sangrenta e interventora de um legislador masculinamente representado, o paterno – este legislador que irrompe para remover o que o outro considerava parte de si mesmo, do seu próprio corpo; função materna, função paterna e função filial, em sua relação hierárquica, que será repetida mais tarde nas relações raciais, coloniais, de gênero e todas as outras que replicam a estrutura desigual do patriarcado simbólico, com sua pedagogia do desejo.

A pergunta é a seguinte: mas onde então fica a história? Onde é introduzida a liberdade indissociável do ambiente humano e inerente a sua marcha transformadora?

Em seu livro da década de 1990, *O Enigma do Dom*, Maurice Godelier expõe uma das reservas clássicas dos etnógrafos ao estruturalismo de Lévi-Strauss e Lacan: tanto Lacan como Lévi-Strauss afirmam que "entre o imaginário e o simbólico (que não podem existir separadamente), é o simbólico que domina e que deve constituir-se, por essa razão, no ponto de partida de todas as análises" (cita Lacan, *Écrits:* "é o simbólico que domina o imaginário").[26] Mas Godelier recusa-se a aceitar essa ideia: "Nós não compartilhamos essa ideia", afirma.

> Tais fórmulas, a despeito de seu poder de fascinação (ou antes por causa dele), constituem verdadeiros golpes de força teóricos que precipitam o pensamento em impasses e o aprisionam. A de Lévi-Strauss desaparece com o papel ativo do conteúdo das relações históricas específicas na produção do pensamento mitológico [...].[27]

> [...] a história, portanto, não é somente o desdobrar-se inconsciente e totalmente contingente de algumas das possibilidades "em dormência" nas estruturas profundas do espírito humano, isto é, do nosso cérebro em fim de contas.[28]

E Godelier mostra brilhantemente, ao longo da obra, como um ser humano que chama de "imaginário" (alterando consideravelmente a ideia do "imaginário" em Lacan, que ele erroneamente pensa comentar, o que não deve importar muito, porque é amplamente compensado pelo interesse de seu argumento), um duplo fantasmático do ser humano histórico e concreto, projetado na época do mito, retira do primeiro a

---

26. M. Godelier, *O enigma do dom,* 2001, p. 43-44.
27. Ibid., p. 45.
28. Ibid.

sua real capacidade de produzir história e o seu sentimento de potência transformadora para fazê-lo. Dessa forma, o mito – e a religião em geral –, segundo Godelier, expropriam o ser humano encarnado e histórico de sua agência, projetando-a em seus duplos super-humanos habitantes dos tempos originais, que sempre têm o apoio crucial de várias formas de ajuda sobrenatural para encontrar e civilizar o mundo. Ao colocar todo o poder nos deuses, o mito convence o ser humano de que não é ele quem tem a capacidade criativa e transformadora de produzir sua própria história.

> [...] estamos, nos dois casos, diante de universos produzidos pelo homem, mas que se afastaram dele e se povoaram de duplos fantasmáticos dele mesmo, duplos estes que muitas vezes são benevolentes e vêm em sua ajuda, e muitas vezes também o esmagam, mas em qualquer caso o dominam.[29]

No entanto, apesar dessa defesa enfática contra Lacan da preeminência e precedência das mistificações fantasiosas do imaginário como instaurador da estrutura, do poder, e a subordinação à tradição com sua reprodução simbólica dos sistemas de autoridade, é curiosamente o mesmo Godelier quem, no centro de seu livro, fala-nos da revelação nuclear de seus trinta anos de trabalho etnográfico entre o povo Baruya da Nova Guiné, o maior segredo dos homens: que o elemento mais sagrado da casa dos homens, que representa a própria masculinidade – as flautas bem guardadas e interditas protegidas da visão das mulheres e crianças – foi construído em tempos originais pelas mulheres e pertencia a elas.

> [...] e nela está o segredo mais secreto dos baruya: no objeto sagrado que manifesta o poder dos homens se encontram os poderes das mulheres, dos quais os homens conseguiram se apropriar quando roubaram suas flautas.

---

29. Ibid., p. 110.

Depois desses tempos primordiais, os homens podem reengendrar os meninos fora do ventre das mulheres, mas têm de mantê-las permanentemente separadas, afastadas de seus poderes próprios, alienadas, diríamos nós, em relação a elas mesmas".[30]

Relata, então, o que lhe foi revelado: que em tempos primordiais um baruya, aproveitando-se da ausência das mulheres de sua casa comunal, entra nela e, entre as roupas sujas de sangue menstrual, encontra o precioso instrumento, que as mulheres criaram e sabem tocar. Ele foge imediatamente, roubando a flauta, que, a partir de então, passa a ser patrimônio dos homens.

Godelier não parece notar que esse episódio central no grande mito fundador baruya parafraseia aquele que é, por sua vez, o motivo central da narrativa – ou mito – lacaniana: que a mulher é o falo enquanto o homem tem o falo.[31] (De minha parte, confesso que só vim a compreender esse motivo hermético em toda a sua densidade de sentido quando fui exposta à narrativa baruya.) No centro de gravidade da estrutura encontra-se o profundo *insight* do roubo do falo, tanto em uma mitologia quanto na outra. Mas, continuando com esse exercício de exegese recíproca, o que o mito baruya nos explicita, e deixa mais nítido, é que o poder é sempre, por natureza e pela própria engenharia que o constitui, uma usurpação, um roubo de plenitude e autonomia, uma expropriação. Seria pertinente então mudar uma palavra no texto lacaniano, e dizer que "o homem usurpa o falo" e não que ele simplesmente o *"tem"*.

É com esse motivo central que o argumento de Godelier contra Lacan se encerra em favor da preeminência do imaginário sobre o simbólico. Mas sua evidência etnográfica acaba provando o contrário, porque mostra, sem deixar lugar à dúvida, que ocidentais e baruya falamos, com nossas metáforas

---

30. Ibid., p. 191.
31. J. Lacan, "The Signification of the Phallus", in Écrits. A Selection, (1958b), p. 289.

mitológicas, no idioma cifrado do mito, da mesma coisa: a estrutura hierárquica e patriarcal do simbólico. Uma estrutura cuja profundidade histórica se confunde com o tempo da espécie e se comporta como o cristal cultural mais duro e de maior permanência histórica – um verdadeiro fundamento cristalino da civilização humana.

No entanto, e é aqui que vale a pena nos determos, o povo baruya revela em seu mito, textualiza, o que a versão lacaniana encobre: é a violência que precede e origina o simbólico e a transgressão masculina (e não feminina, como na gênese judaico-cristã) que acaba dando ao mundo sua ordem patriarcal. Não se trata de ser ou de ter o falo, trata-se de não tê-lo e de roubá-lo: o procedimento violento e desonesto que Lacan não revela. Usurpação, violência fundante, e um masculino que, após sua produção inicial mediante expropriação e expurgo, permanece condenado para sempre a reproduzir-se sem descanso *às expensas e em detrimento* do feminino, que fora antes – em tempos pré-míticos – dono de si mesmo. *Esta é a célula elementar da violência.* Trata-se de uma economia expropriadora única, instituída e em vigência permanente, narrada em *ambos* os mitos.

> E ESSE DIREITO DE USÁ-LOS, PORQUE NÃO FORAM DADOS MAS ADQUIRIDOS PELA VIOLÊNCIA, DEVE SER MANTIDO CONSTANTEMENTE PELA VIOLÊNCIA [...]. E SE ESTES [OS HOMENS] SE PERMITISSEM RELAXAR, UM SÓ DIA QUE FOSSE, UM ÚNICO MÊS, UM ANO, A VIOLÊNCIA E A COAÇÃO QUE EXERCEM SOBRE AS MULHERES, SEUS PODERES VOLTARIAM PARA AS MULHERES, A DESORDEM SURGIRIA NOVAMENTE E SUBVERTERIA A SOCIEDADE, O COSMOS.[32, 33]

---

32. Ibid., p. 199.
33. A superênfase é da autora. (N.T.)

Sobretudo porque, como o próprio Godelier registra da boca de seus informantes baruya, se "a humanidade deve às mulheres o fato de ter deixado o estado selvagem", se é verdade que as mulheres inventaram não só as flautas, mas também o arco e as flechas, pesa sobre elas a acusação de não ter sabido utilizar corretamente os produtos de sua extraordinária criatividade: "o reconhecimento nos mitos da superioridade originária das mulheres – Godelier argumenta – também constitui um pretexto, uma 'artimanha', [...] um pretexto para a violência". Caso contrário, como poderia legitimar-se "sua subordinação no exercício do poder político [...]?".[34] Assim, "essa violência imaginária, ideal, legitima em primeira instância toda a violência real contra a mulher."[35]

Por fim, recordemos a já citada advertência de Godelier sobre o papel da religião e dos mitos:

> O essencial está no fato de que os mitos são uma explicação da origem das coisas que legitimam a ordem do universo e da sociedade, substituindo homens[36] reais que domesticaram as plantas e os animais, inventaram os utensílios e as armas etc. por homens imaginários que não o fizeram, mas receberam tais benefícios das mãos dos deuses ou dos heróis fundadores. [...] como se a sociedade humana não pudesse existir sem fazer desaparecer da consciência a presença ativa do homem na origem de si mesmo. [...] sem recalcar no inconsciente coletivo e individual, além da consciência, a ação do homem na origem dele mesmo. [...] Se isto tem um sentido, a questão do inconsciente pode se colocar em outros termos. Não seria o espírito humano que, pelo jogo de suas estruturas inconscientes, universais e a-históricas, estaria na origem deste desaparecimento do

---

34. Ibid., p. 184-185.
35. Ibid., p. 182.
36. Aqui, Godelier, para ser fiel ao seu próprio discurso, deveria dizer "seres humanos" e não "homens". Consideremos isso um deslize de linguagem. (N.T.)

homem real e de sua substituição por seres imaginários [...] seria a sociedade.[37]

E embora, aqui, Godelier pareça recair em Durkheim, no modelo da sociedade hipostasiada que sai da manga como *deus ex machina* para explicar a inércia cultural da história, o retomamos para, com ele, assinalar que, se o mito baruya e o freudiano-lacaniano têm por tema permanente a expulsão da subordinação feminina para fora das negociações e decisões históricas (as situando na natureza e não na história), então estamos diante de outra estrutura permanente, tão dura e cristalina quanto o patriarcalismo simbólico: a evacuação, a expulsão da potência humana para o espaço e o tempo do mito. Estamos, portanto, perante uma outra estrutura estável, intocável, a-histórica, que atravessa as culturas e as épocas: a estrutura do espírito humano cuja *démarche* inevitavelmente cria mitos para instituir a ordem e a lei. Trata-se de outra abstração, outra geometria, outro simbólico que nos relaciona com a Lei de forma inescapável, porque a faz emanar do terreno do mito. Assim, o autor, que inicia seu argumento com a habitual queixa do etnógrafo contra o domínio psicanalítico do simbólico, acaba substituindo um problema por outro, uma estrutura por outra, uma a-historicidade por outra, uma inescapabilidade por outra.

A célula violenta que Lacan não viu

Para concluir, quero enfatizar que, apesar de suas coincidências, a narrativa baruya e a psicanalítica não são idênticas no que afirmam sobre a cena fundamental do simbólico. Parece-me que contradiz Godelier o fato de que isso permite, precisamente, fincar pé na história, independentemente de ambas apontarem para uma estrutura de corte hierárquico patriarcal.

---

37. Ibid., p. 260-261.

Em síntese: *no mito lacaniano, tanto a transgressão ou crime masculino que dá início ao tempo atual, quanto o ato violento fundacional e a violência permanente requerida para reproduzir a lei, bem como, acima de tudo, a superioridade originária das mulheres em sua capacidade criativa encontram-se forcluídas até mesmo como uma mera possibilidade.* Portanto, é possível dizer que a narrativa lacaniana, ocidental, nos engana mais, é mais neurótica. Inclusive porque os baruya guardam essas verdades em segredo, o que significa que há uma censura e uma repressão coletiva sobre a enunciação dessas verdades – que são, no entanto, admitidas e até mesmo relatadas ao etnógrafo, após décadas de sua presença em campo, na intimidade do grupo masculino. Mas não há enunciação equivalente no *corpus* lacaniano, nem mesmo como um segredo bem guardado. *Lacan tampouco fala sobre a reprodução violenta do poder, nem sobre sua reedição ativa e constante.*

A exegese recíproca desses textos mostra, sim, a historicidade da imaginação humana, mas revela que o terreno do simbólico é, se não definitivo, o produto de um tempo monumental e civilizatório na escala do tempo da espécie. Um tempo histórico tão longo que ainda não é possível vislumbrar o seu início ou o seu fim, embora isso, creio eu, esteja próximo. *É somente ultrapassando a estrutura simbólica patriarcal que a humanidade sairá, finalmente, de sua pré-história.*

O poder, cuja célula é esta, é o grande paradigma que nem a antropologia nem a psicanálise, nem nenhuma das humanidades pode negligenciar. Trata-se do paradigma da força, definitivamente pós-weberiano, no qual é imperativo recordar, especialmente nestes tempos, o papel da desonestidade e da astúcia na instituição violenta da Lei. Esse paradigma da força bruta, que chamo de pós-weberiano, deixa para trás nossa ilusão de quase trinta anos de que a negociação de sentido e a escolha entre opções são a prerrogativa permanente de um ator social racional, de uma audiência de receptores livres.

Bibliografia

ALEMÁN, Jorge e LARRIERA, Sergio. *Lacan: Heidegger*. Buenos Aires: Ediciones del Cifrado, 1996.

BARTH, Frederik. *Ethnic Groups and Boundaries*. Boston: Little, Brown & Co, 1969.

BUTLER, Judith. "Contingent Foundations: Feminism and the Question of 'Post-modernism'", in Butler, Judith y Joan Scott, *Feminists Theorize the Political*. Londres e Nova York: Routledge, 1992.

CRAPANZANO, Vincent. "The Self, The Third, and Desire", in *Hermes' Dilemma and Hamlet's Desire. On the Epistemology of Interpretation*. Cambridge, Massachusetts: Harvard University Press, 1992a.

_____. "Text, Transference and Indexicality", in *Hermes' Dilemma and Hamlet's Desire. On the Epistemology of Interpretation*, Cambridge, Massachusetts: Harvard University Press, 1992b.

FOUCAULT, Michel. *L' ordre du discours*. París: Gallimard, 1971.

GALLOP, Jane. *Reading Lacan*. Ithaca: Cornell University Press, 1985.

GODELIER, Maurice. *O Enigma do Dom*. Rio de Janeiro: Civilização Brasileira, 2001.

GOUX, Jean-Joseph. *Oedipus, Philosopher*. Stanford: Stanford University Press, 1993.

HALL, Stuart. "Introduction: Who needs 'Identity'?", in HALL, Stuart e GAY, Paul du (org.). *Questions of Cultural Identity*. Londres: Sage Publications, 1996.

HALLOWEL, A. Irving. "The Self and Its Behavioral Environment", in *Culture and Experience*. Philadelphia: University of Pennsylvania Press, 1955.

HEALD, Suzette. "Every man a hero. Oedipal themes in Gisu circumcision", in Heald, Suzette y Ariane Deluz (eds.), *Anthropology and Psychoanalysis. An encounter through culture*. Londres e Nova York: Routledge, 1994.

HIATT, L. R. "Indulgent fathers and collective male violence", HEALD, Suzette e DELUZ, Ariane (org.). *Anthropology and Psychoanalysis. An encounter through culture*, Londres e Nova York: Routledge, 1994.

HERDT, Gilbert H. *Guardians of the Flutes*, Nova York: Columbia University Press, 1987.

JURANVILLE, Alain. *Lacan et la Philosophie*. París: Presses Universitaires de France, 1984.

LACAN, Jacques. "The function and field of speech and language in psichoanalysis", in *Écrits. A Selection*. Londres: Tavistock, [1953] 1977a.

_____. "The signification of the phallus", in *Écrits. A Selection*, Londres: Tavistock, 1958b.

MAUSS, Marcel. "A Category of the Human Mind: The Notion of the Person; The Notion of Self", in CARRITHERS, Michael, COLLINS, Steven e LUKES, Steven (org.). *The Category of the Person*. Cambridge: Cambridge University Press, [1938] 1985.

MILES, Margaret R. *Carnal Knowing. Female Nakedness and Religious Meaning in the Christian West*. Nova York: Vintage Books, 1991.

OVERING, Joana."Men control women? the 'catch 22' in the analysis of gender", *International Journal of Moral and Social Studies*, vol. 1, nº 2, 1986.

PENA PEREIRA, Ondina. *No Horizonte do Outro. Uma etnografia da cena analítica na sociedade contemporânea*. Brasília: Universa, 1999.

RAGLAND-SULLIVAN, Ellie. *Jacques Lacan and the Philosophy of Psychoanalysis*. Londres: Croom Helm Ltd., 1986.

RICOEUR, Paul. *The Symbolism of Evil*. Boston: Beacon Press, 1969.

SANTOS, Boaventura de Souza. "Toward a Multicultural Conception of Human Rights", in HERNÁNDEZ-TRUYOL, Berta Esperanza (org.). *Moral Imperialism. A Critical Anthology*. Nova York: New York University Press, 2002.

SEGATO, Rita Laura. "Um paradoxo do relativismo: O discurso racional da antropologia frente ao sagrado", *Religião e Sociedade*, vol. 16, nº 1, 1992.

_____. *Santos e daimones: O politeísmo afro-brasileiro e a tradição arquetipal*. Brasília: Editora da Universidade de Brasília, 1995.

_____. "Frontiers and Margins: The Untold Story of the Afro-Brazilian Religious Expansion to Argentina and Uruguay", in *Critique of Anthropology*, vol. 16, nº 4, 1996.

_____. "Religions In Transition: Changing Religious Adhesions In a Merging World. An Introduction", in Alvarsson, Jan-Ake y Rita Laura Segato (eds.), *Religions In Transition: Mobility, Merging and Globalization In Contemporary Religious Adhesions*. Uppsala: University of Uppsala Press, 2003.

SPIRO, Melford E. "Culture and Personality. The Natural History of a False Dichotomy", *Psychiatry*, nº 14, 1951.

4. A argamassa hierárquica: violência moral, reprodução do mundo e a eficácia simbólica do direito

Ao juiz Baltasar Garzón

"[...] E se estes [os homens] se permitissem relaxar, um só dia que fosse, um único mês, um ano, a violência e a coação que exercem sobre as mulheres, seus poderes voltariam para as mulheres, a desordem surgiria novamente e subverteria a sociedade, o cosmos. [...]."[1]

Se há algo de artificial e ilegítimo na ordem patriarcal, como revela o mito Baruya analisado no capítulo anterior, esse algo é precisamente a manobra que instaura sua lei. Essa ilegitimidade originária faz com que, inevitavelmente, os votos de obediência a essa lei e à ordem por ela estabelecida devam ser renovados diariamente. Quer a lei surja de uma usurpação, como na narrativa secreta dos Baruya, quer, como na variante do mito lacaniano, que a ordem social dependa de que quem não possui, em princípio, o precioso órgão simbólico passe a usufruí-lo (deixando aqui implícitas todas as narrativas do cotidiano que nos auxiliam a ilustrar essa transferência de poder de um gênero para o outro, de um termo para outro), em todos os casos a manutenção dessa lei dependerá da repetição diária, velada ou manifesta, de doses homeopáticas mas reconhecíveis da violência instauradora. Quanto mais dissimulada e sutil for essa violência, maior será sua eficiência em manter viva e nítida a memória da regra imposta e, ao mesmo tempo, preservar no esquecimento o caráter arbitrário e pouco elegante da violência fundadora, bem como os prazeres próprios do mundo que ela negou.

1. M. Godelier, *O enigma do Dom,* 2001, p. 199.

Desenha-se, assim, o universo amplo e difuso da violência psicológica, que aqui prefiro chamar de *violência moral*, e que denomina o conjunto de mecanismos legitimados pelo costume para garantir a manutenção do *status* relativo entre os termos de gênero. Esses mecanismos de preservação de sistemas de *status* também operam no controle da permanência de hierarquias em outras ordens, como a racial, a étnica, a de classe, a regional e a nacional.

Breve história de um conceito

Georges Vigarello, em sua história do crime de estupro na jurisprudência europeia entre os séculos XVI e XX, demonstra como, a partir do século XIX, muito lentamente, a figura jurídica da "violência moral" foi sendo progressivamente delineada. No entanto, desde o início e até muitos anos depois, sua definição era mais restrita do que é atualmente.

Inicialmente, de acordo com o relato histórico de Vigarello, a violência moral entrou em cena quando já não era mais possível manter a criminalização do estupro com base exclusivamente no critério da violência física exercida sobre a vítima. Por boa parte do século XIX, o estuprador só era condenado se houvesse evidências de violência física na vítima, pois apenas essas provavam, do ponto de vista da época, sua não conivência ou participação voluntária no ato. "Pressões morais, ameaças, influências físicas sobre os estados de consciência continuam não sendo assimilados à violência, erros ou fraquezas da vítima continuam não sendo desculpados [...]",[2] e o autor cita, em nota, um tratado sobre medicina legal e higiene de 1813, no qual se afirma que "O gozo pacífico de uma pessoa do sexo depois de um casamento simulado só é um estupro [...] se a força for empregada [...]. Mas *essa*

---

2. G. Vigarello, *História do estupro: violência sexual nos séculos XVI-XX*, 1998, p. 133.

espécie de violência não é da competência dos médicos".[3] Portanto,

> [...] o horizonte do rapto da violência designava imediatamente gestos materiais: obrigar era impor fisicamente [...] coagir era assaltar. Entretanto, essa certeza vacila nas primeiras décadas do século, embora o Código Penal não diga nada sobre isso. Um lento trabalho jurídico explora diferentes perfis de coação[4]."

Três casos nos tribunais franceses parecem ter sido marcos significativos na transformação dos conceitos jurídicos: o episódio no qual um certo "Gaume" "se aproveitou" do sono de uma mulher chamada "Fallard", levado ao tribunal de Besançon em 1828, e dois casos de abuso perpetrados em 1827 contra crianças por um soldado de Châtellerault e por um padre alsaciano, respectivamente. Em todos eles, os advogados alegaram "violência moral", mas não "violência física". Embora os agressores tenham sido declarados inocentes, passou-se ali a considerar o argumento da violência moral como forma de pressão, dentro de um regime de *status*, ou seja, num contexto em que a vítima ocupava uma posição subordinada naturalizada pela tradição, surgia então "[...] uma "outra violência" que seria necessário definir e estigmatizar".[5]

A história da extensão do território da violência para incluir nele "uma brutalidade não diretamente física"[6] avançou lentamente com as leis de Nápoles publicadas em 1819, e as francesas a partir de 1832. As primeiras criminalizaram o estupro mesmo sem violência física quando perpetrado contra menores de 12 anos, e as segundas, contra menores de 11 anos. Em 1863, a idade de 11 anos foi aumentada para 13, ampliando

---

3. F. E. Foderé, 1813, t. IV, p. 350, in Vigarello, op. cit., p. 274 (grifo da autora).
4. G. Vigarello, op. cit., p. 133.
5. Ibid., p. 136.
6. Ibid., p. 137.

assim o conceito de menoridade e, como comenta Vigarello, "reavaliando o poder moral parental", uma vez que a criminalização foi estendida nos casos em que a vítima era maior de 13 anos (desde que não emancipada pelo casamento) para situações em que o abuso tivesse sido perpetrado por um ascendente. A violência moral e o abuso de autoridade estão aqui vinculados e dão testemunho de um desenvolvimento significativo dos conceitos e da sensibilidade jurídicos. "O tema psicológico da coação se aprofundou, o campo da violência moral se estendeu. [...] O livre-arbítrio é analisado de outra forma, a coação é entendida diferentemente."[7]

A extensão dessa noção de menoridade vulnerável à coação moral no caso da criança e da mulher ocorreu ainda mais tarde, segundo o autor que comento. Um caso de 1857 parece ter sido paradigmático: uma jovem "Mme. Laurent", de conduta ilibada, é abusada no escuro, em seu quarto, por um certo "Dubas", que se faz passar por seu marido. Após ceder, a jovem descobre o engano e o repele com um grito. Por ser adulta e não tendo sofrido violência física, o tribunal de Nancy desqualifica o estupro, mas o tribunal de apelações aceita a tese, e redefine o crime para considerar a possibilidade de que "a falta de consentimento resulte de uma violência física ou moral".[8]

> A autoridade sobre a mulher continua inevitavelmente lembrada. Mas é a consciência individual e suas falhas, o "abuso contra a vontade" que, em compensação, são considerados de outra forma: o princípio de um sujeito de direito descrito pelo Código Penal de 1791 [...]. É a partir desse sujeito de direito, de suas falhas, de seus erros possíveis, que começam a enunciar-se os limiares da brutalidade.[9]

---

7. Ibid., p. 139
8. Ibid., p. 140.
9. G. Vigarello, op. cit., p. 140.

Esses avanços foram ampliados nas concepções de violência do século XX, sob a influência de uma sensibilidade trabalhada pelos direitos humanos e pelo feminismo. Nesse contexto, as noções de pressão moral e coação psicológica deixaram de ser vinculadas estritamente ao estupro para se referirem à perda da autonomia em um sentido mais amplo. Em outras palavras, a vulnerabilidade à violência moral e ao abuso psicológico das pessoas subordinadas em um sistema de *status* – as mulheres e as crianças – passou a ser associada à restrição do exercício independente da vontade e à liberdade de escolha. Se refletirmos, perceberemos que sofrer abuso sexual é apenas um caso específico do tema mais amplo da autonomia do indivíduo para escolher livremente sua sexualidade e decidir seu comportamento e interações sexuais sem coerção.

Assim, vemos a emergência da figura da *violência psicológica*, *moral* ou *emocional* das pessoas minorizadas pelo sistema de *status* e, especialmente, das mulheres, em documentos e resoluções das Nações Unidas e nos códigos jurídicos nacionais. Por exemplo, na *Minuta da Declaração sobre a Eliminação da Violência Contra a Mulher*,[10] aprovada pela 43ª reunião plenária do Conselho Econômico e Social das Nações Unidas (1993/10), em 27 de julho de 1993, menciona-se "violência psicológica" cinco vezes, embora em nenhum momento seu significado seja definido:

> Para os fins da presente Declaração, a expressão "violência contra as mulheres" significa qualquer ato de violência baseado no gênero do qual resulte, ou possa resultar, dano ou sofrimento físico, sexual ou psicológico para as mulheres, incluindo as ameaças de tais atos, a coação ou a privação arbitrária de liberdade, que ocorra, quer na vida pública, quer na vida privada.

---

10. Disponível em: https://gddc.ministeriopublico.pt/sites/default/files/declaracaoviolencia mulheres.pdf.

A violência invisível

O registro da violência física praticada contra as mulheres, no âmbito das relações domésticas, tem aumentado na última década. Especialistas afirmam de modo unânime que o aumento das denúncias registradas não se deve ao aumento do fenômeno em si, mas à expansão da consciência das vítimas em relação aos seus direitos. Os índices relatados nos mais variados países são altos, mas estima-se que representem não mais que 5% ou 10% da incidência real que, ainda hoje, está longe de ser conhecida.[11]

Os dados que correlacionam as porcentagens de violência doméstica com o total de mulheres em distintos contextos nacionais são interessantes, pois permitem avaliar a generalização do fenômeno. Segundo um artigo revelador, publicado por María del Carmen Fernández,[12] os organismos internacionais consideram a violência doméstica um problema de saúde pública mundial de primeira ordem. Na Espanha, em uma macropesquisa realizada pelo Instituto da Mulher no ano 2000, com base em uma amostra de 20.552 mulheres maiores de 18 anos, constatou-se que 12,4% delas relataram estar em "situação objetiva de violência no ambiente familiar" quando questionadas sobre indicadores específicos. No entanto, a autora nos diz: "chama a atenção o fato de que, ao serem questionadas se haviam sofrido maus-tratos no último ano, apenas um terço delas se considerava vítima de abusos. *Essas diferenças entre os casos detectados por meio de indicadores e a percepção subjetiva da violência doméstica refletem a 'tolerância' em relação às situações de maus-tratos por parte das mulheres em relacionamentos íntimos*", interpreta a autora, apontando para a dimensão "invisível" ou naturalizada do fenômeno.

---

11. M. C. Fernández Alonso, "*Violencia doméstica*", *Atención Primaria. Recomendaciones, publicación virtual del Grupo de Salud Mental del PAPPS-semFYC (Programa de actividades preventivas y de promoción de la salud de la Sociedad Española de Medicina de Familia y Comunitaria)*, 2001.
12. Ibid.

O texto citado também divulga dados de outros países: na França, uma pesquisa recente revela que 10% das mulheres sofriam violência no momento da pesquisa. Nos Estados Unidos, as cifras variam muito, mas uma análise epidemiológica do problema revelou que 32,7% das mulheres sofrem violência doméstica em algum momento de suas vidas;[13] no Canadá, estima-se que seja uma em cada sete; na América Latina (Chile, Colômbia, Nicarágua, Costa Rica e México), entre 30% e 60%; no Reino Unido e na Irlanda, 41% e 39%, respectivamente; e em países onde "comportamentos objetivamente abusivos são culturalmente aceitos", os índices são ainda mais altos.

Na China, "aproximadamente metade das mulheres mortas por homicídio são assassinadas por seus maridos, namorados ou ex-namorados", segundo a Sociedade Jurídica Chinesa (*China Law Society*), que publicou recentemente uma pesquisa nacional que mostra que "a violência doméstica se tornou um problema social significativo na China, com um terço dos 270 milhões de lares do país enfrentando violência doméstica – física ou psicológica – enquanto uma média de 100 mil lares se desfazem devido à violência doméstica a cada ano".[14]

Na Índia, de acordo com o Escritório de Registros de Crimes do Ministério do Interior (*Crime Records Bureau of the Union Home Ministry*), "quase 37% dos crimes cometidos contra mulheres a cada ano são casos de violência doméstica. Isso significa que 50.000 mulheres são abusadas por um membro da família a cada ano. E esses são apenas os casos denunciados". O Centro de Proteção e Assistência Jurídica da Comissão para as Mulheres de Delhi (*Helpliness and Legal Aid Centre of the Delhi Commission for Women*) registra uma média de 222 casos de violência doméstica a cada seis meses, e o número de problemas encaminhados para serviços de apoio psicológico (*counselling*) foi de 2.273 no mesmo período. Em Mumbai, o

---
13. McCauley et al., apud F. Alonso, op. cit., p. 5.
14. T, Min, "Domestic Violence Tackled", *China Daily*, 2002.

escritório de Serviço Social criado pela polícia em 1984 para proteger as mulheres contra atrocidades registrou 121 casos de abuso mental e físico relacionados ao pagamento do dote entre 1º de outubro e 31 de dezembro de 2001.[15] Observa-se que as estatísticas dispersas e os parâmetros pouco compatíveis não criam condições para a construção de um mapa global, embora tudo indique que o fenômeno tenha características universais.

Produzido com 18 anos de atraso, em 2002, o primeiro *Relatório Nacional Brasileiro* para a CEDAW (Convenção sobre a Eliminação de Todas as Formas de Discriminação contra as Mulheres, ratificada pelo Brasil em 1984) publica que

> [...] no mundo, a cada cinco dias em que a mulher falta ao trabalho, um é consequência da violência sofrida no lar. Na América Latina e no Caribe, a violência doméstica afeta de 25% a 50% das mulheres e compromete 14,6% do Produto Interno Bruto. No Brasil, a cada 15 segundos uma mulher é agredida (Fundação Perseu Abramo). Dados da ONU, do Instituto de Direitos Humanos, afirmam que o Brasil deixa de aumentar em 10% seu Produto Interno Bruto como consequência da violência contra as mulheres. As estatísticas disponíveis e os registros nas delegacias especializadas em crimes contra as mulheres mostram que 70% dos incidentes ocorrem dentro de casa, e que o agressor é o próprio marido ou companheiro.

Na parte final, dedicada ao diagnóstico, destaca-se que "o Brasil carece de dados nacionais sobre a incidência da violência contra mulheres e crianças". Um documento elaborado por especialistas nas áreas de Direito e sociologia, *Advocacia pro bono em defesa da mulher vítima de violência*,[16] revela que uma

---

15. H. L. Iyer e N. Nistula, "Married to the mob", *The* 129 *Week Magazine (The Week Study)*, 2002.
16. M. L. Q. de Moraes e R. Naves, *Advocacia Pro Bono em Defesa da Mulher Vítima de Violência*, 2002.

em cada quatro mulheres é vítima de violência doméstica no Brasil, mas apenas 2% dessas denúncias resultam na punição dos agressores. E a pesquisa da Fundação Perseu Abramo, mencionada anteriormente, também revela que enquanto a cada 15 segundos uma mulher é agredida, a cada 12 segundos uma mulher é vítima de ameaças. No entanto, apenas uma pequena porcentagem desses incidentes é denunciada à polícia.

Uma importante tradição de estudos publicados no Brasil sobre o tema acompanha o debate mundial. Três exemplos são representativos: os estudos de Heleieth Saffioti e Suely Souza de Almeida,[17] que adotam a posição clássica feminista ao abordar a violência doméstica como reflexo e emergência, nas interações domésticas, da ordem patriarcal dominante; Filomena de Gregori,[18] que enfatiza o papel de retroalimentação exercido pela mulher na escalada em espiral das agressões; e Bárbara Musumeci,[19] que revisa exaustivamente a literatura estadunidense e as formas de apoio implementadas naquele país, para concluir com uma crítica ao modelo feminista, pois, segundo a autora, ele eclipsa a individualidade feminina e a singularidade da inserção de cada mulher no fenômeno.

No geral, porém, o foco de todas essas análises recai novamente na violência física, o que é compreensível até certo ponto, uma vez que o pensamento sobre violência doméstica sempre registra o caráter cíclico e progressivo do fenômeno e manifesta o estado de alerta devido à irreversibilidade dos estágios finais dessa progressão, com a morte ou invalidez da mulher. O tema da violência psicológica ou moral é, portanto, mencionado superficialmente, seja como um complemento da violência física, seja associado aos primeiros momentos dessa escalada.

17. H. Saffioti e S. S. de Almeida, *Violência de Gênero. Poder e Impotência*, 1995.
18. M. F. Gregori, *Cenas e Queixas. Un estudo sobre mulheres, relações violentas e a prática feminista*, 1993.
19. B. Musumeci, *Mulheres invisíveis. Violência conjugal e as novas políticas de segurança*, 1999.

Em contraposição à argumentação de autoras como Musumeci e Gregory, de que o modelo feminista, devido ao seu grau de generalização, não reconhece e até mascara a participação individual das mulheres como sujeitos ativos no processo de violência, e fiel à minha adesão aos mitos da usurpação primordial, entendo os processos de violência, apesar de sua variedade, como estratégias de reprodução do sistema, por meio de sua permanente refundação, da renovação dos votos de subordinação das pessoas minorizadas na ordem de *status* e do permanente ocultamento do ato instaurador.

Somente assim é possível constatar que estamos em uma história, a profundíssima história da instauração da ordem de gênero e de sua conservação por meio de uma mecânica que refaz e revive seu mito fundador todos os dias. Embora a ideia de colocar a mulher no eixo da reprodução do fenômeno e percebê-la como sujeito ativo de suas relações, como Musumeci parece sugerir, seja uma proposta tentadora, o fenômeno parece se assemelhar mais a uma situação de *violência estrutural*, que se reproduz com certo automatismo, invisibilidade e inércia por um longo período após sua instauração, tanto na escala temporal ontogenética da história pessoal, a partir de sua fundação doméstica na primeira cena, quanto na escala filogenética, ou seja, no tempo da espécie, a partir de sua fundação mítica secreta.

Lourdes Bandeira e Tânia Mara Campos de Almeida[20] analisaram um caso paradigmático de violência intrafamiliar útil para ilustrar a ancoragem da violência diária – que, no caso particular examinado pelas autoras, chegou a constituir um crime perante a justiça – precisamente nas *"boas consciências"* e na moral *religiosa* de uma família. Trata-se de uma série de atos incestuosos perpetrados por um pastor evangélico contra suas três filhas menores, que culminou no nascimento de seu

---

20. L. Bandeira e T. M. Campos de Almeida "Pai e avô: o caso de estupro incestuoso do pastor", in Mireya Suarez e Lourdes Bandeira (orgs.), *Violência, Gênero e Crime no Distrito Federal*, 1999.

filho-neto e na condenação do pastor em Brasília, em 1996. De acordo com a análise das autoras citadas, as relações incestuosas ocorreram no ambiente religioso da casa do pastor, entrelaçadas em uma trama cotidiana, afetiva, religiosa e doméstica, que teve como efeito normalizar e eximir de responsabilidade ao agressor e suas vítimas.

> [...] ele tem na religião o horizonte organizador e classificador de seu próprio mundo. Antes da denúncia, orientava-se e apoiava-se nela para atuar tanto no meio familiar como em público. Na primeira esfera, por exemplo, baseava-se em preceitos religiosos ao exigir a obediência servil da esposa e das filhas. Na segunda, desempenhava cotidianamente o papel de pastor evangélico para sua comunidade. [...] Nas falas do pastor, o "mal" tem o poder de contaminação e está atrelado a tudo o que representa o "de fora" ou o "profano". [...] Em contraposição, o "bem" encontra-se no que está associado ao núcleo "de dentro", ou ao "sagrado", ou, ainda, à própria família. Por conseguinte, esse grupo de pessoas e de coisas pertence a Leonardo. É sua extensão e é natural que possua o direito de usufruí-lo como quiser, ou suas premissas religiosas lhe indicarem, uma vez que ocupa a mesma posição mítica e santa do Pai cristão: pai-pastor, pai-criador, pai provedor e pai-avô.[21]

Nesse episódio, os argumentos do pastor-pai-abusador ampararam-se fortemente na ideia religiosa do poder moral do pai sobre a família. O texto bíblico constituiu o material básico do discurso paterno, dando forma e explicando os desejos, as responsabilidades e os conflitos internos vividos pelo autor do crime em sua perspectiva nitidamente cristã, que nunca precisou abandonar. Esse exemplo impressionante revela como o abuso não é necessariamente alheio aos discursos normativos do mundo familiar.

---

21. Ibid., p. 167-169.

Acredito, portanto, ser necessário separar analiticamente a violência moral da física, pois a característica mais notável da primeira não me parece ser aquela que continua e se amplia na violência física, mas justamente a outra, aquela que se dissemina difusamente e imprime um caráter hierárquico aos menores e imperceptíveis gestos das rotinas domésticas – na maioria das vezes, isso ocorre sem a necessidade de ações rudes ou agressões criminosas, e é então que ela mostra sua maior eficácia. Os aspectos quase legítimos, quase morais e quase legais da violência psicológica são os que, em minha opinião, apresentam o maior interesse, pois são eles que fornecem a argamassa para a sustentação hierárquica do sistema.[22] Se a violência física tem uma incidência incerta de 10, 20, 50 ou 60%, a violência moral infiltra-se e lança sua sombra sobre as relações das famílias mais normais, construindo o sistema de *status* como uma organização natural da vida social.

A violência moral é o mecanismo mais eficiente de controle social e reprodução das desigualdades. A coação de ordem psicológica constitui-se no horizonte constante das cenas cotidianas de sociabilidade e é a principal forma de controle e de opressão social em todos os casos de dominação. Por sua sutileza, seu caráter difuso e sua onipresença, sua eficácia é máxima no controle das categorias sociais subordinadas. No universo das relações de gênero, a violência psicológica é a forma de violência mais maquinal, rotineira e irrefletida e, no entanto, constitui o método mais eficiente de subordinação e intimidação.

A eficiência da violência psicológica na reprodução da desigualdade de gênero decorre de três aspectos que a caracterizam: 1. sua disseminação massiva na sociedade, o que garante sua *naturalização* como parte de comportamentos considerados *normais* e banais; 2. seu enraizamento em valores morais religiosos e familiares, o que permite sua justificação; e 3. a

---

22. Destaque da autora.

falta de nomes ou outras formas de designação e identificação do comportamento, o que resulta na quase impossibilidade de apontá-lo e denunciá-lo, impedindo assim que suas vítimas se defendam e busquem ajuda.

Enquanto as consequências da violência física são geralmente evidentes e denunciáveis, as consequências da violência moral não o são. É por isso que, apesar do sofrimento e do dano evidente que a violência física causa a suas vítimas, ela não constitui a forma mais eficiente nem a mais habitual de reduzir a autoestima, minar a autoconfiança e desestabilizar a autonomia das mulheres. A violência moral, por sua invisibilidade e capilaridade, é a forma corrente e eficaz de subordinação e opressão feminina, socialmente aceita e validada. Difícil de ser percebida e representada por manifestar-se quase sempre de forma dissimulada, confundida no contexto de relações aparentemente afetuosas, a violência moral reproduz-se à margem de todas as tentativas de libertar as mulheres de sua situação de opressão histórica.

Em matéria de definições, violência moral é tudo o que envolve agressão emocional, mesmo que não seja consciente ou deliberada. Isso inclui a ridicularização, a coação moral, a suspeita, a intimidação, a condenação da sexualidade, a desvalorização cotidiana da mulher como pessoa, de sua personalidade e traços psicológicos, de seu corpo, de suas capacidades intelectuais, de seu trabalho, de seu valor moral. E é importante enfatizar que esse tipo de violência muitas vezes pode ocorrer sem qualquer agressão verbal, manifestando-se exclusivamente por meio de gestos, atitudes, olhares. O comportamento opressivo, geralmente, é perpetrado por maridos, pais, irmãos, médicos, professores, chefes ou colegas de trabalho.

Por todas essas características, apesar do peso e da presença da violência moral como instrumento de alienação dos direitos das mulheres, trata-se do aspecto menos trabalhado pelos programas de promoção dos direitos humanos das mulheres, e menos focado pelas campanhas publicitárias de conscientização e prevenção da violência contra as mulheres. De fato, praticamente não existem campanhas que coloquem em circulação, junto ao grande público, uma terminologia ou um conjunto de representações para facilitar sua percepção e reconhecimento específicos, que gerem comportamentos críticos e de resistência a essas condutas; que inoculem, tanto em homens quanto em mulheres, uma sensibilidade de baixa tolerância a essas formas muito sutis de intimidação e coação, bem como o pudor de reproduzir inadvertidamente esses tipos de comportamento; e que divulguem noções capazes de promover o respeito à diferença da experiência feminina, compreendida em sua especificidade.

Apesar de, atualmente, quase todos os documentos referentes à violência doméstica mencionarem esse tipo específico de violência, a sua prevenção ainda não é abordada de forma sistemática e particularizada. Fazê-lo seria colocar em circulação, através da publicidade, um léxico mínimo, um elenco básico de imagens e palavras para o reconhecimento da experiência por parte de suas vítimas, bem como o vocabulário para denunciá-la e combatê-la de forma específica. Essas estratégias deveriam sensibilizar a população e conscientizá-la de que a violência não é exclusivamente física, trazendo para o senso comum a novidade que a jurisprudência já havia começado a incorporar no século XIX. Os meios de comunicação em massa deveriam colocar em circulação imagens e discursos íntimos passíveis de serem apropriados na formulação de queixas e na busca de apoio solidário ou terapêutico. As diversas situações privadas de violência psicológica vividas pelas mulheres, que geralmente passam despercebidas, devem ser adequadamente representadas e difundidas para estimular a reflexão e a discussão, promovendo um maior senso de responsabilidade nos homens e, nas mulheres, uma consciência sobre seu próprio e indevido sofrimento.

Na América Latina, as formas mais comuns de violência moral são as seguintes:

1. Controle econômico: a coação e o cerceamento da liberdade por meio da dependência econômica.

2. Controle da sociabilidade: cerceamento das relações pessoais por meio de chantagem emocional, como obstaculizar relações de amizade e familiares.

3. Controle da mobilidade: cerceamento da liberdade de circular, sair de casa ou frequentar determinados espaços.

4. Menosprezo moral: uso de termos acusatórios ou de suspeita, velados ou explícitos, que implicam atribuição de intenção imoral por meio de insultos ou piadas, bem como exigências que inibem a liberdade de escolher roupas ou maquiagem.

5. Menosprezo estético: humilhação com base na aparência física.

6. Menosprezo sexual: rejeição ou atitude desrespeitosa em relação ao desejo feminino ou, alternativamente, acusação de frigidez ou inépcia sexual.

7. Desqualificação intelectual: depreciação da capacidade intelectual da mulher por meio da imposição de restrições ao seu discurso.

8. Desqualificação profissional: atribuição explícita de capacidade inferior e falta de confiabilidade.

Conduzi uma pesquisa pela internet em redes de mulheres vinculadas pela amizade, solicitando relatos e comentários sobre episódios de violência moral experimentadas pessoalmente pelas mulheres destinatárias, presenciadas por elas ou ouvidas em confidência. A pesquisa ampliou-se e alcançou uma extensão surpreendente, devido ao número crescente de mulheres que desejavam informar e dar seu testemunho sobre ofensas recebidas ou conhecidas por meio de relatos de segunda mão. O resultado da pesquisa foi impressionante e estendeu-se a todas as classes sociais e a todos os níveis de instrução.

Sexismo automático e racismo automático

Essa violência estrutural que sustenta a paisagem moral das famílias assemelha-se ao que nós, que militamos ativamente na crítica da ordem racial, chamamos de *racismo automático*. O sexismo e o racismo automáticos não dependem da intervenção da consciência discursiva de seus atores e respondem à reprodução maquinal do costume, amparada em uma moral que já não se revisa. Ambos fazem parte de uma tragédia que opera como um texto de longuíssima vigência na cultura – no caso do sexismo, a vigência temporal tem a mesma profundidade e confunde-se com a história da espécie; no caso do racismo, a história é muito mais curta e sua data de origem coincide rigorosamente com o fim da conquista e colonização da África e a sujeição de seus habitantes às leis escravistas.

A comparação com o racismo automático pode iluminar e expor com mais nitidez as complexidades da violência moral que opera como expressão cotidiana e comum do sexismo automático. Da mesma forma que a categoria *racismo automático* traz consigo o imperativo de suspeitar da retidão de nossa consciência e nos induz, inevitavelmente, a um escrutínio cuidadoso de nossos sentimentos, convicções e hábitos mais arraigados e menos conscientes em relação às pessoas negras, a noção de *sexismo automático*, uma vez aceita como categoria válida, implica a mesma exigência, porém em relação não apenas à mulher, mas a toda manifestação do feminino na sociedade.

Parece-me importante destacar a relevância de se considerar o sexismo como uma mentalidade discriminatória não apenas em relação às mulheres, mas principalmente em relação ao feminino. É no universo da cultura homossexual que se pode ver com nitidez o que isso significa, pois é um dos meios nos quais é possível encontrar esse tipo de preconceito e as violências que o acompanham. Um caso revelador a esse respeito é o de algumas tradições brasileiras de homossexualidade, muito femininas e inspiradas na gestualidade estereotipada das mulheres, ricas em dramaticidade e imaginativas no cultivo de um estilo de paródia benigna e bem-humorada, que nos últimos anos passaram a ser patrulhadas e expurgadas pela entrada no Brasil de uma cultura gay global, calcada na misoginia do movimento gay anglo-saxão. Muitos homens homossexuais brasileiros sofrem, portanto, atualmente, a dupla violência moral das manifestações de desprezo da sociedade nacional que cerca seu círculo íntimo de relações e dos padrões de identidade política globalizada, que universalizam estéticas fixas e uma forte aversão aos padrões femininos do estilo homossexual local. (Veja minha crítica aos efeitos perversos das identidades políticas globais sobre as formas de alteridade historicamente constituídas).[23]

No caso do racismo, a falta de entendimento leva a que, em muitas ocasiões e em cenários muito variados, às vezes discriminemos, excluamos ou até maltratemos por motivos raciais sem qualquer percepção de que estamos perpetrando um ato de racismo. Se existem pelo menos quatro tipos de ações discriminatórias de cunho racista, as mais conscientes e deliberadas não são as mais frequentes. Isso faz com que muitas pessoas não tenham perfeita consciência da necessidade de criar mecanismos de correção nas leis para contrapor a tendência espontânea de beneficiar a pessoa percebida como branca em todos os âmbitos da vida social.

---

23. R. Segato, "Identidades políticas y alteridades históricas. Una crítica a las certezas del pluralismo global", *Nueva Sociedad*, 2002a.

Existe, assim, em países com uma grande população de origem africana, como o Brasil, um racismo prático, automático, irrefletido, naturalizado, culturalmente estabelecido e que não chega a ser reconhecido ou explicado como atribuição de valor ou conjunto de representações ideológicas (no sentido de ideias formuláveis sobre o mundo). A professora de escola que simplesmente não acredita que sua estudante negra possa ser inteligente, que não consegue lhe dar atenção quando fala ou que simplesmente não registra sua presença na sala de aula. O porteiro do prédio de classe média que não consegue conceber que um ou uma das proprietárias tenha traços raciais da etnia subalterna. A família que aposta, sem hesitar, nas virtudes e nos méritos de seu filho ou filha de pele mais clara.

Esse tipo de racismo diferencia-se do que chamei de "racismo axiológico",[24] que se expressa através de um conjunto de valores e de crenças que atribuem predicados negativos ou positivos às pessoas com base em sua cor. Nesse caso, como vemos, a atitude racista alcança uma formulação discursiva, é mais fácil de identificar, pois vai além do gesto automático, repetitivo e de fundo inadvertidamente racista.

Na comparação entre o racismo automático e o axiológico, fica exposto o caráter escorregadio do primeiro e dos episódios de violência moral que o expressam na vida cotidiana. Assim como ocorre com o sexismo automático, embora se apresente como a forma mais inocente de discriminação, está longe de ser a menos inócua. Muito pelo contrário, é a que causa mais vítimas na convivência familiar, comunitária e escolar, e é aquela da qual é mais difícil se defender, pois opera sem ser nomeada. A ação silenciosa do racismo automático, que atua por trás das modalidades rotineiras de discriminação, tornam o racismo – assim como o sexismo – uma paisagem moral natural, costumeira e dificilmente detectável. Somente no outro

---

24. R. Segato e J. J. Carvalho, "Uma proposta de cotas para estudantes negros na Universidade de Brasília", *Série Antropologia*, 2002b.

extremo da linha, no polo distante e macroscópico das estatísticas, torna-se visível o resultado social dos incontáveis gestos microscópicos e rotineiros de discriminação e maltrato moral.

Esse racismo considerado ingênuo e, no entanto, letal para as pessoas negras, é o racismo diário e difuso da cidadã ou cidadão cujo único crime é estar desinformado sobre o assunto; é o racismo de muitas pessoas "bem-intencionadas". E é o racismo que nos ajuda a nos aproximar de forma mais lúcida dos aspectos da violência moral de cunho sexista que estou tentando expor, mas que envolve a dificuldade de se distanciar das modalidades de violência doméstica, física ou psicológica, mais facilmente enquadráveis nos códigos jurídicos. Minha intenção, ao introduzir a comparação com o racismo automático e as práticas de violência moral que ele ocasiona, é apontar, justamente, para as formas de maus-tratos que se encontram no ponto cego das sensibilidades jurídicas e dos discursos de prevenção, bem como para as formas menos audíveis de sofrimento psíquico e insegurança impostas às pessoas minorizadas.

Um caso entre muitos outros parece-me particularmente paradigmático do caráter insidioso com que, algumas vezes, a crueldade psicológica se apresenta. Sua vítima foi uma menina negra de quatro anos, aluna do jardim de infância de uma escola católica frequentada por crianças de classe média, assim como ela. Juliana está encantada com a nova professora. Todos os dias, ao voltar da escola, ela fala incansavelmente sobre ela e descreve suas qualidades. Em resposta ao meu pedido, sua mãe relata o caso, como parte dos materiais de análise da dissertação de mestrado que ela está preparando sobre o racismo na escola brasileira:

> A mãe de Juliana, sempre que a deixava na escola, ficava por alguns minutos olhando através da cerca [...], aguardando a oração matinal [...]. A professora chega, [...]

inclina-se para conversar com as crianças e acaricia a cabeça de uma coleguinha branca. A mãe de Juliana percebe a ansiedade e a esperança de sua filha de também receber a mesma demonstração de afeto. Ela vê que Juliana estica o pescoço na tentativa de se aproximar e ficar ao alcance da mão da professora. Seu gesto de expectativa é claro e evidente. A professora se levanta e nem sequer lhe dirige a palavra. Juliana se vira com os olhos cheios de lágrimas procurando pela mãe, que observa da grade. A mãe de Juliana levanta a mão em sinal de despedida, sorri, manda um beijo para lhe dar forças e se afasta para ocultar que ela também está chorando. No dia seguinte, ela relata o ocorrido à coordenadora psicopedagógica da escola, que se justifica afirmando que certamente se trata de uma distração da professora.[25]

O relato impressiona pelo caráter trivial da cena narrada; pela suspeita de que se repete diariamente, causando estragos na alma infantil; pela resistência que oferece a ser representada discursivamente; pelas dificuldades que acarretaria tentar reclamar ou denunciar; pelo grau de sofrimento que causa a alguém que não tem a capacidade de se defender e nem mesmo de detectar conscientemente o motivo de sua vitimização; e pela marca indelével de amargura e insegurança que inscreve na memória da criatura que a sofre. Essas características permitem tipificar o ato perpetrado como um caso de violência psicológica, devido ao dano moral que causa e, simultaneamente, à dificuldade de enquadrá-lo na lei. No máximo, seria possível exigir algum dia que docentes sejam capazes de reconhecer as vulnerabilidades específicas e as expectativas de afeto de estudantes que passam por suas mãos, trabalhando sua sensibilidade ética a partir da perspectiva das vítimas.

---

25. D. Gentil dos Santos, *A reabilitação psicossocial da população negra no brasil (proposições para melhoria de suas condições de equidade)*, 2001, p. 43.

Mesmo no nível distanciado da meta-narrativa, como narrativa das narrativas, a história captura-nos porque alegoriza perfeitamente a relação complexa do estado de direito com o componente negro da nação: o reconhecimento não concedido; o ato que, por constituir-se como um não-acontecimento, tampouco é passível de reclamação; a impossibilidade da pessoa negra de inscrever o signo de sua presença singular, marcada por uma história de sofrimento, no texto oficial da nação e nos olhos da professora; a cegueira da nação diante de sua dor específica e de seu dilema.

Ao ignorar a queixa, nega-se também o reconhecimento da existência do sujeito discursivo da queixa. Essa negação duplica o gesto negador do afago, que apenas se dirige às outras crianças e não a ela. A pessoa negra é impedida de ser Outro, uma concorrente legítima por recursos e direitos em um mundo em disputa, assim como é impedida de ser Nós no afago inclusivo. Ela não está envolvida em um jogo de interlocuções válidas, nem como próximo nem como outro, não faz sua entrada no discurso, não tem registro no texto social. A violência contra o sujeito é *nulificadora*, *forcluidora*, fortemente patogênica para todas as pessoas envolvidas nesse ciclo de interações. Essa é a alegoria contida na resposta da escola: a professora *não a viu*.

É pela inefabilidade desse tipo de violência sempre presente na manutenção das relações de *status* que, embora ambos os termos possam ser usados de forma intercambiável sem prejuízo para o conceito, prefiro chamá-la de "violência moral" em vez de "violência psicológica". A noção de violência moral aponta para o oxímoro que se constitui quando a continuidade da comunidade moral, da moral tradicional, repousa sobre a violência rotinizada. Afirmo, assim, que a normalidade do sistema é uma normalidade violenta, que depende da desmoralização cotidiana das pessoas minorizadas. Com isso, também afasto o conceito da acepção mais facilmente criminalizável do ato denominado juridicamente como "dano moral" ou "abuso moral". No entanto, até mesmo no caso de "dano moral" em casos de racismo como categoria jurídica, autoras como Maria de Jesus Moura e Luciana de Araújo Costa[26] enfatizam os aspectos evanescentes, inconscientes – "uma repetição sem reflexão"[27] – e fortemente arraigados em práticas históricas que dificultam, mas não impedem, de acordo com as autoras, a ação da justiça.

O paralelismo entre o racismo automático e o sexismo automático, ambos sustentados pela rotinização de procedimentos de crueldade moral, que trabalham sem descanso a vulnerabilidade dos sujeitos subalternos, impedindo que se afirmem com segurança diante do mundo e corroendo cotidianamente os alicerces de sua autoestima, remete-nos ao tema do patriarcado simbólico que se esconde por trás de toda estrutura hierárquica, articulando todas as relações de poder e subordinação. A violência moral é a emergência constante, no plano das relações observáveis, da cena fundadora do regime de *status*, ou seja, do simbólico patriarcal.

No entanto, não basta dizer que a estrutura hierárquica original se reinstala e se organiza em cada um dos cenários da vida social: o de gênero, o racial, o regional, o colonial, o de classe. É necessário perceber que todos esses campos se encontram entrelaçados por um fio único que os atravessa e os vincula em uma única escala articulada como um sistema integrado de poderes, no qual gênero, raça, etnia, região, nação e classe se interpenetram em uma composição social de extrema complexidade. De cima a baixo, a língua franca que mantém o edifício de pé é o sutil dialeto da violência moral. Isso se manifesta com nitidez, por exemplo, nos feminismos chamados étnicos, ou seja, nos dilemas dos

---

26. M. J. Moura e L. de Araújo Costa, "Psicologia, Dano Moral e Racismo", in Pereira, Graciete María, Judith Karine Cavalvanti *et al.*, *Dano Moral nos Atos de Racismo*, 2001.
27. Ibid., p. 188.

feminismos das mulheres negras e das mulheres indígenas. Seu dilema político é a tensão existente entre suas reivindicações como mulheres e o que poderíamos chamar de *frente étnica interna*, ou seja, a conflituosa lealdade ao grupo e aos homens do grupo para evitar a fratura e a consequente fragilização da coletividade. Esse complexo conflito de consciência das mulheres dos povos dominados entre suas reivindicações de gênero e a lealdade devida aos homens do grupo, que sofrem as mesmas consequências da subalternização, coloca-as em tensão com a possibilidade de aliança com as mulheres brancas das nações dominantes.[28] Nas veias dessas disjunções corre, evidentemente, a articulação hierárquica, que não apenas subordina as mulheres aos homens, ou as coletividades indígenas e negras à coletividade branca, mas as mulheres indígenas e negras às mulheres brancas e os homens pobres aos homens ricos. Da mesma forma, uma articulação hierárquica equivalente vincula em relação de desigualdade os membros dos movimentos negro e indígena norte-americanos aos membros dos movimentos negro e indígena da América Latina.

Essa estrutura de múltiplas entradas obedece inteiramente a um simbólico de cunho patriarcal que organiza relações tensas e inevitavelmente cruéis. Na quase totalidade dessas interações, a crueldade é de ordem sutil, moral. E quando a crueldade é física, não pode prescindir do correlato moral: sem desmoralização, não há subordinação possível. E mesmo que uma crueldade puramente física fosse possível, suas consequências seriam inevitavelmente também morais.[29]

---

28. Sobre diversos aspectos desse dilema complexo, ver Segato, 2002c; Pierce e Williams, 1996; Pierce, 1996; Spivak, 1987 e 1999, p. 277 e ss. (N.A.)
29. Sobre a indispensabilidade da crueldade psicológica e moral como complemento ao tratamento físico cruel, ver os clássicos da literatura a respeito de campos de concentração nazistas, como Bettelheim, 1989, p. 78, entre outros; Levi, 1990, especialmente o capítulo V: "Violência inútil"; Todorov, 1993, especialmente o capítulo 9: "Despersonalização"; e também Calveiro, 2001, p. 59 e ss. (N.A.)

Legislação, costumes e a eficácia simbólica do direito

Chegamos, assim, ao problema da legitimidade da violência moral de gênero. Como seria possível enquadrar na ilegalidade um conjunto de comportamentos que são o pão de cada dia, a argamassa que sustenta a estrutura hierárquica do mundo? Quão eficazes são ou conseguirão ser as leis que criminalizam atitudes fortemente sustentadas pela moral dominante? Como seria possível perseguir legalmente formas de violência psicológica que respondem e acompanham o racismo estrutural e o sexismo estrutural, ambos reproduzidos por um mecanismo solidamente entrelaçado na economia patriarcal e capitalista do sistema?

Tocamos aqui, inevitavelmente, na questão da legitimidade do costume. Recentemente, em uma consulta que realizei junto a um grupo de 41 mulheres representantes de diferentes sociedades indígenas do Brasil, uma das pouquíssimas advogadas indígenas do país e certamente a única entre os Kaingang, do Rio Grande do Sul, apresentou ao grupo sua ideia de que o costume é a lei da sociedade indígena, ou seja, que as normas tradicionais são para o povo indígena o que as leis são para a nação. Essa proposição, que deveria ser simples e bastante trabalhada por nós, antropólogos e antropólogas, de fato não o é.

Minha resposta às interlocutoras indígenas nessa ocasião foi negativa: o costume nativo não equivale à lei moderna.[30] Em todos os contextos culturais, a lei encontra-se – ou deveria encontrar-se – em tensão com o costume quando qualquer um dos domínios do sistema de *status* é colocado em questão. Até porque o *status* deveria, por definição, ser estranho ao idioma moderno e igualitário da lei, e ser considerado uma infiltração de um regime anterior, bastante indelével e resistente à mudança e à modernização, mas estranho, afinal, aos códigos

---

30. R. Segato, "Uma agenda de ações afirmativas para as mulheres indígenas do Brasil". *Série Antropologia*, 2002c.

modernos que regem o discurso jurídico. (Ver, sobre a persistência do gênero como sistema de *status* dentro do regime contratual moderno, a análise seminal de Carole Pateman.)[31] De fato, no Ocidente moderno, pátria da legislação estatal, a lei também se volta contra o costume.

Drucilla Cornell oferece uma possível solução para esse problema sobre o que a lei pode ou não pode regular, ou, em outras palavras, da eficácia ou ineficácia da lei em influenciar o âmbito da moral. Para isso, ela introduz a ideia de um "feminismo ético":

> Nós exigimos que os danos que foram tradicionalmente entendidos como parte do comportamento inevitável de "meninos serão meninos" ["*boys will be boys*"][32], tais como o estupro em um encontro romântico ou assédio sexual, sejam reconhecidos como danos graves às mulheres. Para fazer com que esses comportamentos pareçam lesivos, as feministas lutam para que "vejamos" o mundo de maneira diferente. *O debate sobre que tipo de comportamento constitui assédio sexual gira em torno de como o sistema legal "vê" as mulheres e os homens. Porque o feminismo é um chamado para que reimaginemos nossa forma de vida de modo que possamos "ver" distintamente, ele envolve necessariamente um apelo ético, incluindo um apelo para expandirmos nossa sensibilidade moral.*[33, 34]

---

31. C. Pateman, *O Contrato Sexual*, 1993.
32. "*Boys will be boys*" é um ditado comum em inglês, frequentemente usado para justificar ou desculpar comportamentos de meninos e homens, sugerindo que são naturais, inevitáveis ou inerentes aos homens. (N.T.)
33. D. Cornell, "*What is Ethical Feminism?*", em Benhabib, Seyla, Judith Butler, Drucilla Cornell, Nancy Fraser e Linda Nicholson, *Feminist Contentions. A Philosophical Exchange*, 1995, p. 79, itálicos da autora.
34. Traduzido do original: "*We demand that harms that were traditionally understood as part of the inevitable behavior of "boys will be boys," such as date rape and sexual harassment, be recognized as serious wrongs to women. In order to make these behaviors appear as wrongs, feminists struggle to make us "see" the world differently. The debate over what kind of behavior constitutes sexual harassment turns on how the legal system "sees" women and men. Because feminism is a call for us to re-imagine our form of life so that we can "see" differently, it necessarily involves an ethical appeal, including an appeal to expand our moral sensibility.*" (N.T.)

Na proposta dessa autora, não é um sistema legal que garantirá a igualdade e o bem-estar das mulheres. O que garante a reforma moral e legal é um movimento que se origina na aspiração ética. A noção de ética distancia-se e opõe-se, assim, ao campo da moral. A sensibilidade ética é definida como sensibilidade ao "outro", ao estranho, e transformada no pivô do movimento transformador. "Ética, tal como a defino, não é um sistema de regras de comportamento, nem um sistema de padrões positivos pelos quais se justifica a desaprovação dos outros. É, antes de tudo, uma atitude em relação ao que é diferente de si mesmo. [...]."[35, 36]

De maneira semelhante, mas não idêntica a Cornell, Enrique Dussell também coloca no Outro – no caso dele, no outro vitimizado – a âncora de uma perspectiva ética transformadora.[37] No entanto, enquanto Cornell se baseia, para definir esse Outro capaz de orientar a atitude ética, nas noções de falibilidade e admiração do filósofo pragmatista norte-americano Charles Peirce, que implicam uma abertura, uma exposição voluntária ao desafio e à perplexidade que o mundo do Outro impõe às nossas certezas, o Outro em Dussell não significa o limite imposto pelos Outros – o *estranho* – ao nosso desejo, aos nossos valores e às categorias que organizam nossa realidade, mas é um Outro como negatividade substantivada, em sua materialidade contingente transformada em transcendente no argumento dusselliano. Esse Outro pode ser encontrado em uma lista de categorias constituída por "o trabalhador, o índio, o escravo africano ou o explorado asiático do mundo colonial, a mulher, as raças não-brancas, as gerações futuras",[38] entendendo que devem ser acolhidos em um "nós" também substantivo. O argumento de Dussell concentra-se nesse ato de

---

35. D. Cornell, op. cit., p. 78.
36. Traduzido do original: "*The ethical as I define it is not a system of behavioral rules, nor a system of positive standards by which to justify disapproval of others. It is, rather, an attitude towards what is other to oneself.*" (N.T.)
37. E. Dussell, *Ética de la liberación en la edad de la globalización y de la exclusión*, 1998.
38. Ibid., parágrafo 210.

inclusão da perspectiva das vítimas em "nossa" perspectiva, e não na disponibilidade existencial para um Outro que desempenha o papel humanizador de resistir a confirmar "nosso" mundo, como no modelo da ética feminista de Cornell. O Outro dusselliano é muito próximo do *outro* judeu alemão, do outro berlinense, do outro palestino, do outro iraquiano de *"we are all Berlin citizens"*, *"nous sommes tous juifs allemands"*, *"nous sommes tous palestiniens"*, de Kennedy diante do muro de Berlim em 1962, do 1968 francês e das marchas parisienses de 2002.

De minha parte, embora acredite incondicionalmente que um trabalho sobre a sensibilidade ética seja a condição única para desarticular a moralidade patriarcal e violenta em vigor, atribuo ao direito um papel fundamental nesse processo de transformação. Coloco minha resposta no contexto da crítica às concepções *primordialistas* da nação (cujo mapa é construído, entre outros, por Breuilly),[39] das quais se desprenderia algum tipo de continuidade entre a lei e o costume, entre o sistema legal e o sistema moral e, portanto, entre o regime de contrato e o regime de *status*. Endosso a crítica a esse tipo de concepção e opto por uma visão contratualista da nação, onde a lei deve mediar e administrar a convivência de costumes diferentes, ou seja, de moralidades diferentes. Apesar de se originar de um ato de força pelo qual a etnia usurpadora impõe seu código às etnias dominadas e expropriadas, a lei assim imposta passa a se comportar, a partir do momento mesmo de sua promulgação, em uma arena de múltiplas contendas e tensas interlocuções. A lei é um campo de luta. Sua legitimidade depende estritamente de que contemple, a partir de seu estrado, uma paisagem diversa.

Quando a lei adere a um dos códigos morais particulares que convivem sob a administração de um Estado nacional e se

---

39. J. Breuilly, "Approaches to Nationalism", em Balakrishnan, Gopal (ed.), *Mapping the Nation*, 1996.

autorrepresenta como indiferenciada dele, estamos diante de um caso de localismo nacionalizado, aplicando ao universo da nação a mesma crítica que levou Boaventura de Souza Santos a formular a categoria de localismo globalizado para descrever os valores locais que arbitrariamente se globalizam[40]. Estamos prisioneiros de um colonialismo moral intranacional, aplicando à nação a crítica ao imperialismo moral dos direitos humanos formulada por Hernández-Truyol.[41]

Portanto, a partir dessa perspectiva, lei e moral, longe de coincidirem, se desconhecem. A Convenção sobre a Eliminação de Todas as Formas de Discriminação contra a Mulher das Nações Unidas (CEDAW) é inequívoca a esse respeito:

> Artigo 5º
> Os Estados-Partes tomarão todas as medidas apropriadas para:
> a) modificar os padrões socioculturais de conduta de homens e mulheres, com vistas a alcançar a eliminação dos preconceitos e práticas consuetudinárias, e de qualquer outra índole que estejam baseados na ideia de inferioridade ou superioridade de qualquer dos sexos ou em funções estereotipadas de homens e mulheres; [...].[42]

No entanto, mesmo aceitando esse argumento a favor do papel reformador da lei, a pergunta permanece: qual é o papel específico da legislação no controle da intangível violência moral? Qual é sua capacidade de impacto sobra a violência moral enraizada no costume? Parece-me que aqui é possível complementar a tese de Cornell, pois não apenas a lei e a moral, como conjunto de normas discursivas devidamente elencadas, podem ser impulsionadas pelo sentimento ético na

---

40. B. S. Santos, Toward a Multicultural Conception of Human Right, 2002.
41. B. E. Hernández-Truyol e C. Gleason, "*Introduction*", em Hernández-Truyol, B. E. (ed.), *Moral Imperialism. A Critical Anthology*, 2002.
42. Disponível no site da ONU Mulheres: https://www.onumulheres.org.br/wp-content/uploads/2013/03/convencao_cedaw1.pdf. (N.A.)

direção de um bem maior entendido a partir da perspectiva do outro minorizado e vitimizado, mas a lei também pode impulsionar, informar, sensibilizar esse sentimento ético e transformar a moral que sustenta os costumes e o esquema hierárquico da sociedade.

Encontramos uma contribuição importante para um projeto desse tipo na obra *La eficácia simbólica del Derecho* [A eficácia simbólica do direito], de Mauricio García Villegas,[43] desde que façamos uma torção na tese do autor. A partir de uma análise exaustiva dos aspectos performativos, ilocucionários e produtores de realidade de todo discurso, e após destacar o caráter discursivo de toda legislação, García Villegas conclui que, como todo discurso, a lei tem o poder simbólico de moldar a realidade social, um poder que reside em sua legitimidade para dar nomes: "eficácia simbólica no sentido geral [...] é própria de toda norma jurídica enquanto discurso institucional depositário do poder de nomeação [...]".[44] Ele examina, então, minuciosamente, o que propõe como "a eficácia simbólica" do direito, em oposição à sua "eficácia instrumental". Em outras palavras, a verdadeira eficácia da lei residiria em seu poder de representar a sociedade e no caráter persuasivo das representações que ela emite.

> A força social do Direito, portanto, não se limita à imposição de um comportamento ou à criação instrumental de um determinado estado de coisas. A força do Direito também está em seu caráter de discurso legal e de discurso legítimo; em sua capacidade de criar representações das quais seja derivado um respaldo político; em sua aptidão para mobilizar os indivíduos em benefício de uma ideia ou de uma imagem [...].[45]

---

43. M. García Villegas, *La eficácia simbólica del Derecho*, 1995.
44. Ibid., p. 91.
45. Ibid., p. 87.

No entanto, é necessário observar que na tese de García Villegas a ênfase está colocada na perspectiva dos setores mais bem representados em um Estado nacional e que detêm, entre suas capacidades, a possibilidade de utilizar a lei pedagogicamente ou como estratégia para obter ou reforçar determinadas práticas e uma compreensão particular da nação. Essa compreensão da nação estará alinhada com a perspectiva da classe e dos setores que ocupam majoritariamente as posições estratégicas nas instituições; neste caso, em especial, o Poder Legislativo e o Poder Judiciário. Assim, no texto de Villegas, a eficácia simbólica do direito é analisada mais a partir da perspectiva dos interesses dos legisladores, promulgadores e executores da justiça, e menos a partir de uma perspectiva dos "outros", no sentido de Cornell e Dussell.

Seria, portanto, possível uma inversão nesse aspecto particular do argumento para enfatizar o papel de sua eficácia simbólica como instrumento de agitação: o poder e a legitimidade inerentes ao sistema de nomes que ela estabelece para tornar públicas as possibilidades de aspirar a direitos, garantias e proteções. Seria possível simplesmente dizer que se trata dos nomes de um mundo melhor, e da eficácia simbólica desses nomes. As denúncias e as aspirações que o discurso legal torna públicas possibilitam que as pessoas identifiquem seus problemas e aspirações. Ao se refletirem no espelho do discurso do direito, elas podem se reconhecer e, ao se reconhecerem, ter acesso à compreensão precisa de suas insatisfações e litígios. Do ponto de vista das pessoas minorizadas, o discurso do direito, sempre entendido como um eficaz sistema de nomes *em permanente expansão*, tem o poder de agitação, o caráter de propaganda, mesmo apontando na direção do que ainda não existe, do que ainda não é possível adquirir, na vida social.

Com isso, também desmorona a visão burocrática e conformista segundo a qual a lei só pode limitar práticas discriminatórias, mas não convicções profundas ou preconceitos. Se percebemos o poder de propaganda e o potencial persuasivo da dimensão simbólica da lei, compreendemos que ela incide, de maneira lenta e por vezes indireta, na moral, nos costumes e no substrato preconceituoso do qual emanam as violências. É por isso que a reforma da lei e a expansão permanente de seu sistema de nomes são um processo imprescindível e fundamental.

Bibliografia

AGENDE. "Ações em Gênero Cidadania e Desenvolvimento", em *Direitos Humanos das Mulheres... Em outras palavras. Subsídios para capacitação legal de mulheres e organizações*. Brasília: AGENDE/SEDIM/UNIFEM, 2002.

BANDEIRA, Lourdes e CAMPOS DE ALMEIDA, Tânia Mara. "Pai e avô: o caso de estupro incestuoso do pastor", in SUAREZ, Mireya e BANDEIRA, Lourdes (org.), *Violência, Gênero e Crime no Distrito Federal*. Brasília: Paralelo 15/ EdUnB, 1999.

BETTELHEIM, Bruno. *Sobrevivência e Outros Estudos*. Porto Alegre: Artes Médicas, 1989.

BREUILLY, John. "Approaches to Nationalism", in BALAKRISHAN, Copal (org.), *Mapping the Nation*. Londres: Verso, 1996.

CALVEIRO, Pilar. *Poder y desaparición. Los campos de concentración en la Argentina*. Buenos Aires: Colihue, 2001.

CORNELL, Drucilla. "*What is Ethical Feminism?*", in BENHABIB, Seyla et al. (org.), *Feminist Contentions. A Philosophical Exchange*. Nova York e Londres: Routledge, 1995.

DUSSELL, Enrique. *Ética de la liberación en la edad de la globalización y de la exclusión*. México: Trotta, UAM-Iztapalapa, 1998.

FERNÁNDEZ ALONSO, María del Carmen. "*Violencia doméstica*", Atención Primaria. *Recomendaciones, publicación virtual del Grupo de Salud Mental del PAPPS-semFYC (Programa de actividades preventivas y de promoción de la salud de la Sociedad Española de Medicina de Familia y Comunitaria)*, vol. 28, supl. 2, nov. 2001. Disponível em: http://www.papps.org/recomendaciones/menu.htm.

FODERÉ, F. E. *Traité de médecine légale et d' hygiène publique ou de police de santé*, t. IV, París: 1813.

FUNDAÇÃO PERSEO ABRAMO. *Pesquisa A mulher brasileira nos espaços público e privado*, 2001. Disponível em: http://www.fpabramo.org.br/nop/nop.htm.

GARCÍA VILLEGAS, Mauricio. *La eficacia simbólica del Derecho. Examen de situaciones colombianas*. Bogotá: Ediciones Uniandes, 1995.

GENTIL DOS SANTOS, Domingas et al. *A Reabilitação Psicossocial da População Negra no Brasil (Proposições para melhoria de suas condições de eqüidade)*, Dissertação de pós-graduação latu sensu, Núcleo de Estudos e Pesquisas em Bioética, Brasília, UnB, 2001.

GODELIER, Maurice. Tradução de Eliana Aguiar. *O enigma do Dom*. Rio de Janeiro: Civilização brasileira, 2001.

GREGORI, María Filomena. *Cenas e Queixas. Un estudo sobre mulheres, relações violentas e a prática feminista*. São Paulo: Paz e Terra/ANPOCS, 1993.

HERNÁNDEZ-TRUYOL, Berta Esperanza e GLEASON, Christy. "*Introduction*", in HERNÁNDEZ-TRUYOL, B. E. (org.), *Moral Imperialism. A Critical Anthology*. Nova York, Londres: New York University Press, 2002.

IYER, Lalita, Hyderabad e HEBBAR, Nistula, "Married to the mob", The 129 Week Magazine (*The Week Study*), Delhi, 3 de fevereiro, 2002. Disponível em: http://www.the-week.com/22feb03/events1.htm.

LEVI, Primo. *Os Afogados e os Sobreviventes*. São Paulo: Paz e Terra, 1990.

MCCAULEY, J et al. "The Battering syndrome: Prevalence and clinical Characteristics of Domestic Violence in Primary Care Internal Medicine Practices", *Annals of Family Medicine*, vol. 123,, 1995, p. 737–746.

MINISTÉRIO DE JUTIÇA. *Relatório Nacional Brasileiro para a CEDAW – Resumo*. 2002. Disponível em: http://www.mj.gov.br/ACS/releases/2002/outubro/RESUMO_Cedaw.pdf.

MOURA, María de Jesús e COSTA, Luciana de Araújo. "Psicologia, Dano Moral e Racismo", in PEREIRA, Graciete María et al., *Dano Moral nos Atos de Racismo*. Olinda, Pernambuco: SOS Racismo, 2001.

MUSUMECI SOARES, Bárbara. *Mulheres Invisíveis. Violência Conjugal e as novas Políticas de Segurança*. Rio de Janeiro: Civilização Brasileira, 1999.

PATEMAN, Carole. *O Contrato Sexual*. São Paulo: Paz e Terra, 1993.

PIERCE, Paulette e WILLIAMS, Brackette. "*And Your Prayers Shall Be Answered Through the Womb of a Woman...'. Insurgent Masculine Redemption and the Nation of Islam*", in WILLIAMS, Brackette (org.), *Women Out of Place: the Gender of Agency and the Race of Nationality*. Londres: Routledge, 1996.

PIERCE, Paulette. "Boudoir Politics and the Birthing of the Nation", in WILLIAMS, Brackette (org.), *Women Out of Place: the Gender of Agency and the Race of Nationality*. Londres: Routledge, 1996.

QUARTIM DE MORAES, Maria Lygia e NAVES, Rubens. *Advocacia Pro Bono em Defesa da Mulher Vítima de Violência*. São Paulo: IMESP, 2002.

SAFFIOTI, Heleieth I. B. e SOUZA DE ALMEIDA, Suely. Violência de Gênero. Poder e Impotência. Rio de Janeiro: Revinter, 1995.

SANTOS, Boaventura de Souza. "*Toward a Multicultural Conception of Human Rights*", in HERNÁNDEZ-TRUYOL, Berta Esperanza (org.), *Moral Imperialism. A Critical Anthology*. Nova York: New York University Press, 2002.

SEGATO, Rita Laura. "Identidades políticas y alteridades históricas. Una crítica a las certezas del pluralismo global", *Nueva Sociedad*, nº 178, "Transnacionalismo y transnacionalización", março-abril, p. 104–125, 2002a.

SEGATO, Rita Laura e CARVALHO, José Jorge. "Uma proposta de cotas para estudantes negros na Universidade de Brasília", *Série Antropologia,* nº 314, Brasília, Universidade de Brasília, Departamento de Antropologia, 2002b.

_____. "Uma agenda de ações afirmativas para as mulheres indígenas do Brasil". *Série Antropologia,* nº 326. Brasília, Universidade de Brasília, Departamento de Antropologia, 2002c.

SPIVAK, Gayatri Chakravorty. "*French Feminism in an International Frame*", em *In Other Worlds. Essays in Cultural Politics*. Nova York e Londres: Methuen, 1987.

_____. *A Critique of Postcolonial Reason. Toward a History of the Vanishing Present*. Cambridge: Harvard University Press, 1999.

VIGARELLO, Georges. *História do estupro: violência sexual nos séculos XVI-XX*. Rio de Janeiro: Zahar, 1998.

MIN, Tang. "Domestic Violence Tackled", *China Daily*, 26 nov. 2002. http://www.unifem.undp.org/newsroom/clippings/021126_chinadaily.html.

TODOROV, Tzvetan. *Frente al limite*. Cidade do México: Siglo XXI, 1993.

5. As estruturas elementares da violência: contrato e *status* na etiologia da violência*

---

* Conferência lida em 30 de junho de 2003, na abertura do Curso de Verão sobre Violência de Gênero dirigido pelo magistrado Baltasar Garzón, da Audiência Nacional da Espanha, na sede de San Lorenzo del Escorial da Universidade Complutense de Madrid. (N.A.)

*Para Miguel Sánchez e Joaquim
Casals, policiais de Badalona
contra a violência de gênero.*

Quando recebi o convite para dar esta conferência, eu tinha muitas dúvidas sobre a possibilidade de comunicação entre um público que imaginei estar formado, majoritariamente, por pessoas cujas profissões priorizam a ação política, jurídica e social, e uma antropóloga acostumada a fazer análises eminentemente e meticulosas e pouco práticas. Pois é isto que fazemos: submeter ao escrutínio o universo da sociabilidade, buscando o significado atribuído a seus próprios atos por atores sociais situados, interessados, envolvidos em suas fantasias individuais e em desejos coletivamente instigados, orientados pela cultura de seu lugar e de sua época.

Efetivamente, a antropologia afirma que até as práticas mais irracionais têm sentido para seus agentes, obedecem a lógicas situadas que devem ser entendidas a partir do ponto de vista dos atores sociais que as executam, e estou convicta de que só através da identificação desse núcleo de sentido – sempre, em algum ponto, coletivo, sempre ancorado em um horizonte comum de ideias socialmente compartilhadas, comunitárias – podemos agir sobre esses atores e suas práticas, aplicar com êxito nossas ações transformadoras, sejam elas jurídico-policiais, pedagógicas, publicitárias ou de qualquer outro tipo. Então, se, por exemplo, o trabalho hermenêutico de compreender os significados da violência de gênero parece um trabalho perdido, demorado, bizantino, nada prático, acredito que o reiterado fracasso de métodos supostamente mais eficientes e pragmáticos do que a compreensão demorada dos fatos nos prova o contrário.

Estamos todas e todos informados sobre os dados – que não deixam de ser imprecisos e duvidosos, devido ao tipo de realidade que investigam – e os relatos de casos: contamos com estatísticas mundiais e nacionais de violência de gênero, conhecemos os tipos – violência física, psicológica e sexual, além da violência estrutural reproduzida por meio da discriminação nos campos econômico e social – e sabemos de suas variantes locais idiossincráticas, da impossibilidade de confiar nos números quando o cenário é o ambiente doméstico, dos problemas para denunciar, processar e punir nesses casos e, sobretudo, das dificuldades que os atores sociais têm para reconhecer e se reconhecer e, principalmente, para nomear esse tipo de violência, articulada de uma forma quase impossível de desvendar nos hábitos mais arraigados da vida comunitária e familiar *de todos os povos do mundo*. "Nenhuma sociedade trata suas mulheres tão bem quanto seus homens", afirma o Relatório sobre o Desenvolvimento Humano do Programa das Nações Unidas para o Desenvolvimento (PNUD) de 1997 e, ao dizer isso, não está falando da anormalidade ou da excepcionalidade das famílias com homens violentos, mas, muito pelo contrário, das rotinas, dos costumes, da moral, da normalidade.

A essa afirmação eu adicionaria o seguinte: não existe sociedade que não endosse algum tipo de mistificação da mulher e do feminino, que não tenha algum tipo de culto à maternidade, ou ao feminino virginal, sagrado, endeusado, que não o tema em alguma das variantes do motivo universal da *vagina dentata* ou que não cultive alguma das formas do mito do matriarcado originário. Portanto, a universalidade dessa fé em uma mística feminina é um correlato indissociável do maltrato inscrito nas estatísticas do PNUD, pois se trata, sem dúvida alguma, de duas faces da mesma moeda.

O grau de naturalização desse maltrato evidencia-se, por exemplo, em um comportamento reportado repetidas vezes por todas as pesquisas sobre violência de gênero no âmbito doméstico. Quando a pergunta é colocada em termos genéricos: "Você sofre ou já sofreu violência doméstica?", a maior parte das entrevistadas responde negativamente. Mas quando se modificam os termos da pergunta, nomeando-se tipos específicos de maltrato, o universo de vítimas duplica-se ou triplica-se. Isso mostra com precisão o aspecto digerível do fenômeno, percebido e assimilado como parte da *normalidade* ou, o que seria pior, como um fenômeno *normativo*, ou seja, que faria parte do conjunto das regras que criam e recriam essa normalidade.

Convencida como estou de que é na descrição de alguns exemplos paradigmáticos que a intimidade dos fenômenos se revela, penso que o caráter coercitivo e intimidador das relações de gênero *normais* se evidencia em uma situação isenta por completo de qualquer gesto violento observável, explícito: na campanha de alfabetização para pessoas adultas coordenada pela pedagoga brasileira Esther Grossi, no Rio Grande do Sul, os professores e as professoras relataram repetidamente que, quando os maridos estavam presentes na mesma sala de aula, as mulheres tinham um desempenho inferior na aprendizagem do que quando eles não estavam presentes.[1] Esse exemplo pontual fala da dimensão violenta inerente à própria dinâmica tradicional de gênero, praticamente inseparável da própria estrutura hierárquica dessa relação. E é aí onde reside, precisamente, a dificuldade em erradicá-la.

Temos, então, como já mencionei, dados quantitativos em expansão e um universo de leis também em expansão, sob a pressão dos organismos internacionais, mas necessitamos acompanhar esses dados e essas leis com um marco de

---

1. Comunicação oral de Marlene Libardoni, ativista e presidente da ONG AGENDE (Ações em Gênero Cidadania e Desenvolvimento). (N.A.)

sentido que oriente a consciência e a prática de todas as pessoas que trabalham por esse objetivo. É necessário que elas percebam nitidamente que *erradicar a violência de gênero é inseparável da própria reforma dos afetos constitutivos das relações de gênero tal como as conhecemos e em seu aspecto entendido como "normal"*. E isso, infelizmente, não pode ser modificado por decreto, com uma canetada, subscrevendo o contrato da lei.

Infelizmente, não é por decreto que podemos destituir o universo de fantasias culturalmente promovidas, que acabam por conduzir ao resultado perverso da violência, nem é por decreto que podemos transformar as formas de desejar e de alcançar a satisfação que são constitutivas de uma determinada ordem sociocultural, mesmo que acabem por se revelar enganadoras para muitos.[2] Aqui, o trabalho da consciência é lento, mas indispensável. É necessário rompê-lo, instigá-lo, trabalhar por uma reforma dos afetos e das sensibilidades, por uma ética feminista para toda a sociedade. Os meios de comunicação de massa, a propaganda – incluo aqui a propaganda da própria lei – devem ser aliados indispensáveis para isso. E o trabalho de investigação e de formulação de modelos teóricos para a compreensão das dimensões violentas das relações de gênero, mesmo nas famílias mais normais e *legais*, deve ser constante. Como já foi dito: "fazer teoria sem ação é sonhar acordada, mas ação sem teoria ameaça produzir um pesadelo".[3]

---

2. Um argumento crítico que nos alerta para os problemas e consequências de legislar sobre sexo e fantasias sexuais pode ser encontrado num belo livro agora clássico e esquecido, que narra as interfaces entre o socialismo e o feminismo britânico nos anos 70 (Phillips, 1983). (N.A.)
3. Traduzido pela tradutora. O original pode ser encontrado em Paula Treichler, Conferência de Durban de 2001, retirado de Ana Luisa Liguori: "Ciências Sociais", na página www.sidalac.org.mx.(N.T.)

Os avanços da legislação: o caso brasileiro[4]

No Brasil, para considerar esse país como exemplo ilustrativo do que estou tentando dizer, o panorama das leis relativas ao gênero hoje encontra-se quase completo. Em 1984, o governo brasileiro ratificou a Convenção sobre a Eliminação de Todas as Formas de Discriminação contra a Mulher (CEDAW), adotada pela Assembleia Geral das Nações Unidas em 1979. Este tratado considera a violência contra as mulheres como parte do conjunto de formas de discriminação que recaem sobre elas e se pronuncia explicitamente a favor da modificação dos comportamentos tradicionais de homens e mulheres. É importante aqui notar a contradição manifesta na convenção entre a lei e a moral tradicional.

A Constituição Federal de 1988, por sua vez, modificou profundamente a concepção sobre os direitos de família, e tais mudanças foram consolidadas no novo Código Civil, que entrou em vigência em janeiro de 2003. Em conformidade com o espírito da Constituição de 1988, o Código Civil garante que não existe mais na lei a figura do chefe de família e que o marido e a mulher compartilham a autoridade parental e devem responsabilizar-se igualmente por todas as obrigações relativas aos cuidados com os filhos e filhas, inclusive pelas tarefas domésticas; confere à união estável garantias iguais às do casamento civil e suprime a distinção entre prole legítima e ilegítima. Por fim, praticamente todas as formas de desigualdade estabelecidas e reproduzidas pelo costume estão ausentes da lei, extinguindo-se a sua inscrição nos códigos que orientam as decisões judiciais. Outras figuras antigas que haviam perdido a validade na prática, como a possibilidade de anular o casamento nos casos em que a mulher não fosse virgem ao se casar

---

4. As informações sobre a legislação brasileira foram extraídas das compilações organizadas pela ONG AGENDE 2002, 2003a; dos boletins eletrônicos da organização 2003b e 2003c; e do relatório de avaliação da relatoria oficial da CEDAW 2003d; assim como do relatório sobre violência contra a mulher da Fundação Perseu Abramo e do Plano de Ação sobre Segurança Pública do Governo do Partido dos Trabalhadores. (N.A.)

ou o direito de deserdar a filha de conduta moral "desonesta", também são excluídas do texto da lei no novo Código Civil, em consonância com o espírito da Constituição de 1988.

Em 1995, o Brasil também adotou a Convenção Interamericana para Prevenir, Punir e Erradicar a Violência contra a Mulher, conhecida como "Convenção de Belém do Pará", aprovada pela Assembleia Geral da Organização dos Estados Americanos em 1994. O artigo 1º dessa convenção define a violência contra as mulheres como "qualquer ato ou conduta baseada no gênero, que cause morte, dano ou sofrimento físico, sexual ou psicológico à mulher, tanto na esfera pública como na esfera privada". Na esfera doméstica, inclui, entre outros, estupro, maus-tratos e abuso sexual; na esfera comunitária, entre outros, estupro, abuso sexual, tortura, maus-tratos, tráfico, prostituição forçada, rapto e assédio sexual no local de trabalho, bem como em instituições de ensino, instalações de saúde ou qualquer outro local. De acordo com a "Convenção de Belém do Pará", compete ao Estado

> [...] modificar os padrões sociais e culturais de conduta de homens e mulheres, inclusive a formulação de programas formais e não formais adequados a todos os níveis do processo educacional, a fim de combater preconceitos e costumes e todas as outras práticas baseadas na premissa da inferioridade ou superioridade de qualquer dos gêneros ou nos papéis estereotipados para o homem e a mulher, que legitimem ou exacerbem a violência contra a mulher.

Também aqui a lei confronta e desafia a moral e os costumes.

Em 2002, ao contrário de países como Argentina, Chile, Colômbia, Cuba e El Salvador, o Brasil ratificou o Protocolo Facultativo à Convenção sobre a Eliminação de Todas as Formas de Discriminação contra a Mulher – o Protocolo da CEDAW – adotado pela ONU em 1999. Isso significa que, embora todos os Estados da região da América Latina e do Caribe tenham ratificado a Convenção, apenas alguns deles ratificaram o Protocolo da CEDAW, que permite que a vítima ou seu representante leve as causas das mulheres ao Comitê da CEDAW, e, desde a ratificação da convenção de Belém do Pará, também à Comissão Consultiva e à Corte Interamericana de Direitos Humanos, desde que todas as instâncias nos tribunais nacionais tenham sido esgotadas.

Por fim, neste ano de 2003, de fato nos próximos dias (entre 30 de junho e 18 de julho), serão apresentados ao Comitê da CEDAW, em sua 29ª sessão, em Nova York, um relatório oficial do governo brasileiro e um relatório alternativo elaborado a partir de informações coletadas por treze Redes e Articulações Nacionais de Mulheres, sob a coordenação da organização não-governamental AGENDE.

Os sistemas de monitoramento são, com efeito, cada vez mais eficientes para controlar se os compromissos assumidos pelo país se traduzem em leis; se estas, por sua vez, se traduzem em políticas públicas; se estão previstas no orçamento nacional votado pelo Congresso Nacional; se são efetivamente reconhecidas pelos membros do Judiciário; se chegam ao conhecimento e modificam as práticas de cidadãos e cidadãs; e, finalmente, se têm impacto nos índices captados pelas estatísticas. De fato, há indícios de um número crescente de atores sociais cada vez mais conscientes de que a lei e a sua aplicação e fiscalização por parte dos juízes e das forças policiais foram, durante demasiado tempo, orientadas quase exclusivamente para a proteção do patrimônio e negligenciaram a proteção e a promoção dos direitos humanos, que também é da sua responsabilidade.

Coroando essa proliferação de possíveis leis e procedimentos, o atual Secretário Nacional de Segurança Pública e antropólogo, Luiz Eduardo Soares, assinou o primeiro Plano Nacional de Segurança Pública, que dedica o Capítulo 7 à "Violência

Doméstica e de Gênero". O Plano Nacional admite a ausência ou a falta de confiabilidade dos dados sobre esse tipo de violência: não há informações confiáveis sobre o impacto de nenhuma das iniciativas empreendidas até hoje, e inclina-se para o fato de que "a violência que foi legitimada no passado continua a moldar a gramática em que se forma a subjetividade masculina". Apontando para o caráter de escalada, ou seja, a tendência de todos os ciclos violentos se agravarem, reconhece que vítimas e agressores estão imersos num processo de sofrimento, na medida que são aprisionados, seja por razões culturais, sociais ou psicológicas, na linguagem da violência. A simples criminalização e o encarceramento, sobretudo se não for acompanhada de processos reeducativos, significa investir na mesma lógica que alimenta a violência.[5] E afirma que a adoção de medidas capazes de combater a violência de gênero depende da existência de um número maior de pesquisas, que permitam chegar a diagnósticos mais precisos. Entre as propostas contidas no plano que me parecem mais oportunas, vale a pena citar a que prevê a incorporação da "participação ativa das mulheres sobreviventes de situação de violência no Programa de Prevenção e Redução da Violência Doméstica e de Gênero, para estimular, com isso, a identificação das vítimas de violência que ainda sofrem o isolamento, por meio de modelos positivos de superação do problema", assim como "o desenvolvimento de programas comunitários para alcançar as famílias isoladas pelas barreiras do silêncio e do medo". Está igualmente prevista a formação de pessoal policial e médico, e é sublinhada a constante retroalimentação entre a experiência do balcão de atendimento e as bases de dados, a fim de melhorar a percepção das exigências e necessidades tanto das vítimas como do corpo profissional responsável pelo atendimento. Em todo o sistema, que também presta assistência a homens agressores, o fator informação é considerado central.

5. A versão em português foi feita pela tradutora. (N.T.)

Moralidade e legalidade: uma relação contraditória

No entanto, apesar de todas essas medidas, o que vemos é uma lei, um contrato jurídico que, inexoravelmente, se deixa infiltrar pelo código de *status* da moral, uma modernidade vulnerável à tradição patriarcal em cujo solo se apoia e com a qual se mantém em tensão.

O turismo sexual, a exploração sexual de crianças e adolescentes, os assassinatos de mulheres (metade das mulheres assassinadas no Brasil morre pelas mãos de seu cônjuge atual ou anterior, acompanhando com isso a tendência geral dos índices mundiais) não mostram indícios de ceder ante a investida legislativa. A lei pretende-se igualitária, uma lei para cidadãos e cidadãs iguais, mas percebemos que a estrutura hierárquica do gênero a toma de assalto pelas fissuras. Por detrás do contrato igualitário, transparece, vital, o sistema de *status* que ordena o mundo em gêneros desiguais, bem como em raças, minorias étnicas e nações desiguais. Embora esteja ausente no texto legal, a figura da "legítima defesa da honra" continua a ser invocada pelos advogados que defendem os maridos agressores; o novo Código Civil deste ano, ao qual se referem os argumentos para os pedidos de separação, ainda se expressa em termos de "conduta desonrosa", que, embora possa qualificar formalmente a conduta do marido ou da mulher, no seu uso corrente aplica-se à sexualidade da mulher. As punições contempladas no Código Penal de 1940, ainda vigente para crimes sexuais contra a mulher considerada "honesta" são mais severas que as contempladas para a mulher não considerada honesta. Os crimes de violência doméstica contra a mulher, mesmo nos casos graves, são, a partir da aprovação da Lei nº 9.099/95, em sua quase totalidade, encaminhados aos Juizados Especiais Criminais (JECrims) por se tratar de "lesão corporal", considerada uma infração menor. As penas alternativas que lhes são aplicadas terminam num cumprimento formal, como a entrega de um conjunto de cestas básicas à vítima.

Mas talvez o verdadeiro termômetro da ambivalência da lei, que se pretende moderna, contratual, igualitária, mas permanece com os "pés de barro" profundamente fincados no sistema de *status* que é o gênero, seja o tratamento jurídico dado ao crime de estupro no Brasil. De fato, se o estupro cruento, anônimo, *de rua*, é um crime com baixa incidência, quando comparado com os números relativos dos crimes de gênero que ocorrem no âmbito doméstico e entre pessoas que mantêm laços familiares – estimados em aproximadamente 70% do total dos crimes de gênero, nas projeções mundiais e também nas brasileiras –, por várias razões e em relação com vários temas, este tipo de estupro mais espetacular e mais próximo à concepção do que é um crime desde uma perspectiva do senso comum revela, quando examinado de perto, muitos dos elementos que constituem a economia violenta própria da estrutura de gênero.

A lei brasileira considera formalmente crime de estupro a conjunção carnal com penetração vaginal, e incorpora todas as outras formas de estupro não genitais, como coito oral ou anal forçado, à figura jurídica de *atentado violento ao pudor*.[6] Ao optar por este enfoque no seu ato de nomeação, a lei revela, mais uma vez, que zela pela herança e pelo patrimônio familiar, que passam através do corpo feminino, e não pela pessoa da mulher agredida. Em consonância com isso, no Código Penal brasileiro, o estupro e o atentado violento ao pudor são *crimes contra os costumes* e não *crimes contra a pessoa*. Verifica-se aqui, no discurso jurídico, a condição da mulher como *status*-objeto, *status*-instrumento da linhagem e da herança,

---

6. Tal qual a ressalva feita no Capítulo 1, e haja vista a data do presente texto (2003), com as alterações promovidas no Código Penal, algumas das informações já não se encontram vigentes. Com o advento da Lei 12015 de 2009, o crime de estupro foi ampliado para abranger o antigo atentado violento ao pudor, bem como outros atos libidinosos. Ampliou-se também o entendimento de quem pode ser sujeito ativo e passivo do crime, possibilitando que tanto homens quanto mulheres possam ser julgados como perpetradores e vítimas de estupro. Além disso, o crime de estupro passou de crime contra os costumes para crime contra a liberdade sexual, baixo o título de crime contra a dignidade sexual. Apesar de considerar bem-vindas as mudanças na lei, Rita Segato, como evidencia o presente texto, entende o estupro não como um crime contra a dignidade sexual, mas sim contra a pessoa. (N.T.)

status-dependente e vinculado à honra masculina. A lei tradicional do *status* infiltra-se na lei moderna do contrato jurídico.

Somente para mostrar que essa tensão entre o sistema de *status* e o sistema de contrato está também inscrita nos discursos de outras latitudes sobre o estupro, vale a pena mencionar a definição ampliada, inclusiva, utilizada pelas prostitutas de Londres em suas acusações de estupro. Sophie Day constata, no seu artigo sobre o assunto, que a violência física ou a ameaça de violência são classificadas juntamente com a violação do contrato de prestação de serviços acordado.[7] Desse modo, se o cliente retira o preservativo sem obter um consentimento prévio, não paga o preço combinado, paga com um cheque sem fundos ou impõe práticas não combinadas no momento de contratação do serviço, todas essas formas de ruptura de contrato são classificadas como *rape* – estupro – pelas profissionais do sexo londrinas. A ruptura do contrato é assim assinalada pela reemergência de uma lei prévia de um direito que se apresenta como pré-existente e que autoriza a dominação masculina, ancorada na relação de *status* constitutiva do gênero tal como a moral e os costumes a reconhecem. Essa relação entre posições hierarquicamente ordenadas desconhece – *e provavelmente sempre desconhecerá* – a lei igualitária do contrato, em qualquer uma de suas formas, seja a de compra e venda de um serviço sexual ou a de um acordo de respeito mútuo entre as pessoas cidadãs de uma nação moderna. Trata-se, como argumenta Carole Pateman em sua obra seminal *O contrato sexual*, de dois regimes irredutíveis, um se perpetuando nas sombras e nas fissuras do outro.[8]

É novamente o crime de estupro ou, mais exatamente, a figura do estuprador a que introduz a maior perplexidade, quando,

---

7. S. Day, "What counts as rape? Physical Assault and Broken Contracts: Contrasting Views of Rape Among London Sex Workers", in P. Harvey e P. Gow (eds.), *Sex and Violence*, 1994.
8. C. Pateman, *The Sexual Contract*, 1988.

em seus enunciados, comprovamos a estranha contradição entre moralidade e legalidade. No discurso dos estupradores, tal como o registramos com uma equipe de estudantes da Universidade de Brasília, muitos se revelaram como os mais moralistas entre os homens. Em seus relatos, o estupro emerge como um ato disciplinador e vingador contra uma mulher genericamente abordada. Um ato que se ampara no mandato de punir e retirar a vitalidade de uma mulher percebida como desacatando e abandonando a posição que lhe é reservada no sistema de *status* da moral tradicional.

Nesse sentido, para muitos, ao invés de um crime, o estupro constitui uma punição, e o estuprador, ao invés de um criminoso, muitas vezes entende a si mesmo como um moralizador ou um vingador da moral. Um entrevistado disse-nos, de maneira paradigmática: "somente a mulher crente (aqui no sentido de evangélica) é decente", querendo dizer, dentro do contexto em que falava, que "somente é crime estuprar uma mulher evangélica". Longe de ser uma anomalia, esse exemplo é uma revelação paradigmática que contradiz frontalmente o que, de um ponto de vista de senso comum, pensamos ser a relação entre a moral e a lei. Aquele cujo juízo moral recai sobre a mulher com total severidade é o mesmo que comete o que, no léxico jurídico brasileiro, é um *crime hediondo*.

A moral tradicional envolve a mulher em uma suspeita que o estuprador não pode suportar, pois essa suspeita recai sobre ele e sua incapacidade de desfrutar do direito viril de exercer controle moral sobre uma mulher genérica – não exatamente aquela que ele tem materialmente à mão no momento do crime – que está se tornando cada vez mais autônoma e irreverente em relação ao sistema de *status* em nome do qual muitos estupradores racionalizam seu ato. O desprezo por essa mulher genérica, pessoa moderna, cidadã autônoma, emascula o estuprador, que restaura o poder masculino e sua moralidade viril no sistema, colocando-a em seu lugar relativo por meio do ato criminoso que ele comete. Essa é a economia simbólica do estupro como um crime moralizador, embora ilegal.

Direitos humanos das mulheres e direitos humanos dos povos: uma relação tensa

Isso nos leva ao último tópico que achei apropriado abordar aqui, como parte deste esboço muito sucinto de minhas ideias. Embora possa parecer contraditório – e é precisamente esse efeito de perplexidade que desejo produzir –, a posição das mulheres, ou, mais precisamente, sua submissão, é e sempre foi o índice por excelência da dignidade de um povo.

Para ilustrar essa complexa formulação, recorro a uma frase do grande intelectual negro estadunidense W.E.B Du Bois, que me parece paradigmática do impasse entre a aspiração libertária das mulheres e a moralidade dos povos:

> Perdoarei muitas coisas ao Sul branco no dia do juízo final: perdoarei sua escravidão, pois a escravidão é um velho hábito do mundo; perdoarei sua luta por uma causa bem perdida e por se lembrarem dessa luta com lágrimas de ternura; perdoarei o que chamam de 'orgulho da raça', a paixão por seu sangue quente e até mesmo seu querido, velho e risível esnobismo e pose; mas uma coisa não perdoarei nunca, nem neste mundo nem no mundo por vir: sua insultante, contínua e persistente desonra às mulheres negras, que ele procurou e procura prostituir para sua luxúria.[9, 10]

---

9. W. E. B. Dubois, *Darkwater: Voices from Within the Veil*, 1969, p. 172.
10. Traduzido do texto original pela tradutora: *"I shall forgive the white South much in its final judgement day: I shall forgive its slavery, for slavery is a world-old habit; I shall forgive its fighting for a well-lost cause, and for remembering that struggle with tender tears; I shall forgive its so-called 'pride of race', the passion of its hot blood, and even its dear, old, laughable strutting and posing; but one thing I shall never forgive, neither in this world nor the world to come: its wanton and continued and persistent insulting of the black womanhood which it sought and seeks to prostitute to its lust."* (N.T)

Encontrei essa frase reveladora revisitada em um texto recente de Paulette Pierce e Brackette Willians, cujo comentário aponta para o entendimento do autor de que "a civilização dependeu da qualidade das mulheres de uma nação ou raça"[11, 12] e, portanto, somente a reforma e a domesticação das mulheres podem redimir toda a raça. É por isso que, na refundação contemporânea da nação do Islã nos Estados Unidos pelo poderoso líder negro Farrakhan, a redomesticação das mulheres negras, sua subjugação e sua internação compulsória nas tarefas específicas do papel feminino tradicional são características dominantes da comunidade.

É no corpo feminino e no seu controle pela comunidade que os grupos étnicos inscrevem sua marca de coesão. Há um equilíbrio e uma proporcionalidade entre a dignidade, a consistência e a força do grupo e a subordinação feminina. Autoras negras estadunidenses, como bell hooks e a já mencionada Brackette Williams, foram pioneiras na denúncia dessa estrutura: a moral do grupo é severamente dependente da sujeição das mulheres, e é aí que reside um dos obstáculos mais difíceis para a lei moderna em sua tentativa de garantir a autonomia feminina e a igualdade. A liberalidade das mulheres no sistema moral tradicional, baseado no *status*, castra os homens e provoca a fragilidade do grupo. Comprovamos essa mecânica muitas vezes.

Uma autora estadunidense da década de 1940, Ruth Landes, já havia percebido e apontado esse curioso *impasse*, absurdo quando considerado sob a perspectiva da legalidade moderna, mas plausível quando abordado a partir de uma emocionalidade ainda profundamente enraizada na moralidade tradicional. Ruth Landes dizia que em um regime como o da

---

11. P. Pierce e F. B. Williams, "'And Your Prayers Shall Be Answered Through the Womb of a Woman' Insurgent Masculine Redemption and the Nacion of Islam", in B. F. Williams (ed.), *Women out of Place. The Gender of Agency and the Race of Nationality*, 1996, p. 194-95.
12. Traduzido do texto original pela tradutora: *"(...) civilization depended upon the quality of a nation/race's womanhood."* (N.T.)

escravidão, como em qualquer sistema resultante de um confronto bélico, são os homens do povo derrotado os grandes perdedores, enquanto as mulheres são libertadas pela ruptura dos laços patriarcais tradicionais.[13]

Qual é a consequência de tudo isso nos dias atuais, nos quais lutamos pela igualdade entre os gêneros e pela erradicação da violência que desde sempre organiza o sistema de *status*? A consequência é que, quando o movimento feminista ocidental chega com a cartilha de direitos humanos para determinados grupos, como o movimento negro ou as sociedades indígenas, encontra uma fronteira intransponível. Já passei por essa experiência mais de uma vez. Recentemente, no final de 2002, por exemplo, quando fui convidada pela Fundação Nacional do Índio[14] para trabalhar com 41 lideranças indígenas femininas de todo o Brasil na formulação de um conjunto de políticas públicas que, pela primeira vez, proporcionaria ações afirmativas para as mulheres indígenas, eu as vi hesitando, deliberando, recuando e sacrificando possíveis denúncias e reivindicações por medo de enfraquecer a unidade das sociedades das quais fazem parte. As mulheres mostraram-se divididas entre duas lealdades: a lealdade ao gênero e a lealdade ao grupo étnico. E esse tipo de lógica repetiu-se com regularidade, possibilitando a conclusão de uma importante lição, que aqui menciono de forma sucinta: que os conjuntos de direitos, infelizmente, não se somam, mas se encontram em tensão, e que essa tensão é irredutível.

Os direitos das mulheres dos povos indígenas são um paradigma dessas múltiplas dificuldades. Após o início do período de intenso contato com a sociedade nacional, as mulheres indígenas passam a padecer de todos os problemas e desvantagens das mulheres ocidentais, mais um: o imperativo inevitável e

---

13. R. Landes, "Negro Slavery and Female *Status*", in *Journal of the Royal African Society*, 1953.
14. Desde 2023, renomeada Fundação Nacional dos Povos Indígenas. (N.T.)

inegociável de lealdade ao povo ao qual pertencem devido ao caráter vulnerável desses povos. A mulher branca ocidental pode atacar o homem branco no topo da pirâmide social com slogans feministas, mas a mulher indígena não pode fazer isso, sob o risco de fragmentar a frente de luta que ela considera ser a principal: a luta pela defesa dos direitos étnicos. Se elas reivindicam seus direitos com base na ordem individualista, parecem ameaçar a permanência dos direitos coletivos nos quais repousam o direito comunal à terra e uma economia doméstica que depende da contrapartida de gênero em uma divisão sexual tradicional do trabalho. Isso também fragiliza as reivindicações das mulheres indígenas e a legitimidade de suas demandas por direitos individuais, que são, por definição e por natureza, *universais*, e cujos pleitos são dirigidos aos foros de direito estatal e de direito internacional, indo além da jurisprudência tradicional do grupo étnico.

Um caso clássico de repercussão mundial que podemos citar para ilustrar o impasse entre os direitos humanos das mulheres e o direito consuetudinário dos povos é o da excisão genital feminina – também chamada de *mutilação genital* – praticada nos países islâmicos africanos. Percebe-se uma evidente tensão entre uma prática que vitimiza e prejudica a saúde das mulheres, mas que, por outro lado, dá origem a uma marca corporal diacrítica fundamental de pertencimento ao grupo. Essa tensão paradoxal entre o que é bom para o grupo e o que é bom para a mulher e suas consequências foi explorada na novela *Possessing the Secret of Joy*, da escritora negra estadunidense Alice Walker.[15] Muito se tem escrito sobre o paradoxo de direitos que o caso da excisão genital feminina representa (ver, por exemplo, a análise da tensão entre os interesses do grupo e os interesses das mulheres em Babatunde[16] e Diniz[17]),

---

15. A. Walker, *Possessing the Secret of Joy*, 1992.
16. E. Babatunde, *Women's Rights versus Women's Rites: a study of circumcision among the Ketu Yoruba of South Western Nigeria*, 1998.
17. B. Diniz, *Conflitos Morais e Bioética*, 2001.

e também vale a pena notar e refletir sobre o uso sub-reptício que dele se fez na Europa para, através da demonização da sua prática, consolidar os estereótipos "alterofóbicos" a respeito dos imigrantes africanos e muçulmanos.[18]

A solução habitual de nós antropólogas e antropólogos, que recorremos frequentemente ao relativismo de forma um tanto impensada e simplista, não é suficiente. Na nossa prática, em geral, não vamos além do relativismo aplicado aos povos, colocando em evidência a diferença de visões de mundo de cada cultura. Não vemos assim a parcialidade dos pontos de vista e dos grupos de interesse no seio desses povos, que caracteriza, sem exceção, relatividades internas que introduzem fissuras no consenso monolítico de valores que muitas vezes atribuímos às sociedades simples. Por menor que seja a aldeia, haverá sempre dissidências e grupos de interesse em seu interior. No entanto, a contrarregra aqui reside no fato de que enfatizar esses relativismos internos e enfatizar as diversas perspectivas e vontades dentro do grupo conduz, perigosamente – como era do conhecimento dos colonizadores britânicos e todos os impérios sabem – ao seu enfraquecimento, provocando a fragilidade dos seus interesses comuns e da sua unidade na resistência e na luta política. A decisão entre essas alternativas não é simples, e todas as consequências devem ser ponderadas e pesadas em pormenor para cada conjuntura histórica. Não há lugar aqui para uma ciência que vira as costas à política do bem-estar geral e à ética da beneficência, nem para decisões que ponham em risco a sobrevivência a longo prazo da mais ampla variedade possível de soluções societais. Ambos desejos, entretanto, encontram-se frequentemente em tensão.

Chegamos, portanto, à comprovação de que, infelizmente e ao contrário do que se poderia pensar, os direitos não se somam nem se completam em um repertório pacífico de normas

---

18. M. C. Álvarez Degregori, *Sobre la mutilación genital femenina y otros demonios*, 2001.

cumulativas. Muito pelo contrário, encontram-se em uma articulação tensa e contraditória. A pergunta que aparece é a seguinte: como as mulheres de outros povos podem lutar por seus direitos sem que isso prejudique sua luta pelos direitos coletivos de seus grupos – e, em alguns casos, inclusive, pelos interesses do conjunto de uma nação em uma luta anti-imperalista – sem que isso seja nocivo para a coesão dos mesmos?

Em síntese, assim como os direitos dos povos (ou grupos étnicos) estão em tensão com os direitos da nação no que diz respeito a sua soberania e sua unidade, os direitos humanos das mulheres são perecebidos desde a perspectiva da moral tradicional e do sistema de *status* como contradizendo e em tensão insolúvel com os direitos étnicos do povo, em sua unidade e sua soberania, quase sempre emblematizados na figura de um direito masculino, guerreiro e territorial. O corpo das mulheres, no sistema de *status*, como demonstram os estupros que ocorrem durante a ocupação de um território nas guerras pré-modernas e também nas modernas, é parte indissociável de uma noção ancestral de território, que volta, repetidamente, a se infiltrar de forma intrusiva no texto e na prática da lei.

Direitos, publicidade e história

No entanto, é necessário introduzir aqui uma última torção no argumento, para advertir que, apesar dos aspectos negativos assinalados a respeito da inaptidão da esfera do contrato – que se concretiza na lei – para arranhar a esfera do *status* – que se realiza na tradição –, legislar é, porém, necessário se tivermos em conta outras formas de eficácia da lei, subprodutos talvez mais interessantes do que a sua produtividade estrita de cláusulas destinadas a orientar positivamente as sentenças dos juízes.

A lei contribui de outras formas para a transformação das posições e subjetividades de gênero. Podemos entender a cultura como um conjunto de *chips* que nos programam, mas não de forma automática e necessária, pois assim como foram instalados – pelo costume, pela exposição às primeiras cenas da vida familiar – também podem, ao menos teoricamente, ser desinstalados. Isso ocorre porque os seres humanos possuem a característica da reflexividade: eles podem identificar seus próprios *chips* e podem avaliá-los, julgá-los eticamente e desaprová-los. A lei contribui para essa longa e árdua busca de reflexividade e instala uma nova e distinta referência moral e, quem sabe, um dia, ela possa representar a moralidade dominante. Se esse dia ainda não chegou, é porque depende não apenas da democratização do acesso aos recursos – materiais e legais – e às profissões, mas também de uma profunda reforma dos afetos. Por isso, o efeito do direito não é nem linear nem causal, mas depende da sua capacidade de ir formando e consolidando um novo e igualitário ambiente moral.

É possível identificar alguns dos processos pelos quais a lei alcança esse impacto e eficácia. Em primeiro lugar, a lei nomeia, dá nomes às práticas e às experiências que são desejáveis e indesejáveis para uma sociedade. Nesse sentido, o aspecto mais interessante da lei é que ela constitui um sistema de nomes. Os nomes, uma vez conhecidos, podem ser acatados ou debatidos. Sem simbolização não há reflexão, e sem reflexão não há transformação: a pessoa não pode trabalhar sua subjetividade a não ser a partir de uma imagem que tem de si mesma. O discurso da lei é um desses sistemas de representação que descreve o mundo como ele é e prescreve como ele deve ser, pelo menos do ponto de vista dos legisladores. A pessoa tem a oportunidade de reconhecer a si mesma e de identificar aspectos de seu mundo nos nomes que a lei disponibiliza para ela, pode acatar o que a lei indica como falhas e concordar com suas intenções, ou pode refutá-las no campo político com base em um sentimento ético dissidente e até mesmo desobediente. Mas se estabelece assim uma dinâmica de produção de moralidade e desestabilização do mundo como uma paisagem natural.

A formulação da lei previne a ancoragem dos sujeitos sociais em práticas prescritas como imutáveis. Por meio da produção de leis e da consciência por parte dos cidadãos e cidadãs de que as leis se originam em um movimento constante de criação e formulação, a história deixa de ser um cenário fixo e preestabelecido, um dado da natureza, e o mundo passa a ser reconhecido como um campo em disputa, uma realidade relativa, mutável e plenamente histórica. Esse é o verdadeiro golpe para a ordem de *status*. Essa consciência desnaturalizadora da ordem vigente é a única força que a desestabiliza. Os protagonistas do drama de gênero deixam de ver-se como sujeitos inertes em uma paisagem inerte, como sujeitos fora da história, como sujeitos que o tempo não envolve na responsabilidade da transformação e cuja consciência exclui a possibilidade de decidir e escolher entre alternativas, prisioneiros de uma *natureza-essência-outro*, de um programa inexorável percebido como biológico e, portanto, inevitável. "*This is the sound of inevitability*" – esse é o som da inevitabilidade – diz um dos carcereiros da Matrix a Neo, o herói desestabilizador da poderosa virtualidade percebida como realidade para o benefício das máquinas. O que temos de produzir, incansavelmente, são os sinais da evitabilidade.

Para isso há uma condição indispensável: a midiatização dos direitos. A visibilidade dos direitos constrói de forma persuasiva a jurisdição. O direito é retórico por natureza, mas a retórica depende dos canais de difusão, precisa de publicidade. É necessário que a propraganda e os meios de comunicação em geral trabalhem em favor da evitabilidade, e não contra ela.

Uma palavra sobre estruturas

Em resumo, minha aposta é que uma das estruturas elementares da violência está na tensão constitutiva e irredutível entre o sistema de *status* e o sistema de contrato. Ambos correlativos e coetâneos no último trecho da longa pré-história patriarcal da humanidade.

O sistema de *status* baseia-se na usurpação ou expropriação do poder feminino pelos homens. Essa cobrança garante o tributo de submissão, domesticidade, moralidade e honra que reproduz a ordem de *status*, na qual os homens devem exercer seu domínio e exibir seu prestígio diante de seus pares. Ser capaz de realizar essa exação de tributo é o pré-requisito imprescindível para participar da competição entre iguais com a qual o mundo da masculinidade é concebido. É na capacidade de dominar e de exibir prestígio que se assenta a subjetividade dos homens, e é nessa posição hierárquica, que chamamos de *masculinidade*, que seu senso de identidade e humanidade estão entrelaçados. A estrutura dos rituais de iniciação masculina e os mitos de criação falam universalmente dessa economia de poder baseada na conquista do *status* masculino mediante o expurgo das mulheres, de sua contenção no nicho restrito da posição a elas atribuída pela moralidade tradicional e do exorcismo do feminino na vida política do grupo e na psique dos homens.

Enquanto isso, a posição ambivalente da mulher como um termo que participa desse ciclo, dessa economia simbólica, mas que também se refaz constantemente como um sujeito social e psíquico diferenciado e capaz de autonomia, faz com que uma parte dela se adapte à posição que lhe é atribuída, enquanto permanece um resto que não se encaixa totalmente na ordem de *status*, um algo mais, uma agência livre, um desejo por algo diferente da submissão. A mulher é, nesse sentido, uma posição híbrida, um anfíbio da ordem de *status* e da ordem do contrato, com uma dupla inserção no sistema total de relações.

O descompasso entre as posições e as subjetividades dentro desse sistema articulado, mas não totalmente consistente, produz e reproduz um mundo violento. Esse efeito violento resulta do mandato moral e moralizador de reduzir e aprisionar as mulheres em sua posição subordinada, por todos os meios possíveis, recorrendo à violência sexual, psicológica e física, ou pela manutenção da violência estrutural da ordem social e econômica no que hoje os especialistas já estão descrevendo como a "feminização da pobreza".[19]

Essa também é a célula violenta que está no fundo de toda relação de poder entre termos classificados como diferentes em *status*, seja pelo marcador de raça, etnia, nacionalidade, região ou qualquer outra inscrição que opere no tipo de estrutura de relações que hoje chamamos de colonialidade. É essa célula de usurpação e resistência baseada em um costume que chamamos de *moral*, com raízes e dinâmicas patriarcais, que se reproduz e prolifera nas economias de poder em que o *status* se infiltra no contrato e na lei cidadã.

Sendo assim, é possível afirmar que o sistema não se reproduz automaticamente, tampouco está predeterminado a reproduzir-se como consequência de uma lei natural, mas o faz por meio de um ciclo repetitivo de violência, em seu esforço para a restauração constante da economia simbólica que organiza estruturalmente a relação entre os *status* relativos de poder

---

19. Ocorre hoje um fenômeno mundial denominado internacionalmente de feminização da pobreza. Isso quer dizer que, no conjunto de um milhão e quinhentas mil (1.500.000) pessoas que vivem com um dólar ou menos por dia, a maioria é constituída por mulheres. Em todo o mundo, segundo dados da ONU divulgados no encontro mundial Pequim +5, que avaliou os cinco anos do IV Congresso Mundial sobre a Mulher, as mulheres ganham pouco mais da metade do que recebem os homens. Ou seja, a pobreza, no mundo, afeta mais as mulheres, e os efeitos negativos do processo de globalização da economia repercutem desproporcionalmente sobre elas" (AGENDE, 2002, p. 53). (N.A.)

e subordinação representados por homens e mulheres como ícones das posições masculina e feminina, bem como todas as suas transposições no espaço hierárquico global.

Elogio aos homens na luta antissexista e aos brancos na luta antirracista

Confesso que fiquei surpresa ao saber que o juiz Baltasar Garzón, um internacionalista que atua no espaço público global em tempo integral por vocação, também lida com a violência de gênero. Eu nunca tinha ouvido falar de um caso assim, de um homem que se preocupa com o que acontece na intimidade das pouco prestigiosas relações de gênero, embora suas ocupações habituais estejam tão distantes no prestigioso mundo do internacionalismo. Ele tem minha admiração por isso. Temos, na Espanha, um magistrado com uma ética feminista, uma ética sensível ao "outro", que se deixa tocar por sua diferença e seu sofrimento.

Acredito que este é o caminho: que o tema saia das mãos exclusivas das mulheres, já que, assim como o racismo deve ser compreendido como um problema também das pessoas brancas, cuja humanidade se deteriora e se degrada ante cada ato racista, o sexismo deve ser reconhecido como um problema dos homens, cuja humanidade se deteriora e se degrada ao ser pressionados pela moral tradicional e pelo regime de *status* a retomar, todos os dias, pela força ou pela manha, sua posição de dominação.

Bibliografia

AGENDE (Ações em Gênero, Cidadania e Desenvolvimento). *Direitos Humanos das Mulheres... em outras palavras. Subsídios para capacitação legal de mulheres e organizações.* Brasília: AGENDE, SEDIM (Secretaria de Estado dos Direitos da Mulher), UNIFEM (Fundo de Desenvolvimento das Nações Unidas para a Mulher), 2002.

____. *O Brasil e a Convenção sobre a Eliminação de Todas as Formas de Discriminação contra a Mulher. Documento do Movimento de Mulheres para o cumprimento da Convenção sobre a Eliminação de Todas as Formas de Discriminação contra a Mulher – CEDAW pelo Estado Brasileiro: Propostas e Recomendações.* Brasília: AGENDE, Fundação Ford, UNIFEM, 2003a.

____. "Lançamento do Relatório do Movimento de Mulheres sobre a CEDAW", *Boletim Eletrônico No 3/2003, Os Direitos das Mulheres Não São Facultativos.* Brasília: AGENDE, 10 de jun, 2003b.

____. "Monitorando a 29a. Sessão do Comitê CEDAW (parte I). A reunião do Comitê da CEDAW com as ONGs brasileiras", *Boletim Eletrônico N° 05/2003, Os Direitos das Mulheres Não São Facultativos* (edição especial). Brasília: AGENDE, 4 de jul, 2003c.

____. "Avaliação do Relatório Oficial Brasileiro para a CEDAW". Brasília: AGENDE, 2003d.

ÁLVAREZ DEGREGORI, María Cristina. *Sobre la mutilación genital femenina y otros demonios.* Barcelona: Universitat Autónoma de Barcelona, Publicacions d'Antropologia Cultural, 2001.

BABATUNDE, Emmanuel. *Women's Rights versus Women's Rites: a study of circumcision among the Ketu Yoruba of South Western Nigeria.* Nova Jersey: Africa World Press, 1998.

DAY, Sophie. "What counts as rape? Physical assault and broken contracts: contrasting views of rape among London sex workers", in HARVEY, Penelope e COW, Peter (org.). *Sex and Violence.* Londres: Routledge, 1994.

DINIZ, Débora. *Conflitos Morais e Bioética.* Brasília: Letras Livres, 2001.

DU BOIS, W. E. B. *Darkwater: Voices from Within the Veil.* Nova York: Schocken Books, [1920] 1969.

FUNDAÇÃO PERSEU ABRAMO. Pesquisa "A mulher brasileira nos espaços público e privado". Fundação Perseu Abramo, Núcleo de Opinião Pública. Governo do Partido dos Trabalhadores, Projeto para o Plano Nacional de Segurança Pública, cap. 7. São Paulo: 2003.

LANDES, Ruth. "Negro Slavery and female *status*", *Journal of the Royal African Society,* vol. 52, 1953.

PATEMAN, Carole. *The Sexual Contract*. Stanford: Stanford University Press, 1988.

PHILLIPS, Eileen (org.). *The Left and the Erotic*. Londres: Lawrence and Wishart, 1983.

PIERCE, Paulette e WILLIAMS, Brackette F. "'And Your Prayers Shall Be Answered Through the Womb of a Woman' Insurgent Masculine Redemption and the Nacion of Islam", in WILLIAMS, Brackette F. (org.). *Women out of Place. The Gender of Agency and the Race of Nationality*. Nova York; Londres: Routledge, 1996.

SEGATO, Rita Laura. "Uma Agenda de Ações Afirmativas para as mulheres indígenas do Brasil", *Série Antropologia 326*. Brasília: Departamento de Antropologia da Universidade de Brasilia/FUNAI/GTZ, 2002.

WALKER, Alice. *Possessing the Secret of Joy*. Nova York: Pocket Books, 1992.

6. A economia do desejo no espaço virtual: falando sobre religião pela internet*

* Alguns anos após a publicação da primeira versão, em inglês, deste artigo (*"The economics of desire in virtual space: talking Christianity in the net"*, Série Antropologia 193, Brasília, Departamento de Antropologia, Universidade de Brasília, 1995) e um ano depois de ter sido publicado em espanhol (*"La economía del deseo en el espacio virtual: conversando sobre cristianismo en el Internet"*, in Masferrer Kan, Elio (org.) *¿Sectas o iglesias? Viejos o nuevos movimientos religiosos*, México, DF, Plaza y Valdez/UNAM, 1998), Slavoj Žižek (1999) publicou, pela primeira vez, uma análise do papel da fantasia no ciberespaço que o leva a formulações muito semelhantes às minhas neste trabalho. Nele, Žižek também faz referência à passividade do Tamagotchi, motivo de minha epígrafe, e, assim como eu, questiona o impacto das conversas pela Internet na formação edípica do sujeito. Žižek questiona-se, da mesma forma que eu, se esta nova tecnologia terá efeitos transformadores e se nos permitirá superar o impasse edípico, resultando em novas formas de emergência do sujeito. As conclusões de Žižek na época da primeira edição de sua análise são um pouco mais otimistas que as minhas. (N.A.)

> [...] *"Ele não faz o que eu quero"*,
> *disse Laurita sobre seu cachorro,*
> *insistindo para que comprassem*
> *um Tamagotchi para ela.*

Entre julho e setembro de 1995, acompanhei várias discussões e conversas sobre cristianismo e temas bíblicos em pontos de encontro de pessoas interessadas em debater assuntos religiosos na internet. Minha intenção era utilizar esse tema para indagar a natureza das relações propiciadas pela internet e comprovar como uma determinada tecnologia marca e modifica a expressão e o caráter mesmo das adesões de fé e do enfrentamento entre credos distintos. Era evidente que o tema das articulações entre relações sociais e opções religiosas se encontrava aqui em um novo ambiente, desenhado por uma nova tecnologia. Uma tecnologia que possibilita a emergência ou o fortalecimento de uma nova forma de sociabilidade, de um padrão de trocas que poderá generalizar-se e dominar as relações sociais em geral, servindo-lhes como modelo.

Para esta análise de como o meio constrói os sujeitos e impõe a forma das relações, as quais, por sua vez, acabam modificando o próprio universo temático do qual fazem parte – neste caso, a religião –, infrinjo, sob a influência do pensamento teórico contemporâneo e da abertura transdisciplinar que ele propõe, o que tem sido possivelmente um dos tabus mais consistentes e arraigados das ciências sociais: sirvo-me de conceitos psicanalíticos. A psicanálise permite expor algumas das características que considero determinantes para o funcionamento do sistema de relações que chamamos de internet. Quero enfatizar que não há um método simples ou uma estrutura transparente para a consciência. Se desejamos escrutinar e expor características insuspeitas dos processos e transformações introduzidas pelas novas tecnologias em campos tão tradicionais como o da religião, entre outros, precisamos nos arriscar a usar um instrumental de análise tão radical em sua capacidade reveladora e em seu potencial crítico quanto desconcertantes nos parecem as novas formas de sociabilidade que observamos.

Sites cristãos no ciberespaço

Como argumentei em outra ocasião, considero que é possível acessar uma nova compreensão do que são os credos e as adesões religiosas em geral, não mais a partir do ponto de vista de seu conteúdo – *ethos*, preceitos, valores – em contextos históricos específicos, mas abordando-os na trajetória que percorrem dentro de um circuito de trocas. No caso particular do cristianismo, assim como em outras religiões expansionistas, isso se torna possível quando percebemos que o texto cristão pode ser inserido, como outros textos, em um sistema de relações, independentemente das questões doutrinárias específicas que lhe são próprias. Adesões a um ou outro conjunto de ideias, ou seja, credos propriamente ditos, podem servir como moeda corrente em um sistema de comunicação. Nesse sentido, a análise da maneira como um determinado conjunto de crenças circula pode nos interessar não apenas – como usualmente tem sido feito – do ponto de vista da cosmologia ou do sistema de crenças, mas também por expor e identificar modalidades de relação entre partes, sejam elas pessoas, comunidades ou povos inteiros. É esse tipo de conhecimento, ou, mais precisamente, desmascaramento de uma modalidade de relação que me interessa aqui. Portanto, caracterizar a fé ou o cosmos que circula entre as partes que dialogam pela internet perde aqui sua centralidade habitual na análise.[1]

Aqui, examino uma estrutura em que a exortação ao compromisso com a fé cristã em geral é o centro da comunicação entre pessoas interlocutoras aparentemente marcadas por uma relação de alteridade, mas que se dá dentro de uma estrutura estritamente não hierárquica, como é sabidamente o caso da internet. Nesse meio, é possível encontrar uma quantidade crescente de *sites* nos quais ocorrem encontros mutuamente consentidos, impulsionados pela iniciativa individual, decorrente de vontades e esforços equivalentes por parte de todas as pessoas participantes. Todas elas estão à mesma "distância" (virtual) da sala de bate-papo (*chatting room*) onde convergem para "conversar", o que indica que o investimento de esforço demandado de todas e cada uma das partes é praticamente idêntico. Isso estabelece, desde o início, uma base igualitária para a troca.

Um dado curioso pode servir como guia para a reflexão sobre esse universo. Nos primórdios da transmissão virtual, em julho de 1995, existiam dois *sites* gêmeos na *World Wide Web* (*WWW*), emitidos a partir do mesmo andar do mesmo prédio (o escritório no 17º andar do Grupo de Engenharia Eletrônica da Universidade Tecnológica de Delft, Países Baixos). Eles podiam ser localizados nos seguintes endereços eletrônicos: *http:/olt.et.tudelft.nl/fun/bible.html* e *http:/olt.et.tudelft.nl/fun.pictures/porno.html*. Variando apenas duas palavras em sua identificação (observe que ambos os endereços se leem da mesma forma até o termo "*fun*"), o primeiro deles emitia

---

[1]. Em outro ensaio, analiso a entrada da Bíblia através do contato missionário na América Latina a partir desse ponto de vista, sugerindo que, nesse encontro e como parte do sistema de trocas que ele estabelece, a Bíblia é transformada em um significante que fetichisticamente remete ao pacote completo das riquezas materiais e avanços tecnológicos do mundo originário dos missionários, tornando-se aos olhos de seus receptores um tipo particular de "carga" não muito diferente da cultivada pelos nativos das ilhas do Pacífico (Segato, 1995). (N.A.)

203

textos bíblicos e o segundo, fotografias pornográficas. Ambos eram organizados pela mesma pessoa, que administrava conjuntamente, a partir do mesmo local, "o vil arquivo de imagens digitais do 17º andar" que, citando suas próprias palavras, "até recentemente, [...] era um dos sites mais movimentados do mundo", e também divulgava *online* o texto completo da Bíblia, indexado por temas. Além disso, diariamente divulgava um "tema bíblico do dia".

Embora não se tratasse de salas de bate-papo (*chat rooms*), mas sim de *sites* divulgados através da WWW, menciono aqui sua existência paralela como exemplar, paradigmática e premonitória do fato de que ambos os itens, ainda que aparentemente tão distintos, puderam funcionar como moeda corrente da mesma economia, percorrendo circuitos da mesma natureza, com idêntica "função" nesse sistema de trocas. Em resposta a uma mensagem que enviei, pedindo informações sobre a criação desses dois *sites*, Patrick Groeneveld, superando minhas expectativas mais fantasiosas, escreveu:

> Éramos uns poucos entusiastas da computação explorando novas possibilidades da Internet (isso foi em 1990, quando tudo ainda era muito novo). Ter a Bíblia *online* nos pareceu uma boa ideia (não sou de modo algum religioso), assim como também colocar as fotografias (pessoalmente, tampouco me interesso por essas imagens). Tecnicamente não é grande coisa [em inglês, incorrendo em um lapso, escreveu: "Technically, it is no big dear", um erro significativo que substitui "deal" por "dear", como sugeriria Jane Gallop, 1985], e foi incrível ver o "poder" da Internet, com centenas de milhares de pessoas nos visitando (patrick@moldau.et.tudelft.nl).

Assim, durante três meses, observei as trocas sobre cristianismo que ocorreram nos *newsgroups*, ou áreas para mensagens da rede *usenet*, dedicadas a esse tema. Os *newsgroups* são organizados por tópico de interesse e acessíveis através do *netscape*, geralmente gratuitos ou de baixo custo. Ali, pessoas geralmente afiliadas a universidades reúnem-se para expor, de forma consideravelmente exaustiva, aspectos de sua crença ou descrença. Os *newsgroups* também permitem o acesso a membros de redes comerciais, como *American Online* ou *Prodigy*. Os intercâmbios que promovem implicam a participação em um regime de diferentes pontos de vista, e o discurso das pessoas participantes é mais extenso e substantivo do que em outras salas de bate-papo, o que expõe mais suas posições. Por essa razão, escolhi esse tipo de *site* para obter material para minha análise.

Aparentemente, "como mais de 85% das pessoas online são homens [...] (e), apesar da expansão global dessa tecnologia, a população do *aether* ainda é relativamente homogênea, pelo menos em termos de gênero e raça", segundo afirmam Gary Wolf e Michael Stein,[2] sobre a base de dados regulares fornecidos pela equipe editora da revista *Boardwatch*.[3] A participação de minorias é restrita a grupos especializados em questões relacionadas a minorias. Além disso, "não há dúvida de que os norte-americanos predominam nas áreas que visitamos [...] [na Internet], os norte-americanos muitas vezes ultrapassam o número de outras nacionalidades".

> Uma vez detalhadas essas demografias *online* – predominantemente masculinas, predominantemente norte-americanas, predominantemente brancas –, ainda é possível argumentar que se trata de uma população diversa? Quem sabe, surpreendentemente, pensamos que sim. Por uma razão: as milhões de pessoas online divergem de muitas outras maneiras que não apenas em raça, sexo

---

2. G. Wolf e M. Stein, 1995, p. 18-20.
3. Não se pode deixar de questionar e comentar aqui por que a «expansão global» seria o fator que influenciaria a diversidade de «gênero e raça». Não são, por acaso, também norte-americanos os outros em termos de gênero e raça? (N.A.)

e nacionalidade. Não há unanimidade aqui [...], mas há uma notável variedade de culturas online.[4]

Encontramos, aqui, indicada a utopia peculiar da sociedade voluntária, em vez do também peculiar conceito alternativo de "aldeia global", comumente usado para definir esse meio. Como sugeriu Esther Dyson:

> [...] no ciberespaço, as comunidades são escolhidas pelos usuários e usuárias, não lhes são impostas por acidentes geográficos [...]. A maior parte das pessoas está vinculada ao país de seu nascimento, mas se alguém não gosta das regras de uma comunidade no ciberespaço, pode simplesmente se retirar. Ame-o ou deixe-o. [...] No ciberespaço, pode acontecer que novas comunidades se formem, livres das coerções que causam conflitos no mundo.[5]

Na verdade, o que se percebe é que o ideal de igualdade radical e de homogeneidade incontaminada dentro das fronteiras estabelecidas para cada grupo ou sociedade voluntária constitui, aqui, o horizonte axiomático. Algo não muito distante do ideal de pureza étnica: quem não for igual, quem não se sentir à vontade, pode retirar-se, desfiliar-se. O aparentemente sedutor e convincente "ame-o ou deixe-o" fala de um mundo sem persuasão e sem rendições, um mundo de beligerantes iguais, uma cena de conflagrações entre *egos* todos igualmente "empoderados", todos igualmente convictos de suas persuasões, livres em seus caprichos de permanecer ou partir. Mas também fala de uma realidade estanque, na qual nada, ou quase nada, desafia a arbitrariedade de suas vontades.

Frequentei uma variedade de *newsgroups*, a maioria deles correspondente às categorias *soc.* e *alt.*, nos quais o credo cristão e a leitura e interpretação da Bíblia eram a "moeda" corrente

---

4. Ibid.
5. E. Dyson, "If you don't love it, leave it", *The New York Times Magazine,* 1995, p. 27.

dos encontros. Havia, naquele momento, três *newsgroups* sobre cristianismo na hierarquia *soc.*: *soc.religion.christian*, *soc.religion.christian.bible-study* e *soc.religion.christian.youth-work*. O prefixo *soc.* refere-se ao fato de que esses grupos se concentram em temas culturais e de sociabilidade, e a abertura de novos grupos depende da aceitação e é mais restritiva do que a abertura de novos *alt. newsgroups*. A conversa nos grupos *alt.* permite um pouco mais de espaço para troca de informações – compartilhar de forma mais concreta dados sobre as Escrituras, dados históricos ou institucionais. Pelo menos é isso que os autores de *"Aether Madness"*, um manual técnico de divulgação sobre a Internet, dizem sobre os *Usenet newsgroups*, especialmente os da categoria *soc.*: "Os grupos *Usenet* voltados para temas cristãos exercem uma certa fascinação, derivada parcialmente do fato de que nunca se sabe quem aparecerá neles deixando seus pensamentos. Os tópicos abordados em *soc.religion.christian* e *soc.religion.christian.bible-study* oscilam entre se os anjos podem ser perfeitos ou se Jesus sofria de emissões noturnas".[6]

Os *newsgroups* da hierarquia *alt.*, onde *alt.* significa "alternativa", são ainda mais dinâmicos e geram um tráfego mais intenso na *Usenet* (aproximadamente a metade, de acordo com Wolf e Stein).[7] Uma lista incompleta dos *newsgroups* para os quais mensagens argumentativas são enviadas dá uma ideia inicial do caráter anárquico desse universo: *alt.religion.christian; alt.fan.jesus-christ; alt.bible.profecy; alt.religion.sexuality;* e o grupo inteiro dos grupos *alt.chrisnets.*: .atheism; secondcoming. real-soon-now; .bible; .christianlife; .christnews; .ethics; .philosophy; .prayer; .hypocrisy; .nudism; .sex; .sex.fetish.fat.furry. asian.watersports; .crybaby. mine.mine.mine; .dinosaur; dinosaur.barney; .bible-thumpers. convert.convert. convert; .eucharist.eat-me.eat-me.eat-me*, etc. Alguém até mesmo introduziu a possibilidade de criar um *alt.fuck.the skull.of. jesus*!

6. Ibid., p. 129.
7. G. Wolf e M. Stein, op. cit., p. 248.

Além disso, frequentemente a mesma mensagem é simultaneamente enviada para um conjunto de outros *newsgroups* e, portanto, o mesmo debate atravessa redes dedicadas a discutir tanto fé religiosa e diversidade cultural quanto sexualidade. Nessas interseções, as combinações vão desde vincular, reenviando a mesma mensagem, grupos não tão remotos, como *talk.origins; alt.blasphemy; alt atheism; alt.satanism; alt.pagan*, com grupos *soc.culture.*, como *.african.american; .arabic; .asian.american; .jewish;* etc.; e *alt.sex.* com grupos como *.swingers; .wizards*, etc. Um exemplo típico desse caso extremo foi uma mensagem que encontrei como resposta a um tópico de conversa iniciado anteriormente sob o título *"getting fucked in the ass by a german shepard"* ["sendo fodido no cu por um pastor-alemão"], que percorreu, em 31 de julho de 1995, os *newsgroups alt.religion.christian, alt.atheism, alt. sex, alt.sex. masturbation, alt.tv.mtv, alt.sex.stories.d, alt.sex. sounds, alt.sex.prom, alt.sex. pictures.female, alt.sex.breast, alt.sex.stories, alt.sex.fetish.waifs, alt.sex.trans, alt.sex.exhibitionism, alt.binaries.pictures.erotica.bestiality, alt.sex.wanted*, e *alt.binaries.pictures.tasteless*. Obviamente, trata-se de um caso entre muitos de humor juvenil e, por certo, muitos debates que ocorrem aqui têm um caráter mais formal.

Falando sobre a crença no *aether space*

Retratar como o discurso se desenvolve nesse meio não é simples. Depois de descartar várias estratégias etnográficas, acabei acreditando ser uma tarefa impossível. As trocas preenchem dezenas de folhas impressas pelo computador, nas quais a argumentação às vezes é extremamente detalhada e minuciosa, e outras vezes desconexa e entrecortada por extrapolações inconsistentes. As extravagâncias são abundantes e marcam fortemente o estilo geral dos diálogos. Portanto, decidi elaborar um relatório do que ocorre e entendi que minha contribuição poderá ser avaliar a qualidade do diálogo no "éter". Percorro a fronteira sutil onde a reflexão mal é capaz de tocar o empírico, ciente da impossibilidade desse contato. É uma experiência familiar para antropólogas e antropólogos: a percepção vai, dolorosamente, muito além de sua habilidade para inscrever um mundo. No entanto, antes dessa tentativa, não havia percebido o quanto uma dimensão comunicativa não-verbal vem em nosso auxílio nas descrições etnográficas normais. No ambiente exclusivamente verbal do universo das relações no *Usenet*, é realmente difícil descrever, relatar com voz própria. De qualquer forma, há, sim, pelo menos uma vantagem no trabalho dentro desse campo peculiar: usando os endereços eletrônicos que menciono, a leitora e o leitor podem visitar os sites por seus próprios meios.

Alguns exemplos dos tópicos mais populares que surgiram e foram tratados durante o período em que acompanhei esses *sites* são os seguintes: *"Did Adam and Eve have navels?"* [Adão e Eva tinham umbigos?]; *"prove to me that God exists"* [provem-me que Deus existe]; *"do atheists exist?"* [os ateus existem?]; *"find errors in the Bible"* [encontrem erros na Bíblia]; *"Rome is a filthy, drunken whore"* [Roma é uma prostituta suja e bêbada]; *"catholic bashing"* [atacando católicos]; *"the truth about Roman Catholicism"* [a verdade sobre o catolicismo romano]; *"where does the Bible condemn homosexuality?"* [onde a Bíblia condena a homossexualidade?] e variações sobre esse assunto; e *"are we all controlled by the reptilian section of our brain?"* [estamos todos controlados pela parte reptiliana do nosso cérebro?]. A questão sobre os umbigos de Adão e Eva, às vezes seguida por um escandalizado *"out of Who's bellies?"* [saímos da barriga de quem?], e a forma como é tratada parece-me paradigmática das interações típicas da Internet.

> – It is written in the Christian bible that Adam was the first created man. Since Adam came from the Christian god, and not from the womb, I am led to wonder. Did Adam have a navel? And what about Eve, who reportedly

came from Adam's rib? Get a (new) life. (Signed: Swami Go Beyonda BeyondAnanda.)
[– Está escrito na Bíblia cristã que Adão foi o primeiro homem criado. O fato de Adão vir do deus cristão e não de um útero me leva a perguntar: Adão tinha umbigo? E Eva, que, segundo relatos, veio de uma costela de Adão? Consiga uma (nova) vida. (Assinado: Swami Vai Além AlémAnanda).]

Idealmente, nesse tipo de assunto, a imaginação corre sem amarras, e as partes contendoras, completamente liberadas da obrigação de recorrer a qualquer evidência que sustente seus pontos de vista, podem empregar todo o seu poder e criatividade argumentativa. Pode-se afirmar que isso não leva a grande coisa, porque, embora o discurso pareça direcionado a um "outro", nenhum grau de hesitação é inoculado na pessoa oponente. Isso, de fato – corrijo-me –, não equivale à ausência de objetivos no diálogo, não se trata de um "nada", como acabei de afirmar, mas justifica levantarmos a questão de a quem se dirige esse discurso, quem se deseja alcançar.

Em outras palavras, há algum "outro" imaginado no horizonte do sujeito que fala? Além disso, apesar do fato de que, por momentos, o texto bíblico parece desempenhar o papel de "alimento para o pensamento", e o discurso se aproxima do gênero das teologias populares, o que resulta é, de qualquer forma e pelas razões que analisarei imediatamente, uma situação estagnada, imóvel. Não há movimento ascendente direcionado para a compreensão, como no diálogo socrático ou na autêntica investigação filosófica.

Não faltam questões imaginativas interrogando a doutrina, elaboradas pelas pessoas participantes com um detalhamento incrível. No entanto, como se trata de uma atmosfera radicalmente não hierárquica, não existe nela autoridade; portanto, temas que foram discutidos até a exaustão por acadêmicos(as) e teólogos(as), como, tipicamente, as polêmicas entre criação e evolução; livre arbítrio e escolha divina; a natureza do bem e do mal; o caráter justo ou injusto do pecado original; as provas da existência de Deus etc., são revisitados ingenuamente e sem respeito à história dos argumentos já percorridos por esses debates.

> [...] *if you pay attention to the logic of the account, it's really not so hard to grasp. At the time there were only two human beings on the entire planet, which means, of course, that the whole species of Homo Sapiens consisted of just two individuals. Whatever these two individuals did was as done as a species. It follows, then, that whatever judgement affected these two –necessarily– included the entire species. The judgement would affect all succeeding generations since it was a judgement on the entire species –at that time–. The whole category of human beings was condemned meaning that it's the category and not the individuals that is at risk. For those who trouble themselves to investigate all of this, it's not that big of a mystery; even the major elements of Christian doctrine become accessible.*
> [[...] Se prestarmos atenção à lógica do relato, não é realmente tão difícil de entender. Naquela época, havia apenas dois seres humanos em todo o planeta, o que significa, naturalmente, que a espécie *Homo sapiens* consistia em apenas dois indivíduos. Qualquer coisa que esses dois indivíduos fizessem, faziam-na na qualidade de espécie. O julgamento afetaria todas as gerações seguintes, pois era um julgamento sobre toda a espécie – naquele tempo. Toda a categoria dos seres humanos foi condenada, o que implica que é a categoria e não os indivíduos que estão em risco. Para todas as pessoas que se preocupam em investigar tudo isso, não é um mistério tão grande, até os elementos mais importantes da doutrina cristã se tornam acessíveis.]

As intervenções são, naturalmente, sempre formuladas abertamente na modalidade da opinião pessoal, do tipo: "eu acredito que...", "eu sinto que...", "eu penso que...", "não posso aceitar que...". Inevitavelmente, todo tipo de confrontação engenhosa termina abruptamente com uma pausa temporária na comunicação, para recomeçar, pouco depois, com um ímpeto renovado. Aos olhos de quem observa atentamente, ninguém cede, não há vencidos. Aos próprios olhos, cada pessoa interlocutora deixa a arena vitoriosa. O longo embate das almas beligerantes é geralmente desmontado com frases como:

> – *Oh, so you are not willing to examine the evidence because of some superstitious claptrap written some 2500 years ago, and even then it was cribbed from even older sources ...!*
> [– Ah, então vocês não têm disposição para examinar a evidência por causa de algum disparate supersticioso escrito cerca de 2500 anos atrás e, mesmo assim, copiado de fontes ainda mais antigas...!].
>
> – *What evidence am I supposed to have that demonstrates that any portion of the Bible is allegorical?*
> [– Que evidência eu deveria ter que demonstre que qualquer parte da Bíblia é alegórica?]

Ou

> – *This what you have called my beloved savior is blesphemy (sic), and I wish I can stone you to death like what the ancient Jews did. However, god said "Vengeance is mine!" I'll leave it to God to deal with you.*
> – Aquilo que você chamou de meu amado salvador é blesfêmia (sic), e eu desejaria apedrejá-los até a morte, assim como os judeus antigos faziam. No entanto, deus disse "A vingança é minha!". Então deixo que Deus se encarregue de vocês.[8]

---

8. O fato de que a palavra "god" ou "deus", assim como outros termos, apareçam às vezes em minúscula e outras em maiúscula se deve ao fato de que a transcrição dos diálogos foi feita tal como aparecem nos *chatrooms*. (N.A.)

– *First of all, how about wishing you could spell 'blasphemy'? And please, do leave it to god. We don't need any stonings from a True Believer like you.*
[– Primeiramente, que tal desejar que você pudesse soletrar 'blasfêmia' corretamente? E por favor, deixe isso para Deus. Não precisamos de apedrejamentos por um Verdadeiro Crente como você.]

Ou

– *And you are willing to discount the Bible even though it has more "evidence" toward authenticity than most of the historical "discoveries".*
[– E você está disposto a desconsiderar a Bíblia mesmo que ela tenha mais "evidências" que apontam a autenticidade do que a maioria das "descobertas" históricas.]

– *Show me one bit of evidence for anything theological in the bible. Don't come back with historical events. Myths are always based on historical accounts to some degree – but they are still myths because they interject fantasy alongside the history. SO? I'm waiting.*
[– Mostre-me uma única evidência de qualquer coisa teológica na Bíblia. Não me venha com eventos históricos. Os mitos estão sempre baseados em relatos históricos até certo ponto – mas continuam sendo mitos porque inserem a fantasia ao lado da história. ENTÃO? Estou aguardando.]

– *I see. Your requirement is not for evidence that makes the Bible valid but for evidence that makes it invalid. You don't need me for that.*
[– Já entendi Sua exigência não é por evidências que confirmem a validade da Bíblia, mas por evidências que a invalidem. Você não precisa de mim para isso.]

Ou sobre o caráter arbitrário do pecado original:

> *– If someone stole a fruit from your tree, you might forgive him. Being human, you just might get mad as shit and kill him. But, being human, I seriously doubt that you would punish his innocent DESCENDANTS for that transgression. ...the humans are more humane than God.*
> [– Se alguém roubasse uma fruta de sua árvore, você poderia perdoá-lo. Sendo humano, você pode ficar muito furioso e até matá-lo. Mas, sendo humano, eu duvido seriamente que você puniria seus DESCENDENTES inocentes por essa transgressão. ...Os humanos são mais humanitários do que Deus!]
>
> *– Man, however, is quite unlike God. The American Whites, for example, after chasing the American Reds from their gardens, give neither they nor their descendants recompense nor recourse, now and for the foreseeable future.*
> [– O homem, porém, é bem diferente de Deus. Os Brancos Americanos, por exemplo, depois de terem expulsado os Americanos Vermelhos dos seus jardins, não lhes deram recompensa ou direitos, nem a eles nem aos seus descendentes, nem agora ou num futuro próximo.]

Sobre o mesmo tema, vamos ouvir esta queixa conclusiva:

> *– Anyhow, you completely ignored my point:*
> *I.AM.NOT.THE.ONE.WHO.ATE.THE.FUCKING.FRUIT!!!!!!!!*
> *You say maybe I would be bad and eat it. BUT THE FACT IS, I DIDN'T!!!!!*
> *Is God so $#%#$ stupid He can't tell me from Adam???*
> [– De qualquer forma, você ignorou o meu ponto completamente:
> NÃO.FUI.EU.QUE.COMI.A.PORRA.DA.FRUTA!!!!!!!!

Você diz que talvez eu fosse mau e a comesse. MAS O FATO É QUE NÃO A COMI!!!!!
Será que Deus é tão $#%#$ estúpido que não consegue me distinguir de Adão???]

Ou sobre se a homossexualidade é pecado:

– *Ever wonder why it's so easy for Christians to find new scripture every time (condemning homosexual behavior) ...while you'r still re-hashing the same few lines (absolving it)? It's because scripture is permeated with God's disgust toward homosexuality.*
[– Alguém já se perguntou por que é tão fácil para as pessoas cristãs encontrarem sempre novas escrituras (condenando o comportamento homossexual) ... enquanto você continua a repetir as mesmas linhas (absolvendo-o)? É porque as Escrituras estão permeadas pela aversão de Deus à homossexualidade.]

– *It's because scripture is permeated with God's disgust, period.*
To the pure, all things are pure; to the disgusting, all things are disgusting. The God of the Christian scriptures is among the most disgusting of all humanity's creations.
[– É porque as escrituras estão permeadas pela repugnância de Deus, ponto final.
Para as pessoas puras, todas as coisas são puras; para as pessoas repugnantes, todas as coisas são repugnantes. O Deus das escrituras cristãs está entre o mais repugnante de todas as criações da humanidade.]

Ou sobre as provas da existência de Deus:

– *...my answer to the 'prove to me that God exists': Do I exist? You don't see me, you don't hear me, you only have my words...*

[–... a minha resposta à pergunta "prova-me que Deus existe": Eu existo? Você não me vê, você não me ouve, você só tem as minhas palavras...]

– We have direct evidence that someone wrote these words and yes you could be writing under a false name and technically not exist. This is what happened in the Bible. Men wrote it and used the pseudonym Moses or whoever...
[– Temos provas diretas de que alguém escreveu essas palavras e, sim, é possível escrever sob um nome falso e, tecnicamente, não existir. Foi o que aconteceu na Bíblia. Os homens escreveram-na e usaram o pseudônimo Moisés ou qualquer outro...]

E a seguinte citação final de alguns exemplos de *signatures*[9] sintetiza o conhecido *impasse* sobre o qual giram todos os encontros:

"Once upon a time there was a police detective who was a Scientific Creationist. He used to solve his cases very quickly –by looking around for a few seconds and saying: 'I don't understand this. God must have done it. Case closed"
[– Era uma vez um detetive de polícia que era um Criacionista Científico. Ele costumava resolver seus casos muito rapidamente – olhando ao redor por alguns segundos e dizendo: 'Não entendo isso. Deus deve ter feito isso. Caso encerrado.'"]

– John 3.3: "I tell you the truth, no one can see the kingdom of God unless he is born again"
[– João 3.3: "Digo-lhe a verdade: ninguém pode ver o Reino de Deus, se não nascer de novo".]

---

9. Um lema (*motto*), epígrafe ou frase de identificação fixa que algumas pessoas usuárias escrevem após a sua assinatura, no final de suas mensagens. (N.A.)

> "– *You see, the logic goes like this: you, for fun, rip down everything in which we bigfooters believe. Sort of a trashing of icons.*"
> [– Veja bem, a lógica é a seguinte: vocês, por diversão, destroem tudo em que nós, crentes, acreditamos. Uma espécie de destruição de ícones."]

As conversas nestes *newsgroups* reproduzem, de maneira bastante semelhante e repetitiva, os conhecidos conflitos entre conjuntos de crenças comuns no mundo ocidental. Desse ponto de vista, a comunicação virtual não introduz nenhuma novidade na cena das ideias religiosas. No entanto, o que leva as pessoas a retornar aqui, a este meio, incansavelmente, com uma persistência tão desproporcional em relação aos resultados que obtêm? Em outras palavras, se, como mostrei, as conversas inevitavelmente levam a *impasses* irreconciliáveis, uma observadora ou observador não envolvido, sem interesse nesse tipo de relação, pode legitimamente se perguntar: de onde vem a gratificação nesse exercício que consome tanto tempo e energia? Se por um lado é verdade que o que presenciamos aqui é o beco sem saída habitual ao qual chegam os pontos de vista em conflito, permanece o problema de saber por que o desperdício de energias, o esforço renovado de voltar e retornar a um campo de batalha sem vencedores ou vencidos. O que os oponentes buscam ao repetir a experiência da qual parecem emergir sempre de mãos vazias?

Ainda seria possível se perguntar se estamos diante de algum tipo de jogo. No entanto, seria um jogo sem vencedores ou perdedores, cujo fim é sempre uma situação sem saída, a imobilidade das posições em conflito. Um jogo no qual cada participante é um gladiador, um campeão que exibe sua destreza única e exclusivamente diante de seus próprios olhos, sem jamais submetê-la a prova. De fato, essa experiência de *impasse*, de estagnação, é o tema último desta etnografia.

– *To study early Church history... is to cease to be Protestant (Cardinal John Henry Neuman).*
[– Estudar a história da Igreja dos primeiros tempos... é deixar de ser protestante (Cardeal John Henry Neuman).]

– *To be regenerated by a sovereign act of the spirit of God is to cease being a Roman Catholic*
[– Ser regenerado por um ato soberano do espírito de Deus é deixar de ser católico romano.]

– *You are hostile, and very stupid. Not to mention narrow-minded, you take everything you read and interpret in word for word. Use your brain if it isn't flooded with hatred.*
[– Você é hostil e muito estúpido. Para não dizer tacanho. Você pega tudo o que lê e interpreta ao pé da letra. Use seu cérebro se ele não estiver inundado de ódio.]

– *[and the opponent speaks back with exactly the same words:] –You are hostile, and very stupid. Not to mention narrow-minded, you take everything you read and interpret it word for word. Use your brain if it isn't completely flooded with hatred.*
[– [e o oponente responde com exatamente as mesmas palavras:] –Você é hostil e muito estúpido. Para não dizer tacanho. Você pega tudo o que lê e interpreta ao pé da letra. Use seu cérebro se ele não estiver inundado de ódio.]

– *God doesn't hate anyone...you do... proof right there!*
[– Deus não odeia ninguém... você sim... a prova está aí!"]

–*"God" doesn't hate anyone. Because until you can show, it is anything more than some character in an old book...*
[– "Deus" não odeia ninguém, porque até que você possa demonstrar o contrário, ele não é nada além de uma personagem em um livro antigo...]

O campo religioso surge como particularmente adequado para esse tipo de empreendimento, pois é o domínio prototípico da crença incontestável. Na comunicação espontânea cara a cara, os indivíduos raramente levantam questões de fé em ambientes onde possam ser confrontados, em contextos em que uma alteridade contundente possa ser exposta e sem um árbitro ou juiz autorizado para mediar – em comportamentos em massa, como em manifestações ou grandes atos públicos, por exemplo, a multidão oblitera a presença do "outro". Na internet, embora o indivíduo esteja sozinho e não haja arbitragem,[10] o "outro" é um "outro" inócuo, inofensivo. Esse "outro" que não desafia realmente, que não oferece risco real – e é por isso que pode ser maltratado ao extremo como interlocutor – leva a suspeitar que a alteridade pode ser ilusória e o diálogo inautêntico, e que poderíamos estar diante de um gênero de discurso autodirigido, circular.

Mesmo nos casos em que se chega a um acordo, esse acordo é alcançado sem qualquer avanço real nos pontos de vista, sem qualquer transformação das respectivas posições. Nesses casos, as partes opositoras exibem, com orgulho, a sua habilidade para identificar, formular e permanecer em dolorosos paradoxos:

> – *For that matter, I have tried asking several people who believe in "Hell" exactly who it is that determines that you go there. They seem to hold two contradictory beliefs but will neither defend nor relinquish either one: 1. Satan wants you to go to "Hell" to be his subject. 2. God decides to send you there as a punishment. Scripture seems to be silent on this one, but people still like to believe in this combination. Like maybe Satan and Jehova are in some Conspiracy against us.*

---

10. Nos *newsgroups* ou salas de *chat* que contam com uma pessoa moderadora (na maior parte dos que observei, por serem grupos *alt.*, não havia quem moderasse ou supervisionasse), o papel da moderação é simplesmente impedir a entrada de qualquer pessoa de fora que não esteja de acordo com a orientação temática do grupo ou cujas expressões violem o código de boas maneiras. (N.A.)

[– Por falar nisso, tentei perguntar a várias pessoas que acreditam no "Inferno" exatamente quem é que determina que você vá para lá. Essas pessoas parecem ter duas crenças contraditórias, mas não vão nem defender nem renunciar a nenhuma delas: 1. Satanás quer que você vá para o "Inferno" para ser seu súdito. 2. Deus decide mandar você para lá como castigo. As escrituras parecem não se pronunciar sobre esse assunto, mas as pessoas continuam a gostar de acreditar nessa combinação. Como se talvez Satanás e Jeová estivessem em algum tipo de conspiração contra nós.]

– First bubble: Satan and Jehova are the *same being*. They have to be. Jehovah is supposed to be all-powerful, but he cannot defeat Satan. Conclusion: if he is omnipotent, the only being he can be fighting is himself. Satan is just a pseudonym that Jehovah takes when he's feeling his mean streak.
[– Primeira bolha: Satanás e Jeová são o *mesmo ser*. Eles têm de ser. Jeová é supostamente o todo-poderoso, mas não consegue derrotar Satanás. Conclusão: se ele é onipotente, o único ser contra o qual ele pode estar lutando é ele próprio. Satanás é apenas um pseudônimo que Jeová usa quando está sentindo a sua faceta malévola.]

– God could simply give Me free will, let Me sin all day and fornicate My eyes out. And He could STILL give Me Heaven and spare Me Hell. You are deceitful when You pretend that He HAS to stick Us in Hell if We screw up. WHY should He HAVE to do that?
[– Deus poderia simplesmente dar-Me o livre arbítrio, deixar-Me pecar todo o dia e fornicar até Me saltarem os olhos. E AINDA ASSIM Ele poderia dar-Me o Céu e poupar-Me o Inferno. Você mente quando Você sugere que Ele TEM de nos mandar ao Inferno se NÓS fizermos merda. Por que é que Ele TERIA de fazer isso?]

Não se trata apenas de um mundo de almas discordantes, do tipo que constitui e molda a existência de uma sociedade plural. É um mundo de almas beligerantes, em conflagração, fixadas em vitórias ilusórias, ansiosas por se colocarem umas contra as outras: dominando, superando, ironizando, destruindo o "outro", num processo sem arbitragem e sem resultados – paradoxalmente, num mundo despojado de pluralidade, onde a mesma fantasia de dominação é partilhada por todas as pessoas.

– *Does being an idiot hurt, boof? I mean, it obviously hurts others; does it hurt <you>?*
[– Ser um idiota dói, hein? Quero dizer, é óbvio que machuca os outros; machuca <você>?]

– *As to whether it hurts to be an idiot, not being one, I would have no idea. I know whom to ask, however: Ted, does it hurt to be an idiot? And likewise, does it hurt to be a fool?*
[– Quanto a saber se dói ser um idiota, como não sou um, não faço ideia. Mas sei a quem perguntar: Ted, dói ser um idiota? E da mesma forma, dói ser um tolo?]

– *How convenient!*
[– Que conveniente!]

– *How Typical!*
[– Que típico!]

– *As to my claim, I have made some, with explanations that you seem unwilling to accept because of your bias against theism.*
[– Quanto às minhas afirmações, fiz algumas, com explicações que você parece não querer aceitar devido ao seu viés contra o teísmo.]

– *No, it is because you are a deranged raving imbecile.*
– Não, é porque você é um imbecil enlouquecido delirante.]

– *So you, and others have said. How nice of you to notice though.*
[– Assim disse você, e outros também. Mas que simpático da sua parte ter reparado nisso.

Um torneio de piadas? Mesmo aceitando essa possibilidade, seria necessário reconhecer, primeiramente, que há momentos que não são, de modo algum, cômicos, mas tentativas sérias de argumentação, e, segundo, que a disputa nunca é resolvida. Portanto, como já questionei, qual é o interesse recorrente em um exercício em que não há progresso? Porque, apesar da beligerância, também não há experiência real de frustração. A tentativa, por essa mesma razão, não parece falhar, mas atingir seu objetivo, pois conduz repetidamente a novos empreendimentos do mesmo tipo. A pergunta é: que tipo de ganho, gratificação ou proveito isso proporciona, que compense o esforço? É justamente o fato de estarmos diante de uma ferramenta criada para evitar a experiência do fracasso que parece merecer análise, já que não há realmente experiência de alteridade sem o desafio às nossas certezas. É o fator do "outro"' que introduz a possibilidade de uma derrota e, com ela, de um movimento, de uma história. Que tipo de retórica é essa em que não há um outro que me interpela autenticamente, em que a possibilidade de derrota não é contemplada? Argumentarei que se trata da retórica retroalimentadora da fantasia – a intocável, sagrada e solipsista fantasia.

Tem alguém aí?

Dado o repertório estável de conteúdos e o perfil previsível, recorrente, de cada conversa até o momento em que é interrompida em um *impasse*, é possível interrogar-se sobre a estrutura existente por trás dos discursos. Trata-se de uma pergunta sobre a economia que canaliza essas trocas, independentemente da moeda que circula por elas. Os artigos do pensamento bíblico são absorvidos por uma rota através da qual outros bens também circulam e são trocados. Em outras palavras, a moeda, aqui e em outros circuitos (ver Segato),[11] é conversível, tem equivalências e, sobretudo, seu valor de troca supera e se sobrepõe ao seu valor de uso. Além disso, quando falo de economia, refiro-me particularmente a como o outro entra e qual lugar ocupa no circuito por onde fluem essas trocas, e como o sujeito é construído por esses fluxos.

Um inventário das estratégias de conversação registradas nas *salas de bate-papo (chat)* pode servir como guia: as pessoas participantes oscilam entre seduzir e maravilhar suas interlocutoras com questões espirituosas inspiradas nos ensinamentos bíblicos, por um lado, e dominá-las por meio de um desdobramento de superioridade moral ou argumentativa, por outro. Todas elas, embora utilizando táticas diferentes dependendo das circunstâncias, acabam em um desfile ou alarde de sua própria importância, uma espécie de exibicionismo ostensivo para o qual a internet mostra ser um meio fértil. No entanto, aconteça o que acontecer, o encantamento do outro e a conquista sempre têm sucesso, levando-nos a pensar que se trata de um meio onde todos e cada um podem protagonizar seu sonho de poder – poder argumentativo, poder humorístico, poder de agressão, tanto faz. Graficamente, é como se o discurso fosse lançado pelo sujeito em direção ao "outro", atingisse uma superfície sempre disponível e vazia, e retornasse como uma confirmação. Para o sujeito envolvido, a superfície cega e surda comporta-se como uma tela onde o discurso ricocheteia, voltando ao ponto de origem sem sofrer transformações; e, para quem observa, a cena é uma Babel – embora, eu diria, uma Babel do mesmo: o mesmo discurso, a mesma ilusão.

---

11. R. Segato, op. cit.

Assim, em última instância, trata-se de um discurso autodirigido, e não de um discurso para o outro.

Por outro lado, não há aqui um "você", mas "quem quer que esteja aí", para quem o *ego*, livre de constrangimentos, pode encarnar a personagem que escolhe para si mesmo. Isso não é novo e foi muito comentado, por exemplo, em relação aos numerosos casos de personificação de papéis de gênero cruzados ou travestismo na internet, que deram origem a episódios e mal-entendidos bastante divulgados pelos meios de comunicação e analisados por Allucquere Stone.[12] Mas não me refiro aqui meramente à "mascarada" ou à representação de personagens – que ocorre tanto na vida virtual como em outros terrenos ordinários, ou melhor, cuja prática deixa à mostra, em todos os lugares, a virtualidade inerente a toda realidade. O que estou dizendo é que o interlocutor aqui é apenas uma posição, um local, a extensão da tela. Se o computador, como afirma a autora citada, entre muitos outros, é uma prótese, uma extensão do corpo (cujo toque produz um prazer erótico no usuário), o "outro" do outro lado da linha é, por definição, a extensão de um axônio e não um ser autônomo – o "ame-o ou deixe-o" já citado, combinado com a personagem contingente e deliberadamente criada do "outro", faz com que este pereça assim que o ego abandona a cena.

Além disso, devido ao fato de que a pessoa do outro lado da linha está absorvida exatamente pelo mesmo jogo de uma perspectiva idêntica, ela tampouco pode verdadeiramente se relacionar. Quando o faz, o caminho que lhe resta é transformar-se na fantasia ideal do *ego*, ou seja, do seu "outro", ajustando-se e mimetizando o que ela está percebendo dessa fantasia. Independentemente do tema em questão – no caso que estou analisando, os temas bíblicos ocupam esse lugar

---

12. R. A. Stone, "Will the real body please stand up?: Boundary stories about virtual cultures", in Benedikt, Michael (ed.), *Cyberspace: First Steps*, 1992; R. A. Stone, *The war of desire and technology at the close of the Mechanical Age*, 1995.

– seu comportamento é do mesmo tipo que o das especialistas em serviços de sexo por telefone,[13] e semelhante também ao conhecido caso do psiquiatra de meia-idade que foi levado a transformar-se em uma simpática anciã em cadeira de rodas, capaz de dar valiosos conselhos "de mulher para mulher", depois de transitar por um grupo feminino na rede.[14]

O fato de que o sujeito pode inventar sua própria imagem na internet tem sido objeto de inúmeros comentários e análises, tanto em textos acadêmicos como em revistas de entretenimento dirigidas ao público feminino. Não se trata simplesmente da possibilidade de viver uma vida plural, de construir uma subjetividade plural, múltiplas personalidades, em oposição à concepção unitária da subjetividade que foi estabelecida com a invenção da imprensa no início da era moderna (como argumenta, por exemplo, Sherry Turkle).[15] Mais do que isso, trata-se de poder encarnar um corpo imaginário cuja única materialidade é a materialidade do texto digitado. Certos casos testemunham isso, como aqueles em que a interação pela internet leva a um romance que culmina – e termina – quando finalmente chega o momento do encontro em um remoto quarto de hotel – e consequente fiasco –, com o desmascaramento por parte de uma das duas pessoas, ao constatar que a outra, apesar de ter simulado uma relação heterossexual, tem, na verdade, uma anatomia igual à sua.

O visual – forma, gesto ou postura corporal – e o tátil são realizados textualmente. Um guia para iniciantes que pretendem experimentar o *cyberlove* nos diz:

> Na vida real, nosso sentido tátil é extremamente importante. Estimula e aviva todos os nossos outros sentidos. Portanto, [...] incorpora o toque à sua descrição. Lamber

---

13. R. A. Stone, op. cit., p. 94.
14. Ibid., p. 70 e ss.
15. S. Turkle, *Life on the screen*, 1995.

225

> chantilly nos dedos depois de comprar um sundae para o teu encontro ou passar uma toalha morna no rosto em um restaurante japonês virtual pode ser muito sensual para o seu interlocutor *online*. [...] *Experiências online maravilhosas podem surgir de uma descrição detalhada de banhar alguém ou massagear as costas. E não se esqueça de pintar as unhas dos pés e dar uma caminhada juntos. Em suma, pare e pense nos prazeres sensuais que você experimenta todos os dias [...] e coloque-os em palavras na tela do seu computador. E à medida que você conduz o seu amigo online por fantasias sensuais maravilhosas, não esqueça dos outros sentidos: olfato, ouvido e paladar.*[16]

Assim, o "outro" participante pode entrar na cena não apenas textualizando sua fantasia, mas também, e isso é ainda mais interessante, fazendo ajustes para adaptar-se ao que vai percebendo da paisagem já definida da fantasia do sujeito do outro lado da linha. Passa a se inscrever, cada vez mais, em concordância com essa fantasia, para não detonar o "deixe-o" da já mencionada regra "democrática" do "ame-o ou deixe-o" que rege a internet. Nos exemplos que forneci, independentemente do que façam as partes contendoras, nenhuma de suas fantasias é jamais desafiada, e todas deixam o campo de batalha ilesas. A figura do "outro" nunca ultrapassa o *status* de mero pré-requisito formal para o funcionamento do sistema, o que nos permite duvidar, mais uma vez, se a célebre máxima pragmática de "manter a conversa em andamento" constitui uma garantia suficiente para o diálogo autêntico.

Poderia dizer-se, também, que, da mesma forma que o monitor do computador serve como uma tela projetiva para o sujeito, o outro entra em cena como o suporte para a miragem por meio da qual o desejo do sujeito pode ser ouvido. Através de sua entrada virtual, o ego é autorizado a viver sua quimera

---

16. D. Warren, *Ask Delilah... about cyberlove*, 1996, p. 61-62.

em um processo muito semelhante ao da transferência psicanalítica. O anonimato do outro e sua presença nas sombras cooperam para criar um ambiente analítico, mas – e isso é fundamental – é um ambiente que carece de direção e onde não há progresso rumo à elucidação dessas circunstâncias. Quando o princípio da realidade mantém um perfil discreto, um impacto tão reduzido que nunca impõe restrição ou pressão alguma sobre o princípio do prazer, que domina absoluto, estamos no reino da fantasia.

De qualquer forma, não é minha intenção aqui introduzir a voz da censura, e meu discurso não é um discurso moral. Muito pelo contrário, aprecio a existência de espaços para a fantasia, e acredito que o que ocorre dentro dos limites de seu confinamento, qualquer que seja sua natureza, pode estar contribuindo para garantir a moralidade fora desses limites. O que tento aqui é desmascarar e explorar a estrutura da economia libidinal na internet, por baixo da forma aparente das trocas que ali se dão, nesse caso particular tendo como moeda os artigos bíblicos.

Não passa despercebido, em minha crítica, o axioma lacaniano de que nada pode ser concebido onde a fantasia não se inscreva.[17] No entanto, Lacan, apesar de sua afirmação sobre a natureza fantasmática de toda fala, também nos diz do "progresso" do discurso no caminho rumo à verdade: "[...] a arte do analista deve consistir em suspender as certezas do sujeito, até que se consumem suas últimas miragens. E é no discurso que deve escandir-se a resolução delas."[18]

E Freud insistiu na capacidade do ego de pôr a realidade à prova: "Essa função de orientar o indivíduo no mundo pela discriminação entre o que é interno e o que é externo [...]".[19]

---

17. R. Segato, 1982, p. 153.
18. J. Lacan, p. 253.
19. S. Freud, *Metapsychological Supplement to the Theory of Dreams*" (1916), In *Freud: General Psychological Theory*, 1972b, p. 161

Essa condição contraditória do ego – que é também a condição da própria psicanálise – é bem caracterizada por Elizabeth Grosz.[20] Ela já identifica em Freud duas concepções do ego, que descreve como uma visão "realista" e outra "narcisista" dessa agência.[21] Lacan, como Grosz indica, enfatizou mais a segunda.

Em outras palavras, o fantasma, embora teorizado por Lacan como o núcleo histórico da fantasia ou a matriz fundacional sobre a qual as relações que lhe seguem são inelutavelmente cunhadas, também é concebido como uma formação que deve ser enfrentada, que é bom enfrentar, e cuja percepção marca o fim da técnica projetiva que chamamos de psicanálise. Mas ainda há mais: o processo de se aproximar desse vislumbre é constitutivo de um desenvolvimento gradual e progressivo de todas as relações autenticamente dialógicas. Talvez ninguém tenha expressado isso melhor do que Ricoeur,[22] descrevendo o papel do "outro" no diálogo terapêutico como uma barreira sobre a qual o discurso deve ricochetear e retornar para nós, processado por nossa percepção e nossa sensibilidade à escuta do outro, transformando-se nesse processo. Desse modo, somos esclarecidos pela nossa abertura à recepção de nosso discurso pelo outro ou, mais precisamente, por nossa disposição em perceber a percepção do outro. Um outro, como uma alteridade contundente, deve ser pressuposto ali, para que nos distanciemos de nossas afirmações e possamos expandir, incessantemente, nossa consciência. Um deslocamento da subjetividade é um pré-requisito da verdade.

Portanto, a dialógica autêntica emerge nesse percurso como um termo médio de negociação entre a impregnação do "outro" com fantasias projetivas e seu consequente engolfamento como uma entidade interna do ego, por um lado, e a entrega, por parte do sujeito, à persistência do interlocutor como uma

---

20. E. Grosz, *Jacques Lacan: A Feminist introduction*, 1990.
21. Ibid., p. 24.
22. P. Ricoeur, *The Conflict of Interpretations: Essays in Hermeneutics*, 1974.

agência autônoma que nem sempre cumpre com os projetos que o ego entretém para ela. Com isso em mente, o fio condutor da minha análise é o seguinte: o que é excepcional e característico no diálogo que ocorre no espaço virtual, mesmo que seja sobre uma temática religiosa? Minha aposta aqui é que, nas conversas anônimas pela Internet, o interlocutor é apenas uma desculpa para representar um desejo que se retroalimenta, auto-satisfatório, um brinquedo protético nas mãos do sujeito.

O corpo ausente

Bíblia ou sexo, o tema tratado é incidental. A economia do meio impõe sua ordem. Para entender isso, temos que examinar as consequências da ausência de corpo nas relações virtuais da rede. É evidente em Freud a importância do olho na organização do desejo. O olho é a base de todas as identificações.[23] O mesmo pode ser dito da ideia lacaniana do imaginário como constituído de objetos impregnados por fantasias. A dimensão visual do reconhecimento do outro como suporte para a fantasia é forte. A semelhança é crucial para atualizar a fantasia no curso da interação social. No entanto, como Allucquere Stone bem aponta, testemunhamos, neste meio, o que o pensamento teórico no campo da antropologia de gênero já havia, de certa forma, antecipado: o caráter incidental da associação entre a forma do corpo e o conjunto de significados a ele atribuídos. Na comunicação virtual, dá-se uma exacerbação da consciência de que o corpo é construível e constitui, em última instância, um texto a ser lido. É verdade, como esta autora afirma,[24] que, na internet, o desacoplamento entre corpo e pessoa é finalmente alcançado, e também é verdade que, como em outros meios de estreita amplitude de banda – citando, como exemplos, o

---

23. S. Freud, "Instincts and their vicissitudes" (1915), in *Freud: General Psychological Theory*, 1972a.
24. R. A. Stone, *The war of desire and technology at the close of the Mechanical Age*, 1995, p. 88 e ss.

rádio e os serviços eróticos por telefone – a imagem visível é substituída por uma imagem verbalmente descrita. O texto tem que valer como substituto da presença corporal.

No caso específico das conversas sobre temas bíblicos, o outro forma uma imagem (do sujeito) consonante com as posições que defende, baseada em experiências passadas. O que, objetivamente, chega ao sujeito apenas como pontos de vista e formas de expressá-los torna-se personificado, transformado em um "outro" encarnado por meio da atualização de experiências de interlocução passadas. No entanto, existem dois impedimentos para estabelecer uma relação autenticamente dialógica nessas circunstâncias: o primeiro, porque as formações imaginárias são, por definição, não passíveis de serem submetidas à prova, já que o outro lado não oferece resistência. Segundo, porque requerem um tempo mais longo de processamento do que as trocas cara a cara, o que implica ser mais econômico dispensar a pessoa interlocutora como uma realidade separada, externa. Assim, ela passa a ser substituída por uma imagem inteiramente interna, um duplo, um autômato, a quem posso seduzir, maravilhar, destruir intelectualmente ou derrotar moralmente conforme meu desejo. O monitor é, assim, um espelho no qual a alteridade é apenas uma miragem. Trata-se de uma cena nitidamente narcisista.

Mas há muito mais do que isso. Stone sugere corretamente que se trata de uma transgressão tecnicamente instituída – e, eu acrescentaria, esperada há muito tempo – do "invólucro físico do corpo",[25] mas quero chamar a atenção para outra dimensão do corpo: seu volume. O mero volume, o obstáculo físico que ele interpõe, como um índice da alteridade. Tem que ser um corpo. Ele, por si só, é o significante da alteridade por excelência. Por sua mera presença contígua, ele já impõe um desafio, um desconforto, um esforço para o sujeito. Sua

---

25. Ibid., p. 16.

opacidade imediata indica, na comunicação, a própria possibilidade da alteridade. O corpo do outro é a encarnação do princípio da realidade, a âncora que torna o diálogo possível. É, ao mesmo tempo, um texto, mas também uma resistência a ser texto.

Em seu livro *Bodies that Matter* [*Corpos que importam*], Judith Butler[26] tenta transcender a armadilha metafísica da separação entre corpo e formações psíquicas (que também incorpora a oposição natureza/cultura) à qual sua obra anterior[27] parece conduzir, assim como todo o pensamento feminista, que é eminentemente antiessencialista. Sua busca por um argumento capaz de dar conta da presença do corpo material na significação é um esforço para deixar para trás o marco idealista das concepções construtivistas e voluntaristas do gênero e da imaginação em geral, que tendem a sustentar o que descrevi anteriormente como a relação incidental do corpo com seu conjunto de significados. A questão é a seguinte: se o corpo só pode ser presentificado na consciência, na e através da imaginação, qual é a natureza e a influência de sua materialidade? Com base em quê ele continua a ser o lugar "sem o qual nenhuma operação psíquica poderia se dar"?[28] Como é possível que o corpo consista não apenas na "tela em branco ou meio passivo sobre o qual a psique atua, mas, ao contrário, [n]a demanda constitutiva que mobiliza a ação psíquica"?[29] E ao longo de sua indagação sobre como o corpo existe na linguagem, qual é o seu lugar e papel, Butler nos proporciona uma chave para compreender o fenômeno da rede.

As categorias linguísticas "denotativas" da materialidade do corpo são elas próprias perturbadas por um referente

---

26. J. Butler, *Bodies that Matter. On the discursive limits of "dex"*, 1993.
27. J. Butler, *Gender Trouble: Feminism and the Subversion of Identity*, 1990. [Ed. bras.: *Problemas de gênero: Feminismo e subversão da identidade*, trad. Renato Aguiar, Rio de Janeiro: Civilização Brasileira, 2003.] , trad. Renato Aguiar,
28. Ibid., p. 126.
29. Idem.

que nunca está completa ou permanentemente resolvido ou contido em qualquer significado dado. Na verdade, esse referente persiste apenas como uma espécie de ausência ou perda que a linguagem não captura, mas que, em vez disso, impele a língua a repetidamente tentar capturar, circunscrever – e fracassar. Essa perda toma seu lugar na linguagem como uma chamada ou exigência insistente que, embora esteja *na* linguagem, nunca é totalmente *da* linguagem. [30]

A autora nos alerta que, embora os significantes sejam materiais, a própria materialidade, o horizonte referencial da fala, não pode ser "sumariamente reduzida a uma relação de identidade com a linguagem" e que o horizonte material é o que "faz sua demanda na linguagem e para a linguagem".[31] E como e quando ocorre o estabelecimento dessa contiguidade, transmutação e impregnação de psique e corpo? A chave dessa relação entre fantasia e corpo é nitidamente a perda original do corpo materno, que inaugura a fala: "a linguagem [...] carrega o traço dessa perda [...] é a materialidade desse (outro) corpo que é fantasmaticamente reinvocada na materialidade dos sons significantes".[32]

Desenvolvendo o argumento, é possível afirmar que a perda do corpo materno é uma experiência fundamental e, simultaneamente, uma experiência constantemente presente. A falta – que, como vimos, foi sentida como a ausência do (próprio) corpo –, é o que está estruturalmente ali no núcleo da experiência de si mesmo, não apenas pela perda originária, mas por ser constantemente revivida, imposta uma e outra vez sobre o sujeito. A busca constante por preencher a falta e a consequente renovação da perda é um acontecimento diário, perenemente reeditado. Nesse sentido, não é suficiente dizer que "Assim, a materialidade do significante é a repetição deslocada da materialidade

---

30. Ibid., p.128.
31. Ibid., p. 129-130.
32. Ibid., p.131.

do corpo materno perdido" e que "a pulsão referencial da linguagem quer retornar à presença originária perdida do corpo materno", que se transforma assim em "o paradigma ou figura de qualquer referência subsequente".[33]

De fato, para compreender as relações na internet, essa diferença torna-se crucial. Isso ocorre porque, na vida cotidiana pós-edípica, o horizonte da materialidade irrecuperável instalado pela perda original continua lá como referência para ser incessantemente transmutada em um índice e uma atualização da incompletude do sujeito. E somente após esse reconhecimento estamos preparados para finalmente desmascarar a anomalia deste último meio de comunicação de estreita amplitude de banda: ele funciona como se não houvesse corpo. Prescinde da materialidade do referente, que é tratado como se pudesse ser completamente colapsado na linguagem. A materialidade – como aquilo que é proibido pela lei do pai, pela lei da linguagem, como aquilo que, por sua própria natureza irrecuperável, inacessível, irrestaurável, nos remete a essa lei ou proibição originária – é negada, eliminada, *forcluída*. E a própria lei – a própria interdição que origina e se perpetua com a falta – sofre a mesma sorte, a mesma obliteração. Então, minha tese aqui é que, uma vez que se assume como possível prescindir da materialidade do corpo, o sujeito arrisca-se a ficar preso em sua fantasia, a tornar-se incapaz de se relacionar, prisioneiro de uma ficção de completude.

Mas, novamente, não pretendo fazer um discurso moral, e preciso enfatizar que, do meu ponto de vista, o déficit dialógico que identifico na internet não pode ser atribuído ao fato de ela prescindir dos significados que o senso comum associa de maneira indelével à forma do corpo, mas sim à necessidade de um horizonte referencial que esteja fora da linguagem, justamente

---

33. Idem.

para indicar os limites da linguagem e, com isso, os limites do poder do sujeito.

Três consequências interconectadas podem ser identificadas a partir da abolição do obstáculo do corpo na comunicação virtual. Tentarei examiná-las brevemente: a anulação da divisão interna do sujeito, a anulação do Terceiro, ou princípio da lei social, e a anulação dos outros. Isso resulta no crescimento patológico do ego.

Argumentei que a presença do corpo como matéria irredutivelmente exterior à linguagem atua como um lembrete da falta inscrita no sujeito, de sua falha interior, e atualiza, na interação social, a divisão do sujeito em uma parte que pode ser inscrita no discurso e outra parte que permanece para sempre ausente dele. A obliteração da materialidade do corpo no meio da internet permite que o sujeito fale como se estivesse cheio de si mesmo, simulando, para todo propósito, sua própria completude. Portanto, uma "forma pós-orgânica de antropologia", como proposto por David Thomas para compreender a sociedade do ciberespaço,[34] não pode deixar de considerar a emergência desse sujeito aumentado, inflado e totalizador, para o qual a máxima lacaniana, e também bakhtiniana, de que o ser humano nunca coincide consigo mesmo, não se aplica mais.

Duas opacidades estão ausentes aqui: a opacidade do corpo do sujeito e a opacidade do corpo do outro. Nada opõe resistência à apreensão completa e à imersão na linguagem. Não há mais dor pela "indiferença do mundo" no sentido de Kolakowski. A longa busca do Ocidente por uma vida desencarnada e pela substituição do corpo por uma prótese parece ter chegado ao fim. Nada permanece fora, nada reedita a experiência da falta, tudo cabe no texto. Ao prescindir do corpo material, a internet prescinde da expressão mais radical do drama humano da separação. A porção de narcisismo

---

34. M. Benedikt, *Cyberspace: First Steps*, 1992, p. 33.

inerente a todo discurso, com seu retorno parcial ao sujeito em um ciclo retroalimentador, autorreferente, domina aqui e devora todo o sentido do discurso.

Isso se torna possível porque, no espaço virtual, essa tendência já está presente, de modo que o sujeito encontra seu meio ideal. Com sua obliteração do corpo e a textualização total e sem resíduos do sujeito no discurso, o sujeito falante e sua possibilidade inteira de ser se fundem e se confundem, e esta fica fixa e reduzida àquele. O "eu acredito" transforma-se em um absoluto "não há nada fora da agência que acredita, fora do sujeito falante". A coincidência do sujeito com uma textualidade circunstancial é total. E, como não há falha, também não há movimento resultante da aspiração à completude que seja capaz de propiciar uma abertura para o mundo exterior. Portanto, não há "outro". Se o ímpeto para alcançar o outro emana de uma ausência interior, na internet o outro e os gestos para alcançá-lo têm um caráter de simulacro. O sujeito encontra-se fundido, moldado, em um *eu* preconcebido, inteiramente textualizado. Não há opacidade nem resistência de uma realidade material que possa defender o sujeito de ser inteiramente tragado por seu texto congelado, repetitivo, de domínio. É um ritual de completude titânica.

Esse sujeito lembra o ciborgue mítico de Donna Haraway.[35] Ambos são guerreiros, ambos vivem em uma paisagem estritamente não hierárquica, nenhum tem origem. Mas não consigo compartilhar o otimismo de Haraway. Não consigo entender como é possível afirmar que essa subjetividade, formada pelo enxerto apendicular da máquina no ser humano, tenha "saltado o passo da unidade original".[36] Muito pelo contrário, parece-me que é uma representação ou regressão a essa unidade original, na qual o alheio, a "outridade", não é aceito, não tem lugar. A completude desses seres é um simulacro, simulam

---

35. Donna Haraway, *Simians, Cyborgs, and Women: the Reinvention of Nature*, 1991, p. 149ss.
36. Ibid., p. 151.

uma existência fálica, cheia de si mesma. Sua atividade masturbatória é inevitavelmente fálica. São verdadeiramente primitivos, no sentido exato dessa palavra – são pré-originários. Ser originado significa acessar uma subjetivação que vem de outros, uma capacidade de se relacionar. Ser originado significa ser empurrado e expulso de um estado de fusão indiferenciada rumo à vida em relação, rumo à diversidade. Esses seres, por prescindirem e negarem sua origem, estão condenados a permanecer em um estágio pré-gênero, não pós-gênero.

Esse modo de subjetivação pôde dar-se aqui como não teria sido possível em nenhum outro sistema devido à introdução de um falso "outro", de um simulacro de alteridade. Uma operação completamente diferente daquela que ocorre quando um escritor cria sua obra – ou até mesmo quando alguém redige uma carta. Comparando Bakhtin e Lacan, David Patterson explica que o primeiro se aproxima do segundo em sua visão do herói como "uma relação do sujeito consigo mesmo mediado pelo outro", em que o que ocorre é um "encontrar-se a si mesmo fora", de maneira a "o eu voltar para si mesmo através do outro".[37] Enquanto "a tarefa principal do romancista é se transformar em outro de si mesmo",[38] falando sobre a teoria do romance em Bakhtin, a tarefa principal de nosso sujeito da internet é fazer desfilar diante de si mesmo sua própria fusão e sua completude no texto, o qual, em um movimento duplo, anula sua falta e anula o outro. A natureza monológica desse procedimento é evidente pelo fato de que o sujeito sai de cena sempre satisfeito, retornando repetidamente ao seu conjunto de crenças preconcebidas, às suas palavras de ordem preestabelecidas. Ele e suas crenças textualizadas confundem-se em uma realidade única, uma identidade fixa e inseparável.

---

37. Patterson, *Literature and Spirit. Essays on Bakhtin and his Contemporaries*, 1988, p. 69.
38. Ibid., p. 20.

Através do processo que Vincent Crapanzano chamou de "reflexividade possessiva",[39] é no texto que o "eu" se torna acessível para si mesmo como outro, assim como é no texto que ele busca a si mesmo. No entanto, como mencionei, nenhuma dessas identificações e buscas jamais se torna completa, porque nesse movimento há um resíduo deixado de lado, não abarcado e não abarcável. A dimensão material do corpo é justamente emblemática desse resíduo e dessa inabarcabilidade, o que nos permite transcender a oposição entre idealismo e materialismo. Portanto, o sujeito sempre entra apenas parcialmente em seu discurso, é apenas parcialmente textualizado.

Em oposição ao que Crapanzano chama de "reflexividade mecânica", a "reflexividade possessiva" é "mediada pelo desejo" e expande "o movimento de uma relação dual entre o sujeito e seu outro para uma relação triádica que é alcançada pela linguagem". Não há emergência do sujeito como texto sem interpelação, sem a presença contundente de um outro para o qual o desejo se dirige, motivado pela falta que lhe é constitutiva: "Para tornar-se um sujeito, o indivíduo deve buscar reconhecimento demandando do outro que o reconheça ou reconheça seu desejo". Essa estrutura depende da caução imposta por um Terceiro sobre a relação eu-você – uma caução ou custódia sob a forma de um "quadro, convenção, lei e autoridade"[40] que reveste completamente e organiza a relação. A estes acrescentaria aqui a menção à materialidade irredutível do corpo, com o imperativo da deficiência da linguagem que impõe. O corpo tem um lugar dentro da função do Terceiro porque, como já afirmei, ao apontar os limites do texto e sua inadequação para capturar a plenitude do sujeito, impõe um limite ao seu sentido de liberdade e potência. O Terceiro exerce sua autoridade porque

---

39. V. Crapanzano, *Hermes' Dilemma and Hamlet's Desire. On the Epistemology of Interpretation*, 1992, p. 89.
40. Ibid., p. 88.

sua intervenção está vinculada à origem do exílio do corpo em relação com a linguagem.

Do corpo camuflado do sujeito "público" ao corpo abolido da internet: um percurso ocidental

É possível traçar um certo paralelo entre a minha análise e o estudo de Michael Warner sobre as origens do sujeito dos textos "públicos",[41] como ele surgiu na imprensa durante o século XVIII nas colônias britânicas na América. O texto "publicado" que Warner analisa já na primeira imprensa "não se dirige a ninguém em particular", e o "papel personificado"[42] que fala ao público através do meio impresso também é anônimo, desencarnado, proteico;[43] uma pessoa imaginada removida de seu ser individual, comum, situado. Há, nesse discurso público, uma "retórica da desincorporação", uma pretensão de "não ter nenhuma relação com a imagem do corpo". De qualquer forma, como Warner destaca muito bem, apenas um sujeito social situado e corporificado se qualificaria para dominar essa linguagem e aceder ao controle dessa nova tecnologia impressa: o homem branco, proprietário, virtuoso e normal. Além disso, "A esfera pública burguesa foi estruturada, desde o início, por uma lógica de abstração que privilegia as identidades sem marca: o homem, branco, classe média, normal";[44] portanto, de fato, privilegiando os homens, para quem a autoabstração em relação ao corpo é uma operação familiar, prototipicamente masculina, imposta aos homens por instituições ao longo das mais variadas culturas e épocas.

---

41. M Warner, *The Letters of the Republic: Publication and the Public Sphere in Eighteenth-Century America*, 1990.
42. M. Warner, 1992, p. 380.
43. Ibid., p. 381.
44. Ibid., p. 383.

Comparar o efeito dessas duas tecnologias não é uma tarefa simples. Talvez sejam apenas dois momentos em uma sequência contínua e progressiva, um a exacerbação do outro, em que a tendência à desencarnação e ao anonimato emergem como características do discurso ocidental moderno – não esqueçamos que falar em nome de uma categoria, como mulheres, negros, homossexuais, também pode corresponder a uma forma particular de desencarnar-se para sustentar o *corpo* hiperreal da identidade politizada (penso que é disso que Julia Kristeva[45] tentou nos alertar, chamando a nossa atenção para o direito de sermos únicos, singulares).

Ambos os momentos se apresentam como avanços democráticos quando surgem. No primeiro, a ideologia da descorporificação implica falar para todos a partir de um corpo neutro, representando o *público*. No segundo caso, significa ser livre de qualquer corpo específico e de suas imposições para poder inventar a si mesmo. De qualquer forma, dois aspectos surgem como diferenças principais entre os dois momentos: no primeiro, um corpo específico, o corpo dos homens brancos, apropria-se do lugar do sujeito público, legitimando e afirmando sua autoridade agora na cena moderna do direito público – assim, de fato, como Warner aponta, existem corpos específicos que têm acesso a essa posição; mas eu diria que o que existe é uma fraternidade de corpos corporativos camuflada, e são eles que imprimem suas inclinações no interesse *público*, ou seja, de todos. O que ocorre é que o *nome do pai* ou portador da lei e da ordem (como seria sua representação mais familiar nos mitos de criação das sociedades simples ou das religiões universais) se funde, adere ou colapsa aqui em uma corporificação específica dessa função. No segundo caso, claro, há corpos, mas eles são negados, *forcluídos*, impedidos de serem reconhecidos como inapreensíveis pelo discurso – a tecnologia trabalha para fazer de conta que não existe falta e,

---

45. J. Kristeva, "Women 's Time", in T. Moi (org.), *The Kristeva Reader*, 1986.

portanto, que não há lei. Se, em um caso, o Terceiro é sequestrado, no outro, é eliminado.

O que isso significa para o avanço da democracia? Quais são as novidades aqui para a aspiração à liberdade? Sintetizando minha análise, eu diria que, se o primeiro caso é um texto marcado que se apresenta como não marcado, o segundo é um texto não marcado que se apresenta como marcado. O discurso público dos primórdios da república apresenta-se como geral, apesar de ser particular e situado. Ao falar na internet, os sujeitos representam-se em posições marcadas, defendem sua parcialidade negando uma autoridade geral e apresentando a sociedade como uma conflagração de vontades pessoais. Os sujeitos, "egócratas",[46] teatralmente "corporificados" em texto, agem de forma totalitária e onipotente. Enquanto a utopia do sujeito público é realmente uma utopia de autoabstração,[47] a utopia da internet é uma utopia de autoinscrição. Mas seu caminho para a liberdade é defeituoso, porque ambas procedem por impostura, seja ocultando os corpos que exercem a autoridade e personificam o Terceiro, seja negando a materialidade dos corpos que lembram a existência mesma da autoridade e a intervenção originária do Terceiro.

Ocorre, talvez, na internet, uma subversão sem emancipação. Há uma subversão contra a Lei do Pai, mas não uma emancipação real dela. De fato, todas as pegadas da Lei são removidas com a retirada dos corpos, e um mundo descorporificado é encenado estritamente dentro das estreitas fronteiras da rede que a tecnologia permite. No entanto, o modo de sociabilidade que surge parece ser virulento e beligerante demais para me convencer de que a utopia está a caminho. Além disso, a estratégia operacional de se autoabstrair do corpo e o estado de conflagração generalizada lembram-me muito vividamente os códigos da fraternidade masculina de pares que conhecemos

---

46. M. Warner, 1992, p. 395.
47. ibid., 379

tão bem. A principal diferença é que, através da descorporificação, esse modo societal se torna *acessível para todos e, mais ainda, é proposto como o modelo de comportamento desejável para todas as pessoas.* Como esse modo pode difundir-se desde seu campo tecnologicamente controlado para a sociedade como um todo, reforçando certas tendências já presentes nela, é preciso que estejamos vigilantes e que sejamos capazes de julgar se este é o tipo de sociabilidade ao qual aspiramos e que realmente desejamos acessar.

Para concluir

Quando digo que nas conversas na internet sobre temas religiosos – ou talvez sobre qualquer coisa – estamos no mais privado reino da fantasia, estou dizendo que não há aqui "reflexividade possesiva" no sentido de crapanzano, dialogia autêntica, olhos do outro sobre si, mundo exterior, estranhamento bakhtiniano ou lacaniano, seja do exterior em relação a um "outro", seja do interior em relação a uma seção irrecuperável de nosso ser indicada pelo corpo. Estamos em um terreno pré-edípico, onde o computador é a prótese fálica com a qual o sujeito se masturba simulando a presença da mãe, simulando sua própria completude. Nesse sentido, o "outro" emana inteiramente do próprio sujeito, e sua percepção por parte deste não é controlada porque não há Terceiro como garantia da verdade, como restrição, como árbitro e mediador das interpelações, para que cada um mantenha seu lugar em relação com os outros. Estamos diante de um aglomerado de mundos solipsistas, iguais, onde não há rendição. Como se pretende que nada está faltando, a máquina da qual emana o dinamismo do sujeito em sua biografia e na história se encontra ausente, de forma que nenhuma crença ou adesão jamais é modificada, nada muda nunca e a realidade fica estagnada enquanto se conversa. O discurso torna-se onipotente. Um repertório de opiniões, todas em seu direito, todas aprisionadas no mesmo sonho totalizador e totalitário. Nenhum espaço interior para que os *demônios* inoculem a dúvida, nenhum movimento ascensional, nenhuma lição socrática. Nem dialogia nem tragédia. Nem transcendência, nem sublimação. Apenas o tema religioso em uma economia de consumo, como parte de uma grotesca e tecnológica digestão.

Bibliografia

BUTLER, Judith. *Gender trouble: Feminism and the Subversion of Identity*. Nova York: Routledge, 1990. [Ed. bras.: *Problemas de gênero:* Feminismo e subversão da identidade. Trad. Renato Aguiar. Rio de Janeiro: Civilização Brasileira, 2003.]

_____. *Bodies that Matter. On the discursive limits of "dex"*. Nova York e Londres: Routledge, 1993. [Ed. bras.: Veronica Daminelli e Daniel Yago Françoli. "Corpos que importam. Os limites discursivos do "Sexo". São Paulo: n-1 edições e crocodilo edições, 2019.]

CRAPANZANO, Vincent. *Hermes' dilemma and Hamlet's desire. On the epistemology of interpretation*. Cambridge: Harvard University Press, 1992.

DYSON, Esther. "If you don't love it, leave it", *The New York Times Magazine*, 16 de julho, 1995.

FREUD, Sigmund. *"Instincts and their vicissitudes"* (1915), in *Freud: General Psychological Theory*. Nova York: Collier Books, [1963] 1972a.

_____. *"Metapsychological Supplement to the Theory of Dreams"* (1916), in *Freud: General Psychological Theory*. Nova York: Collier Books, [1963] 1972b.

GALLOP, Jane. *Reading Lacan*. Ithaca: Cornell University Press, 1985.

GROSZ, Elizabeth. *Jacques Lacan: A Feminist introduction*. Londres e Nova York: Routledge, 1990.

HARAWAY, Donna. *Simians, cyborgs, and women: the reinvention of nature*. Londres: Free Association Books, 1991.

KRISTEVA, Julia. "Women 's Time", in MOI, Toril (org.), *The Kristeva Reader*. Oxford: Basil Blackwell, 1986.

LACAN, Jacques. *"The function and field of speech and language in psychoanalysis"*, in *Écrits. A Selection*. Nova York: Tavistock Publications, 1977. Ed. bras.: LACAN, Jacques. Tradução Vera Ribeiro. "Função e campo da fala e da linguagem em psicanálise", in *Escritos*. 1. ed. Rio de Janeiro: Zahar, 1998.]

_____. *"A Love Letter"*, in MITCHELL, Juliet e ROSE, Jacqueline (org.).

Feminine Sexuality. Jacques Lacan and the Ecole Freudienne. Nova York: W. W. Norton & Company, 1982.

PATTERSON, David. *Literature and Spirit. Essays on Bakhtin and his contemporaries*. Kentucky: The University Press of Kentucky, 1988.

RICOEUR, Paul. *The Conflict of Interpretations: Essays in Hermeneutics*. Evanston: Northwestern University Press, 1974.

SEGATO, Rita Laura. "Christianity and Desire: The Biblical Cargo", *Série Antropología,* vol. 194, Departamento de Antropologia, Universidade de Brasilia, 1995.

STONE, Allucquere Rosanne. "Will the Real Body Please Stand Up?: Boundary stories about virtual cultures", in BENEDIKT, Michael (org.), *Cyberspace: First Steps*. Cambridge, Mass.: The MIT Press, 1992.

_____. *The War of Desire and Technology at the Close of the Mechanical Age*. Cambridge: The MIT Press, 1995.

THOMAS, David. "Old Rituals for New Space: Rites de Passage and William Gibson's Cultural Model of Cyberspace", in BENEDIKT, Michael (org.). *Cyberspace: First Steps*. Cambridge: The MIT Press, 1992.

TURKLE, Sherry. *Life on the screen*. Cambridge: The MIT Press, 1995.

WARNER, Michael. *The letters of the Republic: Publication and the public sphere in Eighteenth-Century America*. Cambridge: Harvard University Press, 1990.

_____. "The Mass Public and the Mass Subject", in CALHOUN, Craig (org.). *Habermas and the Public Sphere*. Cambridge, Mass.: The MIT Press, 1992.

ZIZEK, Slavoj. *"Is it Possible to Traverse the Fantasy in Cyberspace?",* in WRIGHT, Elizabeth e WRIGHT, Edmond (org.). *The Zizek Reader*. Oxford: Blackwell, 1991.

Livros técnicos consultados sobre internet

LEVINE, John R. e BAROUDI, Carol. *The Internet for Dummies*. 2. ed. Foster City: IDG Books, 1994.

MALONI, Kelly, WICE, Nathaniel e GREENMAN, Ben. *Netchat*. Nova York: Random House Electronic Publishing, 1994.

WARREN, Deanna. *Ask Delilah... about cyberlove*, Nova York: Times Books, Random House, 1996.

WOLF, Gary e STEIN, Michael. *Aether Madness. An Offbeat Guide to the Online World*. Berkeley: Peachpit Press, 1995.

7. A invenção da natureza: família, sexo e gênero na tradição religiosa afro-brasileira*

* Este texto foi originalmente publicado no Anuário Antropológico/85, Rio de Janeiro, Tempo Brasileiro, 1986. A presente versão incorpora algumas modificações. (N.A.)

Introdução

Cada sociedade humana ou época tem, manifestamente, um núcleo de preocupações ou temas em torno dos quais são construídos aspectos importantes de seus sistemas simbólicos. O trabalho de interpretação da antropologia consiste em detectá-los, expor analiticamente seu tratamento na cultura em questão e elucidar como eles orientam a interação social. Como tentarei mostrar, nos cultos Xangô da tradição Nagô, um dos motivos recorrentes nas representações e na organização social de seus membros é um esforço sistemático para libertar as categorias de parentesco, personalidade, gênero e sexualidade das determinações biológicas e biogenéticas às quais estão vinculadas na ideologia dominante da sociedade brasileira, bem como para deslocar a instituição do matrimônio da posição central que ocupa na estrutura social, de acordo com essa ideologia. Em meu entender, essas duas características da visão de mundo do Xangô podem ser relacionadas à experiência histórica da sociedade escravocrata no Brasil, uma vez que surgiu dela o grupo humano criador do culto.

Essa temática suscitou a minha atenção devido à ênfase espontânea dada por alguns membros com quem me relacionei a certos aspectos de sua vida social e da mitologia de Xangô, bem como às questões que mencionam com mais frequência em suas conversas. Como tentarei mostrar, tanto o princípio da indeterminação biogenética quanto a concepção de matrimônio e de família próprios do Xangô podem ser identificados 1. na prática de atribuir "santos homens" e "santos mulheres" a homens e mulheres, indistintamente, como tipos de personalidade; 2. no tratamento dado pelos mitos aos papéis femininos e masculinos dos orixás que formam o panteão e às relações que estes mantêm entre si; 3. na visão crítica dos membros com relação aos direitos derivados da maternidade "de sangue" ou biogenética; 4. na importância dada à família fictícia constituída pela "família de santo" e à adoção de "filhos de criação", em detrimento do parentesco baseado em laços de sangue; 5. na definição de papéis femininos e masculinos dentro da família de santo; e 6. na bissexualidade da maioria dos membros femininos e masculinos do culto, bem como nas noções relativas à sexualidade que se revelam no discurso e na prática. Nas seções seguintes, abordarei cada uma dessas questões, apontando o que elas têm em comum, e as vincularei às variabilidades das famílias negras durante e após a escravização, na tentativa de identificar um contexto histórico que permita compreender essa visão de mundo. Além disso, é importante observar que os aspectos mencionados descrevem noções e comportamentos de membros iniciados ou iniciantes, e não de pessoas que se aproximam do culto como clientes esporádicos, buscando soluções para problemas específicos ou para pedir uma leitura do oráculo de *cauris* (búzios).

Antes de continuar, gostaria de advertir que parte dos meus dados poderá surpreender quem estuda o tema; assim acontecerá, por exemplo, com as referências à aversão que muitos dos meus e das minhas informantes expressaram pelo caráter de Iemanjá, e com a minha ênfase na homossexualidade, sobretudo feminina, como um aspecto estrutural e não acidental ou supérfluo para compreender a visão de mundo do culto. Com relação a Iemanjá, ela é sempre descrita na literatura como uma venerada orixá mãe, em cuja honra esplêndidas oferendas florais são depositadas com devoção em todas as praias do Brasil. De acordo com meus e minhas informantes, essa é apenas a faceta estereotipada e folclórica do orixá, cujas qualidades negativas ficam ocultas para as pessoas em geral. Quanto à homossexualidade feminina, as mulheres nos cultos de matriz africana foram repetidamente caracterizadas como poderosas e independentes (Landes;[1] Bastide;[2] Silverstein,[3] entre outras), mas pouco foi dito sobre sua sexualidade. De fato, a alta incidência de homossexuais masculinos entre membros do culto já é bem conhecida e foi apontada e analisada em muitos trabalhos antropológicos realizados em várias cidades brasileiras (Landes;[4] Bastide;[5] Ribeiro;[6] Leacock e Leacock;[7] Fry,[8] entre outros), enquanto a presença da homossexualidade entre as mulheres foi menos divulgada e não mereceu mais do que três linhas no total na vasta literatura sobre as religiões de matriz africana.[9] Contudo, durante meu terceiro período de trabalho de campo em Recife, depois de ter morado por alguns meses em uma casa de culto, e como resultado de minha crescente intimidade com o povo de santo, tomei conhecimento da prática tradicional e muito difundida do amor lésbico entre a grande maioria das filhas de santo nas casas em que trabalhei. De modo geral, essas mulheres são bissexuais; são raros os casos de homossexualidade exclusiva. A homossexualidade feminina é uma tradição, um costume transmitido de geração a geração e, de acordo com minhas observações, as mães não a esconden de suas filhas e filhos e nem de seus parceiros masculinos. A sua negação, por parte de alguns pais ou mães de santo que almejam boa reputação com quem se aproxima do culto, deve-se à consciência da contradição entre esse aspecto da tradição do Xangô e o sistema de valores dominante na sociedade brasileira.

1. R. Landes, "Negro Slavery and female *status*", *Journal of the Royal African Society*, 1953; R. Landes, *A Cidade das Mulheres*, 1967.
2. R. Bastide, *O Candomblé da Bahia*, 1978.
3. L. M. Silverstein, "Mãe de todo mundo: modos de sobrevivência nas comunidades de candomblé da Bahia", *Religião e Sociedade*, 1979.
4. R. Landes, "A cult matriarchate and male homosexuality", *Journal of Abnormal and Social Psychology*, 1940, R. Landes, *A Cidade das Mulheres*, 1967.
5. R. Bastide, *Imagens do Nordeste Místico em Branco e Preto*, 1945, p. 93-94.
6. R. Ribeiro, "Personality and the Psychosexual Adjustment of Afro- Brazilian cult members", *Journal de La Société des Américanistes* 1969.
7. S. Leacock e R. Leacock, . *Spirits of the Deep. A Study of an Afro-Brazilian Cult*, 1975.
8. P. Fry, "Mediunidade e sexualidade", *Relgião e Sociedade,* 1977.
9. R. Ribeiro, "Psicopatologia e pesquisa antropológica", *Universitas* , 1970, p. 129; P. Fry, op. cit., p. 121.

É possível que as peculiaridades do culto às quais faço alusão, como a aversão a Iemanjá e a aceitação da homossexualidade, estejam presentes apenas em Recife. De fato, como se sabe, existem diferenças que caracterizam o culto aos orixás em cada uma das cidades onde ele se manifesta.

Por exemplo, alguns orixás que são muito importantes e frequentemente se manifestam em possessões em outras partes do país, como Odé (Oxossi), Obaluayê, Nanã, Oxumaré e Exu, têm poucos ou nenhum adepto exclusivamente consagrado ao seu culto na tradição Nagô de Recife. Os repertórios musicais e os tambores utilizados também diferem. Mas as práticas fundamentais, como a atribuição de um orixá a cada membro como patrono da sua identidade pessoal e classificador de personalidade (o *dono-do-ori* ou "dono da cabeça"; ver Bastide,[10] Ribeiro;[11] Motta;[12] Binon-Cossard;[13] Lépine;[14] Augras;[15] Verger;[16] Segato),[17] bem como o estilo de vida dos membros do culto, parecem não apresentar variações dramáticas em lugares distantes.

As diferenças mencionadas pelos membros que costumam viajar se referem, sobretudo, ao código de etiqueta, aos comportamentos obrigatórios durante os rituais e, como já disse, aos orixás que descem em possessão e são normalmente modelos de identificação; também se alude a alguns dos mitos que

---

10. R. Bastide, "Introduction", en Roger Bastide (comp.), *La Femme de couleur en Amérique Latine*, 1974a, p. 42; R. Bastide, *O Candomblé da Bahia*, 1978, p. 257 e 280.
11. R. Ribeiro, *Cultos Afro-Brasileiros do Recife*, 1978, p. 126-129.
12. R. Motta, "Proteína, pensamento e dança. Estratégias para novas investigações antropológicas sobre o Xangô do Recife", PIMES, in *Comunicação de Cultura e Economía da Universidade Federal de Pernambuco*, 1977, p. 17.
13. G. Binon-Cossard, "A filha de santo", en Carlos E. Marcondes de Moura (comp.), *Olóorisà. Escritos sobre a Religião dos Orixás*, 1981.
14. C. Lépine, "Os estereótipos da personalidade no candomblé Nago", in Carlos E. Marcondes de Moura (comp.), *Olóorisà. Escritos sobre a Religião dos Orixás*, 1981.
15. M. Augras, *O Duplo e a Metamorfose. A Identidade Mítica em Comunidades Nagô*, 1983.
16. P. Verger, *Orixás. Deuses Iorubás na Africa e no Novo Mundo*, 1981.
17. R. Segato, "A folk theory of personality types: gods and their symbolic representation by members of the Sango cult in Recife, Brazil", 1984.

falam da vida dos santos. Entretanto, apesar das mudanças em algumas questões de credo, os valores, as concepções e o estilo de vida que viajantes de Recife relatam encontrar nas casas de culto visitadas em outras cidades parecem perfeitamente compatíveis com os seus próprios e lhes permitem uma rápida familiaridade.

Os orixás como descritores femininos e masculinos da personalidade

Um dos aspectos fundamentais do culto é a relação de equivalência que se estabelece entre integrantes e os orixás do panteão com base nas semelhanças de comportamento entre eles. Assim, os orixás servem como uma tipologia para classificar os indivíduos de acordo com sua personalidade.

Em Recife, há seis orixás dentre os quais o santo a ser atribuído a uma pessoa é geralmente escolhido, por meio do processo de iniciação que vincula, de maneira ritual e definitiva, cada novo membro e seu "dono de cabeça". Na maioria dos casos, um segundo orixá ou *ajuntó* (adjunto) também é designado dentre esses seis para completar o quadro das afinidades espirituais da nova filha ou filho de santo. Dos seis, três são masculinos e três são femininos; a classificação se refere à sua psicologia, independentemente do sexo.

Usualmente, quando uma pessoa se aproxima de uma casa de culto pela primeira vez, os membros da casa observam seu comportamento e tentam lhe dar o santo "de cabeça", ou seja, intuir qual é o seu santo sem apelar para o oráculo ou o jogo de búzios. Tanto o pai quanto a mãe de santo da casa, assim como outros membros, tentam encontrar semelhanças entre quem chega e um dos orixás do panteão. Em muitos casos, quando é difícil definir o santo desde o início, tenta-se verificar se a pessoa em questão tem um "santo homem" ou um "santo mulher". Para isso, é dada atenção especial a certos aspectos, como a expressão facial e a atitude da pessoa ao tomar decisões.

Assim, é possível dizer que os orixás, em sua primeira subdivisão em masculinos e femininos, constituem estereótipos de gênero. A posição entre os dois estereótipos é baseada em alguns traços que cada grupo detém com exclusividade. Os "santos homens" – e, portanto, seus filhos e filhas – são caracterizados como "autônomos" na maneira de agir, enquanto as "santas mulheres" são "dependentes". A "autonomia" é apontada como uma característica dos santos masculinos, mesmo no caso de Orixaolufã, o velho Orixalá, que é extremamente paciente e calmo; seu oposto, a "dependência", caracteriza os santos femininos, incluindo Iansã, que tem um temperamento "quente" e é voluntariosa, impetuosa e agressiva. Embora a autonomia, entendida como a capacidade de tomar decisões e resolver problemas sem a necessidade de orientação ou incentivo externo, seja vista como uma característica vantajosa, diz-se que ela faz as personalidades masculinas muito inflexíveis e refratárias às críticas.

Por outro lado, os filhos e as filhas de santos femininos têm a fraqueza de depender da aprovação ou da orientação de outras pessoas e, em muitos casos, essa aprovação constitui o objetivo mesmo de suas ações, mas diz-se que isso não apenas lhes permite obter ajuda e conselhos, como também cooperar e participar de iniciativas lideradas por outras pessoas. Devido às vantagens e desvantagens de cada um dos grupos, o povo de santo considera que é sempre melhor ter uma combinação de um santo masculino e um feminino como "*dono da cabeça*" e "*ajuntó*", respectivamente, ou o contrário.[18] Seja como for,

---

18. Uma mulher do culto que tinha dois orixás femininos - Oxum e Iansã - como dona da cabeça e *ajuntó*, respectivamente, queixou-se por não ter um santo homem, dizendo: *Eu me sentiria muito mais segura se tivesse Xangô [seu terceiro santo] em segundo lugar e não Iansã; aí eu teria um homem a quem recorrer: um [santo] homem é sempre um braço forte para se apoiar. Iansã é uma santa muito forte, muito decidida, mas ela não precisa de um homem [Xangô] para ir à guerra? [...] Com duas santas mulheres eu sempre sinto*

cada membro é sempre considerado como tendo uma personalidade predominantemente masculina ou feminina; a primeira apresentando uma fisionomia "ríspida", enquanto a segunda apresenta traços faciais mais delicados.

Dentro de cada categoria, fala-se também em graus relativos de feminilidade e masculinidade. Entre os orixás mulher, Oxum, a última filha, é considerada o epítome do feminino: sensual, ingênua, dócil e infantil, voltada para curar, ajudar e cuidar de quem necessita. Iemanjá é vista como um pouco menos feminina porque é a mãe dos orixás e é, por essa razão, mais velha e mais inibida. Apesar de seus gestos afetuosos, ela mostra menos interesse em dar-se ou prestar atenção nos outros. Em geral, ela é mais distante, e sua afabilidade é interpretada simplesmente como "boas maneiras" ou "polidez" em suas relações. No outro extremo, Iansã é descrita como uma mulher masculina, com uma personalidade quase andrógina. Ela não poupa esforços para alcançar seus objetivos e, no papel de esposa de Xangô, é sua companheira e colaboradora na guerra, mas não aceita coabitar com ele. Mesmo assim, embora Iansã se diferencie dos outros *orixás* femininos por seu temperamento agressivo e vontade de vencer, compartilha com eles a disposição de acompanhar Xangô e cooperar com ele no empreendimento de conquistar a Terra dos Malés (um célebre mito de Xangô), bem como um sentido de identidade definido como feminino.

Por outro lado, entre os santos homens, Ogum é visto como o epítome da masculinidade, o senhor do trabalho e da guerra, um homem solitário da floresta que não se relaciona humanamente com ninguém; ele é rígido, reflexivo, sério e objetivo. Xangô é visto como menos masculino do que Ogum, por

um vazio dentro de mim que eu não consigo explicar. Então, quando quero resolver um problema difícil, fixo meus pensamentos no meu terceiro santo, Xangô, e parece que estou com ele, ajo como ele. Xangô é masculino, e quem é masculino é sempre mais autônomo, mais capaz de tomar uma decisão rápida e se virar sozinho em qualquer situação. (N.A.)

causa de seu caráter mais emocional e afetivo. Ele também teve que depender algumas vezes da proteção de seu pai, Orixalá, e de sua mãe, Iemanjá.

Por último, Orixalá, o pai de todos, apesar de ser descrito como muito masculino em seu grau de autonomia e na inflexibilidade de suas opiniões, também apresenta alguns traços comuns a Iemanjá e Oxum, tais como sua suavidade e ternura; ele é mais paciente e tolerante do que Ogum e Xangô. Em suma, embora Orixalá tenha grandes diferenças de temperamento em relação a Ogum e Xangô, ele se assemelha a eles na percepção de si como um agente fundamentalmente autônomo. Portanto, a qualidade essencial para definir o gênero da personalidade, ou seja, o gênero do santo, não é o temperamento, mas o seu sentido como agente autônomo ou dependente. Somente a última qualidade é interpretada como um componente relevante da identidade de gênero do sujeito, indicada pelo santo atribuído a ele.

De fato, as qualidades classificadas nessa visão de mundo como femininas e masculinas não diferem muito dos estereótipos ocidentais de comportamento masculino e feminino tal como são apresentados na literatura psicológica (ver, por exemplo, Williams e Bennett,[19] e uma síntese em Archer e Lloyd).[20] A abordagem de Xangô se aproxima, também, da psicologia ocidental no seu reconhecimento da existência de componentes masculinos e femininos na psique de mulheres e homens (Freud;[21] para uma análise atualizada da teoria freudiana sobre a constituição bissexual congênita da psique humana, consulte Mitchell).[22] A própria preferência do povo de Xangô por uma combinação de um santo masculino e um feminino na "cabeça" de cada filho ou filha de santo também parece coincidir

---

19. J. Williams e S. Bennett, "The definition of sex stereotypes via the adjective check list", in *Sex Roles*, 1975.
20. J. Archer e B. Lloyd, *Sex and Gender*, 1982
21. S. Freud, *Three Contributions to the Theory of Sex*, 1962.
22. J. Mitchell, *Psychoanalysis and Feminism*. Londres: Penguin, 1982. [Edição castelhana: *Psicoanálisis y feminismo*, 1982.

com os achados recentes da psicologia ocidental sobre as vantagens que os indivíduos com personalidade "andrógina" apresentam em relação a quem exibe atributos exclusivamente femininos ou masculinos (Lipsitz Bem;[23] Williams).[24] Apesar dessas semelhanças, no entanto, o culto tem a peculiaridade de colocar à disposição de integrantes um sistema de classificação de personalidades como predominantemente femininas ou masculinas, no qual esse aspecto psicológico é evidentemente distinguido de outros componentes da identidade de gênero de uma pessoa. De fato, o santo da pessoa independe não apenas de seu sexo anatômico, mas também da forma preferencial em que ela expressa a sua sexualidade, ou seja, sua preferência por parceiros homo ou heterossexuais (uma característica bem apontada por Binon-Cossard).[25] Eu mesma ouvi vários pais e mães de santo comentarem sobre o desejo de algumas mulheres e de homens homossexuais de serem iniciados como filhos de Oxum, e criticarem essa preferência como um sinal de desconhecimento dos "fundamentos" do culto; de acordo com esta perspectiva, Oxum descreveria a personalidade, não a sexualidade do filho de santo. Por outro lado, há homens de orientação definitivamente heterossexual que são filhos de Oxum, assim como não é incomum que um homem homossexual tenha Ogum como dono da cabeça.

Para concluir, é conveniente advertir que não existe uma preferência generalizada por santos femininos ou masculinos. Cada um apresenta vantagens e desvantagens, virtudes e defeitos, e cada um exibe um tipo específico de talento que lhe permite exercer um estilo próprio de liderança. Nesse sentido, o culto difere do que Jean Miller[26] caracteriza como a desvalorização sofrida pelos atributos de caráter feminino na cultura ocidental.

23. S. Lipsitz Bem, "The measurement of psychological androgyny", *Journal of Consulting and Clinical Psychology 42*, 1974; S. Lipsitz Bem, "Sex role adaptability, one consequence of psychological androgyny", *Journal of Personality and Social Psychology 31*, 1975.
24. J. A. Williams, "Psychological androgyny and mental health", in O. Hartnett, G. Boden y M. Fuller (comps.), *Women, Sex Role Stereotyping*, 1979.
25. G. Binon-Cossard, op. cit., p. 132.
26. J. B. Miller, *Towards a New Psychology of Women*. 1979.

Papéis femininos e masculinos nas relações entre membros da família mítica

A família mítica dos *orixás* combina elementos típicos da família patriarcal característica da classe dominante brasileira com concepções evidentemente não patriarcais. Por conta de sua idade e posição, Orixalá, o pai, tem autoridade potencial sobre as outras divindades, mas devido ao seu temperamento passivo, quase feminino, ele só a exerce em raras ocasiões. De fato, ele é frequentemente maltratado por sua nora, Iansã,[27] e por sua própria esposa, Iemanjá, que o "traiu" com um orixá de *status* superior, Orunmilá, com quem teve uma filha, Oxum.[28] Mas Orixalá, em vez de rejeitá-la, adotou Oxum e a criou com o máximo de cuidado. Essa filha adotiva tornou-se, então, a favorita e protegida do pai dos orixás, a quem retribuiu com muita devoção, cozinhando e lavando roupas para ele e atendendo de forma solícita a todas as suas necessidades. É por isso que ambos demonstram tanto afeto mútuo.[29]

Iemanjá, a mãe, é reconhecida como a segunda posição de autoridade, mas é percebida como apática, falsa e pouco disposta a zelar pelas necessidades dos outros. Portanto, a autoridade de que ela desfruta como mãe dos orixás é vista por integrantes como um privilégio não merecido. Oxum, ao contrário, representa a mãe de criação que cuida dos filhos

---

27. Dois episódios relatam abusos que Iansã infligiu a Orixalá. Em um deles, Iansã pegou uma moringa que pertencia a Orixalá (uma vasilha de barro, um elemento do assentamento ritual desse orixá) e a jogou no mar (nenhum elemento de Orixalá pode entrar em contato com sal ou tocar a água do mar). Em outra ocasião, Iansã encontrou Orixalá queixando-se de uma ferida na perna e, dizendo que iria curá-lo, colocou sal e pimenta e cobriu o ferimento com uma bandagem. Em ambos os casos, deixou Orixalá chorando de dor, de modo que Oxum veio socorrê-lo. (N.A.)
28. Diz-se que Iemanjá foi uma esposa falsa e fria com Orixalá; que não cuidava dele, nem da casa e dos filhos. Diz-se também que ela "enganou o velho com Orunmilá" (um *orixá* de "patente" superior à de Orixalá) e teve com ele Oxum, que não é a filha "legítima" (no sentido de ser "de sangue") de Orixalá, mas uma filha de criação. (N.A.)
29. Fala-se ainda de um outro caso de adoção paterna: Idoú, um filho de Oxum, teria sido criado na floresta por Obaluayê. Um dia, vendo que Idoú havia se tornado um jovem forte e bonito, Oxum quis tê-lo de volta, mas ele se negou a voltar e preferiu ficar com Obaluayê. (N.A.)

dos outros orixás. Diz-se que ela é uma "provedora", atende às necessidades dos outros e, consequentemente, merece o reconhecimento dado a uma mãe. Enquanto Iemanjá tem direito à obediência e ao respeito, os sentimentos despertados por Oxum são de carinho e gratidão. De fato, integrantes do culto, em inúmeras conversas, questionam a maternidade "de sangue" como fonte de legitimidade da autoridade de Iemanjá. Essa legitimidade e os direitos dela derivados são intensamente criticados, porque, argumenta-se, se baseiam em seu papel puramente biogenético de procriadora.

Apenas integrantes iniciados como filhos ou filhas de Iemanjá discordam dessa visão, e, na tradição Nagô de Recife, são vistos, geralmente, com certa antipatia. De acordo com os depoimentos, assemelham-se a Iemanjá por apelarem frequentemente a privilégios e prerrogativas, assim como por seu apego às normas e às formalidades.[30] Esse tipo de comportamento

---

30. A seguir, transcrevo alguns dos depoimentos que colhi sobre Iemanjá e seus filhos:
C.: Não gosto de falar sobre isso e, para falar a verdade, poucas vezes disse o que penso sobre Iemanjá, mas já ouvi mais de mil pessoas dizerem a mesma coisa: fui a São Paulo, fui ao Rio, e em todo lugar constato que as pessoas têm a mesma opinião. Na frente de um filho de Iemanjá eu fico completamente inibido e não consigo agir com espontaneidade, não sinto nenhuma vibração, eles são tão polidos! Você sabe o que significa a palavra "*mãe*": ela dá aquela proteção, aquele abrigo, e o filho se sente vaidoso, dono da verdade. Por um lado, parecem muito calmos, muito afáveis e têm aquela humildade, mas no fundo são muito arrogantes e você nunca sabe o que eles estão pensando. Eles nunca revelam o que pensam sobre você. Eles têm boas maneiras, mas não são sinceros. Isso é exatamente o que significa ser mãe, a mentalidade materna: elas se sentem superiores a todo mundo.
J.: Quando estou diante de um filho de Iemanjá, nunca me sinto à vontade. Parece que eles estão sempre julgando as pessoas. É como se eles falassem com você por educação, por obrigação. Eles nunca são capazes de ajudar uma outra pessoa incondicionalmente. Eles não são abertos. Quando eles dão um golpe, é como um golpe do mar: você nunca sabe de onde e nem quando ele vem. Os filhos de Iemanjá nunca fazem bagunça, nunca discutem ou se divertem livremente. Eles não gostam de anarquia. Todos os *orixás* devem prestar homenagem a Iemanjá, mesmo que não gostem dela, porque ela é mãe. Ela tem influência e autoridade porque é mãe.
L.: Um filho de Iemanjá nunca fala bem de ninguém. Eles parecem simpatizar com seus problemas, mas por trás podem rir de você. Não se pode ler a mente de um filho de Iemanjá: eles são falsos. Muitos deles não conseguem ter sentimentos verdadeiros. São quadrados, conformistas, mesquinhos, escrupulosos – mas não hesitariam em trair para conseguir algo.
Lu (filha de Iemanjá): Iemanjá é melancólica, mas também é feroz [...] Ela é uma sereia, um ser misto, com duas qualidades: mulher e peixe. Ela sobreviveu tanto tempo no fundo do mar porque, apesar de ser uma mulher, ela tem autoridade. Nesse sentido, ela tem

está associado à maternidade "legítima" de Iemanjá, em oposição à maternidade "verdadeira" de Oxum.

Ogum, o filho mais velho, é apontado como a divindade que goza do direito de primogenitura e, portanto, pode usar a coroa. Ele exibe as maneiras, o porte e a responsabilidade de um rei.[31] Contudo, Xangô, graças à sua astúcia e por meio de um ardil, tomou a coroa de Ogum,[32] apesar de não ter nenhuma das três qualidades de seu irmão. Mais uma vez, o princípio do nascimento e da consanguinidade é questionado.

De acordo com o mito, Iansã foi um homem em um passado distante e tornou-se uma mulher em tempos mais recentes. Mas, como mulher, ela rejeita a maternidade e é descrita por alguns como estéril; outros dizem que ela deu à luz filhos que entregou a Oxum para criar (dar os filhos para outra pessoa criar é mencionado como uma prática costumeira entre os orixás). Além disso, Iansã comanda os espíritos dos mortos ou *eguns*, o que é visto como a mais masculina de todas as tarefas possíveis (somente os homens podem oficiar e ajudar em rituais dedicados aos espíritos dos mortos). Ela é descrita como uma orixá guerreira, que carrega uma espada e

    beleza por um lado e ela domina pelo outro. Ela é a rainha do mar, domina os peixes. Ela tem uma personalidade forte, autoritária, mas ela conserva as suas boas maneiras, a sua afabilidade. O povo diz que os filhos de Iemanjá são falsos, mas isso é porque eles têm uma aparência calma, embora no fundo sejam grosseiros, mal-humorados. Nesse sentido, eles podem enganar. (N.A.)

31. Sobre Ogum, um integrante me disse o seguinte: Iemanjá já ia dar a coroa para Ogum, mas Xangô fez uma artimanha e ficou com ela. Ogum é muito conservador; Xangô é extrovertido, charmoso e se tornou rei. Mas Ogum ainda tem aquele ar de rei, e Xangô não. Ogum jamais perdeu a compostura, a seriedade, a aparência solene de um rei, porque ele tem nobreza. Xangô é exatamente o contrário: é rei, mas não tem nada de rei. Você vê que os filhos de Ogum são sisudos, sérios". (N.A.)
32. O mito conta que Xangô, ávido para tomar a coroa de Ogum, colocou um sonífero no café de Ogum e correu para o local onde a cerimônia seria realizada. Lá, Iemanjá ordenou que a luz fosse apagada para começar e Xangô, aproveitando a escuridão, cobriu-se com uma pele de ovelha e sentou-se no trono. A pele do animal era usada para se passar por Ogum quando a mãe o tocava, pois este, por ser o primogênito, é considerado um homem pré-histórico coberto de pêlos. Assim que a coroa foi colocada em sua cabeça e a luz foi acesa, todos viram que se tratava de Xangô, mas já era tarde demais para voltar atrás. Os membros do culto mostram a imagem de São João menino coberto com uma pele de ovelha como uma representação sincrética de Xangô. É interessante ressaltar que é Iemanjá, e não Orixalá, quem entrega a coroa, como legitimação da investidura do rei. (N.A.)

demonstra um temperamento agressivo. No extremo oposto, como já mencionei, Orixalá é visto como um pai com temperamento feminino.

Por fim, é interessante analisar o comportamento dos dois casais constituídos: o dos progenitores, formado por Orixalá e Iemanjá, e o casal formado por Xangô e Iansã. Como mostrarei, em ambos, uma incompatibilidade essencial separa os cônjuges. De acordo com os mitos, o casal progenitor é incompatível por suas diferenças quanto ao uso do sal. Enquanto Iemanjá é, no Brasil, a dona do mar e das águas salgadas, Orixalá abomina o sal, o mar e a comida salgada. As refeições de oferenda de Orixalá são preparadas sem sal, e diz-se que um filho ou filha desse santo pode morrer se for à praia ou se qualquer elemento ritual desse orixá entrar em contato com a água do mar. Igualmente, Iansã e Xangô, apesar de serem descritos como os únicos formalmente casados, discordam ferozmente sobre o carneiro e também são incompatíveis quando se trata do mundo dos mortos. Por um lado, Iansã concordou em casar-se legalmente com Xangô, mas nunca aceitou coabitar com ele, porque ele come carne de carneiro e ela detesta a simples menção a esse animal. Por outro lado, Xangô é o único orixá que não pode entrar no quarto de Igbalé (onde, após a morte, residem os *eguns* ou espíritos dos antepassados) e tem aversão à morte e aos *eguns*, espíritos sobre os quais, justamente, reina Iansã.

Todos os outros casais mencionados pelos mitos, sejam eles heterossexuais ou homossexuais, são instáveis. Xangô seduz Oxum, a quem rapta do palácio de seu pai, segundo alguns, ou tomando-a de Ogum, segundo outros; mas ambos manterão uma relação esporádica como amantes. Iansã foi esposa de Ogum, mas "esteve, contudo, com Xangô". Oxum seduziu Iansã, mas logo a abandonou; finalmente, algumas versões falam de um relacionamento entre Ogum e Odé, que, apesar disso, continuaram suas vidas solitárias na floresta.

Todas essas relações entre os *orixás* expressam uma negação coerente aos princípios sobre os quais a ideologia dominante na sociedade brasileira baseia a constituição de família. O matrimônio e o parentesco de sangue são deslocados da posição central que ocupam segundo essa ideologia. Na seção anterior, mostramos que a atribuição de um orixá à "cabeça" da pessoa subverte o determinante natural do sexo biológico na definição do gênero da personalidade. Nesta seção, veremos que a determinação biológica dos papéis familiares pressuposta pela ideologia patriarcal é sistematicamente transgredida pelo aspecto andrógino de Iansã e pela passividade do pai; essa transgressão também é destacada pela existência de um caso de adoção paterna por Orixalá e pela importância assumida pela relação entre ele e sua filha de criação, Oxum. Da mesma maneira, os direitos "de sangue" de Iemanjá e Ogum são relativizados, a primeira na posição de mãe e o segundo na posição de herdeiro. Por outro lado, a incompatibilidade simbólica dos casais míticos expressa conceitos relacionados ao casamento que caracterizam a visão de mundo do culto.

Nas próximas seções, tentarei mostrar o reaparecimento desses mesmos temas na organização social do culto. Quero deixar explícito que não tenho a pretensão de esgotar o conteúdo dos mitos do Xangô; apenas extraí fragmentos que são frequentemente invocados no curso da interação social, por meio de comentários de integrantes.

Matrimônio, família e família de santo entre os membros do culto

Enquanto a família patriarcal sempre tenha sido característica das classes altas brasileiras, entre as classes baixas e especialmente entre a população negra (preta e parda) podem ser encontradas formas de organização familiar semelhantes àquelas consideradas típicas do parentesco afro-americano.

Os povos de cultos de matriz africana refletem essa tendência, e muitos integrantes pertencem a famílias do tipo descrito na literatura como "matrifocal",[33] "família materna negra"[34] ou "unidade doméstica consanguínea" (em oposição a "unidade doméstica familiar").[35] De qualquer maneira, a organização das unidades domésticas apresenta uma enorme variedade de formas. A maioria das casas é habitada por uma combinação de pessoas relacionadas por parentesco consanguíneo, chamadas de "legítimas" por integrantes do culto, e pessoas não relacionadas por parentesco de sangue.

Um padrão comum é, por exemplo, uma unidade familiar chefiada por uma mãe de santo, que pode viver com filhos de criação pertencentes a mais de uma geração e/ou alguns filhos "legítimos". Em geral, alguns dos filhos adotivos também serão seus filhos de santo; assim como outros filhos de santo também podem morar na casa. A mãe de santo pode ou não ter um parceiro sexual masculino morando com ela ou visitando-a e manter, simultaneamente, uma parceria feminina. Alternativamente, ela pode viver apenas na companhia de outra mulher, que pode atuar como "mãe pequena" ou segunda pessoa responsável pela casa; este último é um padrão muito comum.

Também pode haver outros residentes: amigos, parentes de sangue ou parentes "de santo", que lhe ajudarão com as tarefas necessárias. Outras unidades são chefiadas por pais de santo, embora essa situação seja menos frequente porque o culto tem mais mulheres do que homens. Nesse caso, o chefe da família pode ter filhos "legítimos" e/ou de criação, geralmente de gerações diferentes, além de mais de uma esposa ou um parceiro sexual masculino e, em alguns períodos, ambos ao mesmo tempo. Alguns de seus filhos de criação podem ser

---

33. M. G. Smith, "Some aspects of social structure in the British Caribbean about 1829", *Social and Economic Studies*, 1956.
34. C. E. King, "The negro maternal family: a product of an economic and a culture system", *Social Forces*, 1945.
35. E. Clarke, *My Mother who Fathered Me*, 1957.

seus filhos de santo. É igualmente possível que alguns amigos e parentes de sangue e/ou santo vivam na casa e colaborem com ele, mas é importante observar que, em todos os casos, a composição das unidades domésticas é muito instável, devido à grande mobilidade de integrantes. Também gostaria de salientar que todas as variantes mencionadas acima foram observadas em casos concretos.

As casas das mães de santo e a maioria das casas onde vivem as filhas de santo são chefiadas por mulheres, mesmo quando elas têm maridos. Geralmente, os maridos das mulheres do culto, quando moram com elas, não exercem nenhuma autoridade no lar e nem tomam decisões. Predominam as uniões consensuais, geralmente de curta duração, entre os membros do culto (chamadas de relações de concubinato na Bahia e discutidas em Frazier;[36] Herskovits,[37] e Ribeiro).[38] Os pais de santo de orientação predominantemente heterossexual e que têm esposas frequentemente visitam alguma outra casa ou "filial" na qual eles têm outra mulher. Como já mencionado, parentes fictícios, sejam filhos de criação ou membros da família de santo da pessoa que é chefe da casa, geralmente formam parte da unidade doméstica; moradores temporários também são acomodados com frequência. O quadro complica-se, ademais, pelo costume muito habitual de dar e receber filhos de criação, em caráter temporário ou permanente, e pela presença frequente de parceiros homossexuais dos líderes da casa. A adoção (não legal) de crianças é uma atitude altamente valorizada por mães e pais de santo; os casais homossexuais costumam cooperar na criação das filhas e dos filhos, uma situação mais comum entre as mulheres, mas de modo algum desconhecida entre os homens.

---

36. E. F. Frazier, "The negro family in Bahia, Brazil", *American Sociological Review*, 1942.
37. M. J. Herskovits, "The negro in Bahia, Brazil: a problem of method", *American Sociological Review*, 1943, M. J. Herskovits, *The New World Negro*, 1966.
38. R. Ribeiro, "On the amaziado relationship and other problems of the family in Recife (Brazil)", *American Sociological Review*, 1945.

A partir de minhas observações e dos depoimentos coletados, concluí que, no ambiente social do culto, as uniões consensuais podem ser definidas simplesmente como arranjos mais ou menos estáveis entre qualquer par de indivíduos que decidam conviver, cooperar e manter uma interação sexual. Em resumo, a bissexualidade é, em minha opinião, a orientação predominante entre os membros do culto, uma impressão repetidamente confirmada nos testemunhos de informantes e ecoada nas informações obtidas por Peter Fry em Belém do Pará:

> Um pai de santo foi mais explícito: em todo o Brasil, especialmente no Pará e Maranhão, se você observa cuidadosamente, achará difícil encontrar um pai-de-santo ou uma mãe-de-santo totalmente correto sexualmente. Eles sempre têm um deslize. O candomblé nasceu, em parte, para o homossexualismo.[39]

Outro aspecto fundamental para a compreensão do tema é que a vida no culto é entendida pelos seus membros como sendo praticamente incompatível com o casamento, tal como é definido pela sociedade em geral. Além disso, devido ao fato de que a ideologia dominante da sociedade brasileira vê as mulheres como subordinadas a seus maridos, essa incompatibilidade é particularmente enfatizada com relação às mulheres e é expressa de diferentes maneiras. Em primeiro lugar, a maioria das mulheres que estava em um relacionamento estável com um homem na época em que se aproximou do culto relatou que seus parceiros se opuseram terminantemente a essa aproximação.

Nesses casos, é somente quando o santo, em sua insistência em "ser feito", chega a arriscar a vida da filha com doenças, desmaios repentinos ou sinais de sofrimento psíquico, que os maridos, preocupados com a opinião pública, se curvam ao

---

39. P. Fry, op. cit., p. 121.

desejo do santo e aceitam a iniciação da mulher. No entanto, em muitos dos casos registrados, essas uniões terminam logo após a entrada da mulher no culto. Pais e mães de santo advertem com antecedência e, às vezes, dedicam uma curta fala de abertura durante o primeiro ritual de iniciação para lembrar que as responsabilidades e a dedicação que o culto exige estão em conflito aberto com as expectativas de obediência e devoção associadas à vida conjugal, de acordo com os valores vigentes. Como costumam dizer, as saídas periódicas de casa por vários dias para ajudar nos rituais da casa do santo, bem como as frequentes exigências de abstinência sexual necessárias tanto para entrar no quarto do santo (onde as pedras de assentamento e os símbolos rituais são mantidos) quanto para que o santo possa "baixar" em possessão, além dos longos períodos de reclusão durante a iniciação e os rituais de sua renovação, exigem um grau de liberdade que um matrimônio ortodoxo não permite.

A prioridade dada ao santo em detrimento do marido é repetida até a exaustão pelos líderes do culto, esperando-se que ele aceite perder uma parte significativa da influência que tinha sobre a esposa. Além disso, o desestímulo ativo da instituição do casamento por parte do culto é indicado pela ausência de qualquer forma de ritual para a legitimação religiosa desse vínculo. Por outro lado, proclama-se repetidamente que, uma vez que uma pessoa (especialmente uma mulher) entre no culto, somente o santo governará sua vida e é a ele que se deve lealdade e obediência em primeiro lugar.[40] Em muitos casos,

---

40. O seguinte depoimento ilustra bem como isso acontece. Quem conta é uma famosa e bem-sucedida mãe de santo de Recife.
T: Uma vez eu morei com um homem que já morreu. Esse homem tinha me dito que, se eu não aceitasse morar com ele, ele me mataria. Mas Orixalá, meu santo, já tinha falado que não era pra eu ficar com ele dentro de casa porque não me daria bem. Mas o homem insistiu. Ele era filho de Xangô. Um dia eu estava com ele e Orixalá 'me pegou' (baixou em possessão) e disse: - "Filho de Xangô: eu sou Orixaogiã Bomim (fica implicada a autoridade paterna de Orixalá sobre Xangô), o dono do Ori da minha filha (a mulher possuída e que agora relata a história). Que dia é hoje?"
– "Quarta-feira".
– "Bem, outro dia como este não verá você com ela". Tinha muita gente ali que viu isso e que ainda hoje lembra, mas eu não acreditei. No domingo seguinte eu estava comendo com ele quando perdi a voz, minhas pernas ficaram como mortas e as lágrimas começaram

a autoridade do santo passa a agir como uma proteção para ela contra o marido, e não são incomuns casos em que o santo de uma mulher em possessão faça ameaças graves ou dê conselhos imperativos ao marido, criando situações que seriam impensáveis no contexto fortemente patriarcal da sociedade nordestina como um todo.

Entre os homens, também, algumas regularidades são notórias. Todos os pais de santo que conheci mantinham ou mantiveram mais de uma companhia sexual simultaneamente, o que geralmente era de conhecimento público. Os membros de Xangô consideram que esse tipo de relação (que não inclui o incesto) tem o mesmo papel que o celibato sacerdotal entre os católicos. De fato, a liberdade sexual dos pais de santo, só restringida em relação aos seus próprios filhos e filhas de santo, assegura que sua disponibilidade não seja inibida pelas exigências de vínculos familiares intensos e exclusivos. Como Fry argumenta, ao tentar explicar a presença de muitos homossexuais nas casas de culto de Belém, um líder que não tem família dispõe mais livremente de seus ganhos e pode reinvesti-los constantemente no culto.[41]

> a brotar. Ele me perguntou o que estava acontecendo. Eu não consegui falar. Eu tinha um dinheiro para dar para ele ir embora, mas eu estava triste de ter que mandá-lo embora. Fiquei sem poder dizer nada por um tempo e fui levada para a cama. Depois de um pouco eu consegui outra vez falar e disse que não era nada sério e que lhe daria um pouco de dinheiro para ele ir embora; que estava muito triste por ter que mandá-lo embora, mas que o santo não queria nos ver juntos, de modo que ele tinha que ir-se. Imediatamente aquilo me tomou e eu fiquei sem voz. Aí ele falou: "Não, não, se é assim eu mesmo vou-me embora!". Quando deu seis horas eu juntei as coisas dele e botei tudo que poderia necessitar. E cada vez que a força de Orixalá me deixava por um instante, eu chorava. Ele disse: "- Mas T., se é pra você viver comigo, você vive, e se não é você não vive. Fique tranquila, pare de sofrer!" Ele foi embora às quatro da manhã. Eu o levei até o portão sem chorar, sem dizer uma palavra. Eu não estava em mim. Quando voltei eu chorei tanto que pensei que ia sofrer um ataque. Todo mundo chorou. Dois dias depois Ogum baixou (em possessão) e disse: - "Não quero a minha filha gastando lágrimas por nenhum homem. Minha filha não deve pensar ou se preocupar por causa de nenhum homem". (Ogum é o quarto santo da cabeça de T.) Então acabou tudo e eu não chorei mais. Logo depois Orixalá baixou num toque e disse pra mim que dali por diante eu poderia gostar de qualquer outro homem porque eu era de carne, eu era de matéria, mas que homem nenhum poderia entrar na minha casa para ser o dono: que os donos da minha casa eram só eles, os meus santos. Eu poderia sair com um homem, um homem poderia me visitar, que eu poderia 'gostar'... Mas que nenhum homem poderia ficar para ser o chefe, o dono da casa. (N.A.)
>
> 41. P. Fry, op. cit., p. 118.

As controvérsias sobre o caráter sistemático ou assistemático do parentesco afro-americano começaram no início da década de 1940. Naqueles primeiros anos, Franklin Frazier descreveu as classes baianas pobres que se agrupam em torno do candomblé como desprovidas de uma base familiar consistente e reconhecível,[42] e considerou os arranjos de casamento e companheirismo sexual como práticas aleatórias. Por exemplo, ele disse o seguinte sobre um importante pai de santo do candomblé baiano: "o comportamento sexual do meu informante era notoriamente promíscuo".[43] Herskovits procurou contradizer as avaliações de Frazier e tentou atribuir o que parece casual ou desorganizado no parentesco afro-americano à persistência das concepções africanas de organização familiar em um novo meio social; a família poligínica africana teria sido "reinterpretada em termos de parcerias múltiplas sucessivas e não mais simultâneas".[44] No caso das populações negras do Caribe e dos Estados Unidos, a variabilidade e a instabilidade dos arranjos domésticos foram geralmente entendidas como uma consequência negativa de fatores econômicos[45, 46] históricos[47] ou demográficos.[48] As unidades domésticas matrifocais eram consideradas defeituosas e o parentesco, uma consequência do colapso social.

Mais recentemente, Raymond Smith, que na década de 1950 cunhou o termo "matrifocal", reagiu contra essa abordagem e voltou a enfatizar o caráter sistemático do parentesco afro-norte-americano. De acordo com esse autor, as classes mais baixas em geral e as populações afro-americanas em particular não enfatizam, como as classes médias, a família nuclear,

---

42. E. F. Frazier, op. cit., p. 470-478.
43. E. F. Frazier, "Rejoinder" al artículo de M. Herskovits, "The negro in Bahia, Brazil", *American Sociological Review*, 1943, p. 403.
44. M. J. Herskovits, *The New World Negro*, 1966, p. 58.
45. M. G. Smith, op. cit.
46. E. Clarke, op. cit.
47. C. E. King, op. cit.
48. K. Otterbein, "Caribbean family organization: a comparative analysis", *American Anthropologist*, 1965.

mas a solidariedade entre mãe e filho,[49] o que não deve ser interpretado como falta de sistema, mas como uma forma alternativa de organização.

Na mesma linha de raciocínio, autores como Stack[50] e Tanner[51] procuraram encontrar um modelo para demonstrar que as relações de parentesco entre os negros norte-americanos de classe baixa são sistemáticas e não desorganizadas. Segundo Stack, a coerência desse sistema de parentesco pode ser encontrada se forem levadas em consideração as estratégias que nele se articulam para expandir e fortalecer os laços de afinidade e, assim, ampliar a rede de relações com a qual se pode contar em caso de necessidade. Nos termos de Tanner, "o sistema de parentesco afro-norte-americano prioriza a flexibilidade" e depende de redes e relacionamentos extensos "que podem ser acionados conforme a necessidade"; "frequentemente, parentes (de sangue) vivem juntos e alguns cuidam dos filhos uns dos outros".[52] Uma dessas estratégias reconhecíveis é a existência de "unidades domésticas com fronteiras elásticas",[53] ou seja, adaptáveis a mudanças frequentes na sua composição e abertas para acomodar tantos parentes quantos forem necessários, a ponto de tornar, às vezes, difícil dizer em qual casa determinado indivíduo mora.[54] Outra estratégia observada é a de limitar sistematicamente as chances de sucesso das uniões conjugais, uma vez que qualquer casamento estável que constitua uma família nuclear implica a perda de um parente para a rede de parentesco consanguíneo da qual um dos cônjuges é proveniente. Entretanto, apesar do fato de que as relações verticais entre mãe e filho e as horizontais entre irmãos são o eixo do sistema e retiram o matrimônio da posição central,

---

49. R. Smith, *The Negro Family in British Guiana*, 1970, p. 67.
50. C. B. Stack, "Sex roles and survival strategies in an urban black community", en M. Zimbalist Rosaldo y Louise Lamphere (comps.), *Woman, Culture and Society*, 1974.
51. N. Tanner, "Matrifocality in Indonesia and Africa, and among black Americans", en M. Zimbalist Rosaldo y Louise Lamphere (comps.), *Woman, Culture and Society*, 1974.
52. Ibid., p. 153.
53. Stack, op. cit., p. 128.
54. Ibid., p. 116.

os vínculos de afinidade com a rede consanguínea do cônjuge continuam disponíveis e podem ser ativados.

Em Recife, essa sistematicidade emerge e assume características semelhantes às mencionadas por Stack e Tanner na família de santo e na importância atribuída às formas de parentesco fictício. A grande diferença entre o parentesco descrito por essas autoras e o que me interessa aqui é que o primeiro ainda se baseia na consanguinidade como fundamento dos vínculos familiares, enquanto o segundo não atribui um significado tão relevante ao sangue. Tentarei mostrar dois pontos importantes em relação à família do santo. O primeiro deles retoma a questão da negação do matrimônio como instituição central da organização social. Essa questão, como ficou explicitado, além de ser importante para a compreensão do comportamento social dos membros do culto, é sinalizada pela incompatibilidade simbólica dos casais míticos, e apontada por Stack e Tanner como uma das estratégias cruciais para compreender o parentesco da população negra de classe baixa na América do Norte. Como tentarei mostrar, esse tema também se encontra presente na estrutura da família de santo. O segundo ponto busca expor a irrelevância das determinações biológicas na definição dos papéis sociais dentro da família de santo, em oposição ao intenso determinismo biológico que rege a definição dos papéis rituais.

A família de santo representa a cristalização de um sistema de normas básicas de interação expressas em termos de parentesco. O núcleo dessa família religiosa fictícia é composto por uma "mãe" ou "pai de santo" e seus "filhos de santo"; seu lugar é a "casa de santo", onde mora o pai ou a mãe, embora não seja necessário que todos os filhos residam lá. O que caracteriza esse local é o fato de nele serem guardadas as pedras do assentamento e os símbolos materiais pertencentes ao *orixá* do dirigente da casa – mãe ou pai de santo –, bem como os pertencentes a seus filhos de santo (ver Carvalho).[55] O eixo dessa estrutura de parentesco fictício é a relação vertical entre a liderança da casa de santo e seus filhos de santo. A relação entre os irmãos de santo vem em segundo lugar de importância. Embora toda iniciação exija a participação ritual de um pai de santo e de uma mãe de santo do novo filho, o novo filho só será considerado membro da casa de um deles: em geral, a casa onde a cerimônia foi realizada. Portanto, pode-se dizer que existem famílias de santo encabeçadas por homens e encabeçadas por mulheres, sem que isso implique qualquer diferença em sua estrutura. Se o líder da casa for um homem, ele ou o iniciante designará uma mãe de santo para cooficiar no ritual da "feitura"; se a líder for uma mulher, um pai de santo será convidado.

Depois da iniciação, pai, mãe, irmãos e irmãs "legítimos" – de sangue, segundo o vocabulário de membros – do novo filho de santo, se houver, passam a ser relegados a uma posição secundária, e os novos parentes fictícios passam a ser chamados por esses termos e substituir aqueles em todas as prerrogativas que tinham: laços de solidariedade, obediência, respeito, etc. Mais uma vez, fatores biológicos são relativizados pelas normas do culto. Não pode haver – e, curiosamente, nunca há – sobreposição entre o parentesco religioso e o parentesco "legítimo". Tal sobreposição é tratada como um tipo de incesto, embora esse termo ou termo equivalente não utilizado. Uma pessoa não pode se tornar pai ou mãe de santo de seus filhos legítimos, e nem de seu pai ou mãe legítimos, nem de seu cônjuge ou parceiro sexual atual ou anterior. Um pai ou mãe de santo não pode tornar-se parceiro sexual de um de seus filhos de santo e, quando isso ocorre, a situação geralmente termina com o afastamento voluntário do filho ou filha.

Uma omissão significativa deve ser observada: nada é prescrito em relação à sobreposição de parentesco de santo e

---

55. J. J. Carvalho, "Ritual and music of the Sango cults of Recife, Brazil", 1984.

parentesco legítimo para pessoas que atuam juntas como pai e mãe de santo em uma iniciação. De fato, não há nenhuma regra que prescreva ou proíba qualquer tipo de relacionamento entre um pai e uma mãe de santo que oficiem juntos em uma ou mais iniciações: eles podem ser irmão e irmã legítimos, pai e filha, cônjuges ou parceiros sexuais, ou simplesmente amigos e colegas. Embora exista um conceito para cada um dos papéis sociais dentro da família de santo – mãe, pai, filho, filha, irmão e irmã de santo –, não existe a noção de marido e mulher dentro do parentesco religioso, e nenhum dos termos indica a existência de um papel social relacional entre essas duas pessoas dentro da família de santo. Além disso, cada um dos membros do par de pessoas que cooficiou um ou mais rituais de *feitura de santo* pode participar individualmente de outras iniciações, cooficiando com qualquer número de parceiros de rituais. Em outras palavras, o pai e a mãe de santo de um membro não são entendidos como um casal do ponto de vista do parentesco fictício. A fragilidade do relacionamento conjugal dentro da família de santo, em contraste com a importância do relacionamento vertical entre a mãe ou o pai de santo e seus filhos de santo, assemelha-se ao princípio organizacional já identificado por Stack e Tanner no parentesco afro-norte-americano.

Como unidade social, a família de santo coloca à disposição de cada integrante um sistema de parentesco alternativo que é organizado e estável, embora seja bastante esquemático – o que libera as pessoas da incerteza de ter que depender apenas da cooperação e da solidariedade das relações de parentesco legítimo, geralmente frágeis e pouco articuladas. Nesse sentido, a família de santo simula uma família afro-americana simples e totalmente confiável, já que se apoia em sanções sobrenaturais e é legitimada ritualmente. Em alguns casos, quando o membro provém de uma família bem constituída nos termos da ideologia dominante da sociedade brasileira, a família de santo funciona como uma extensão daquela, ampliando a rede de pessoas a quem se pode recorrer em caso de necessidade. Esse sistema tem a peculiaridade de não excluir as mulheres da liderança familiar, como na família patriarcal, nem os homens, como na família matrifocal, uma vez que qualquer homem ou mulher iniciados no culto tem a possibilidade de se tornar chefe de uma família de santo.

As estratégias que, de acordo com Stack e Tanner, dão consistência e regularidade ao parentesco afro-norte-americano também podem ser identificadas no sistema normativo da família de santo, ainda que expressas em termos religiosos e rituais. O parentesco fictício religioso estende-se de forma flexível ao longo de uma ampla rede de casas aparentadas, cujos membros podem ser chamados a cooperar. Apesar de haver uma ênfase nas relações verticais, mãe ou pai de santo/filhos de santo, em detrimento da relação mãe de santo/pai de santo, um filho pode contar com a ajuda e a solidariedade de ambos os lados (de qualquer uma de suas famílias fictícias de orientação). Assim, por exemplo, um filho iniciado por um pai de santo em colaboração com uma mãe de santo em uma determinada casa pode contar, às vezes, com a ajuda de outro filho de santo "feito" noutra casa pelo mesmo pai, em colaboração com outra mãe de santo. Uma série de estratégias, invocando geralmente a vontade dos *orixás* e seus poderes para punir a desobediência, é comumente implementada para recrutar novos membros e evitar que os mais velhos se afastem. O objetivo é a preservação e a expansão constante da rede de relações fictícias como um recurso de sobrevivência. Dentro dessas redes, os líderes das casas de santo, como é o caso dos afro-norte-americanos, consideram-se obrigados a oferecer acomodação e serviços – incluindo aceitar filhos para criar – de qualquer membro relacionado, se este o solicita.

Por fim, é importante observar que a casa do santo é, ao mesmo tempo, uma casa de culto na qual são realizados vários tipos de rituais e o *locus* de uma unidade social, a família de santo.

Esses dois aspectos não devem ser confundidos. Além disso, é importante distinguir os papéis sociais dos papéis rituais atribuídos a integrantes da família do santo. Entretanto, como mostrarei, estes últimos são atribuídos estritamente de acordo com o sexo biológico da pessoa; os primeiros não. De fato, embora durante um ritual uma mãe de santo e um pai de santo tenham sob sua responsabilidade a execução de atividades específicas, na esfera estritamente social qualquer um deles, indistintamente, como eu disse, pode ser a liderança de uma casa e, como tal, ter a seu cargo as mesmas obrigações e desfrutar dos mesmos direitos, bem como satisfazer o mesmo tipo de necessidades de seus filhos de santo. Um dos pontos fracos dos estudos afro-brasileiros tem sido a dificuldade de diferenciar papéis sociais e papéis rituais dentro da família de santo.

Se considerarmos a família de santo como uma unidade social, os papéis femininos e masculinos não são diferenciados. De acordo com informantes, mãe e pai de santo são papéis sociais equivalentes, e não é possível apontar nenhuma atribuição que distinga o desempenho social de cada um deles. Nenhum desses informantes jamais aceitou a sugestão de que a mãe e o pai de santo, como líderes de uma comunidade, agissem de maneiras específicas, e qualquer variação no comportamento foi sempre atribuída a idiossincrasias pessoais ou aos santos (personalidade) da liderança.

Ainda que eles se diferenciem e se oponham nas atribuições rituais, socialmente suas responsabilidades são idênticas: ambos orientam e aconselham os filhos, atuam como intermediários entre os orixás e os filhos ou clientes por meio da consulta ao oráculo de búzios, e captam e redistribuem os recursos disponíveis na rede de relações religiosas (Silverstein[56] descreve adequadamente essa função com referência às mães

---

56. L. M. Silverstein, op. cit., 1979.

de santo da Bahia). Da mesma maneira, espera-se que filhas e filhos de santo, indistintamente, obedeçam às diretrizes da liderança e compareçam quando são solicitados a cooperar. De fato, tanto os papéis sociais de liderança quanto os de subordinação podem ser descritos como papéis andróginos, e homens e mulheres podem desempenhá-los mais confortavelmente se demonstrarem uma combinação de atitudes e habilidades masculinas e femininas em seu comportamento. Em outras palavras, considera-se que homens que apresentam facetas femininas e mulheres com facetas masculinas acumulam uma gama mais ampla de experiências e são capazes de compreender as necessidades espirituais de um número maior de filhos e clientes. Daí, também, a preferência mencionada anteriormente, por uma combinação de um santo masculino e um feminino na cabeça de integrantes. Por outro lado, e em total contraste com tudo o que foi dito acima, todas as atividades realizadas nos rituais são distribuídas estritamente de acordo com o sexo da pessoa. Tive repetidas indicações de que, na esfera ritual, as categorias naturais de masculino e feminino adquirem uma significação que lhes falta em todas as outras esferas de interação.

Se revisamos rapidamente a distribuição de papéis na organização dos rituais, veremos que somente os homens podem sacrificar os animais oferendados aos orixás, fazer os *oberés* (incisões na pele) e raspar a cabeça dos iniciados, entrar no "quarto de *Igbalé*", onde moram os espíritos dos mortos, e oficiar por eles, tocar os tambores, cantar para Exu e abrir e fechar os "toques" ou rituais públicos – embora eu tenha presenciado ocasiões em que as últimas três proibições não foram cumpridas, o que sugere que elas são menos rigorosas do que as quatro primeiras, sempre obedecidas. Por sua vez, os papéis rituais femininos são considerados indispensáveis e complementares aos masculinos, mas as responsabilidades a eles associadas consistem na realização ritualizada de tarefas domésticas. As *Iabás* (ajudantes rituais) auxiliam o oficiante no que for necessário, cuidam das pessoas em estado de possessão e preparam as comidas que serão oferecidas aos santos. As mães de santo supervisionam todas essas atividades e ajudam o pai de santo e seu *acipa* (ajudante do pai de santo) na manipulação dos materiais necessários para a oferenda. A proibição que veda às mulheres menstruadas de receber o santo em possessão ou entrarem no "quarto de santo" (onde são guardadas as pedras dos santos e seus símbolos rituais) parece confirmar os fundamentos "naturais" das categorias destacadas pela ordem ritual. Além disso, nos toques, a distribuição espacial dos dançarinos e dançarinas é organizada de acordo com o sexo: os homens dançam no círculo interno e as mulheres no círculo externo. Somente quando uma pessoa é possuída por seu santo que ela deixa essa formação e vai dançar na frente dos tambores. De fato, com a possessão, o sexo biológico torna-se novamente irrelevante e apenas o sexo do santo é expresso nos gestos, símbolos materiais e roupas exibidos na dança do *orixá* que "baixou".

A ênfase do ritual em categorias baseadas no sexo biológico opõe-se à falta de uma divisão sexual do trabalho na família de santo como unidade social e à irrelevância do sexo biológico para a definição da personalidade individual e da sexualidade. Voltarei a me referir à sexualidade na próxima seção e nas conclusões, mas é importante assinalar que os homens que são exclusivamente homossexuais oficiam nos rituais em papéis masculinos e atuam como pais de santo ou *acipas*. Dessa forma, o ritual põe em evidência que a esfera da sexualidade é concebida como estando inteiramente separada das categorias naturais de macho e fêmea. Além disso, a rigorosa abstinência sexual a ser observada pelas pessoas que participam dos rituais também indica que a esfera ritual é separada da esfera da sexualidade, com sua relativização do sexo biológico.

O ritual aponta para a natureza como um horizonte de referência imutável, mas o faz para contrastá-la com a fluidez das escolhas humanas: macho e fêmea são fatos da natureza e, como tais, contam no ritual, mas tornam-se irrelevantes no mundo humano da cultura, ou seja, nos papéis sociais, na personalidade e nas preferências sexuais. Todos esses níveis aparecem vinculados na ideologia dominante, que os força a se ajustarem às equivalências convencionais; mas, por meio da visão de mundo peculiar do Xangô, o caráter arbitrário dessas equivalências fica evidente.[57]

Sexualidade e conceitos que expressam a identidade sexual

Em seus muitos anos de pesquisa nas casas de culto Xangô do Recife, Ribeiro descobriu que uma grande porcentagem dos homens experimenta o que ele descreveu como "dificuldade na identidade sexual"[58] e que a homossexualidade entre as mulheres no culto não é incomum.[59] De minha parte, ouvi repetidamente integrantes opinarem que a homossexualidade "é um costume" entre o "povo de santo", especialmente entre as mulheres. Isso é considerado um fato tão natural, que, sempre quando duas mulheres vivem juntas e se ajudam mutuamente, presume-se, automaticamente, que elas sejam parceiras sexuais; esse foi o caso, pelo menos, de todos os casais de amigas que conheci.

No entanto, é comum que essas mesmas pessoas afirmem que a homossexualidade é um costume indecente e acusem

---

57. À guisa de curiosidade, lembro aqui que Lévi-Strauss indica uma oposição entre ritual e mito, em que o ritual é visto como uma reação ao modo como as pessoas pensam o mundo. Só que no texto de Lévi-Strauss o rito, por sua sintaxe, corresponde à fluidez do viver, enquanto o mito reflete as unidades descontínuas do pensar (Lévi-Strauss, 1983, p. 615). Nos termos de Leach:
"O ritual, de acordo com Lévi-Strauss, é um procedimento que adotamos para superar as ansiedades geradas por essa falta de ajuste entre como as coisas realmente são e como gostaríamos de pensar sobre elas" (1976, p. 13). (N.A.)
58. R. Ribeiro, "Personality and the psychosexual adjustment of Afro-Brazilian cult members", in *Journal de la Société des Américanistes* 1969, p. 8.
59. R. Ribeiro, "Psicopatología e pesquisa antropológica", *Universitas,* 1970.

a outras de praticá-la, tornando-as objeto de sua zombaria. Como eu disse, ao longo de muitos meses, durante meu terceiro período de trabalho de campo, as declarações de interlocutores e interlocutoras pareciam indicar conformidade com a ideologia dominante da sociedade brasileira e em total contradição com seu próprio modo de vida. Isso me ensinou a nunca me limitar ao nível do discurso enunciado ou a presumir que ele representa linearmente a ideologia do grupo; aprendi também a importância de diferenciar a consciência discursiva da consciência prática.[60] Depois percebi que, sem conflito aparente, as pessoas reconhecem e aceitam os méritos e as vantagens dos valores imperantes, mas de alguma maneira não se consideram elas mesmas atingidas por eles. Assim, não surge culpa, pesar ou ressentimento decorrentes da certeza de *estar errado*. Há apenas a prudência e o cuidado de deixar evidente que se conhece as regras (mesmo que não se jogue com elas).

A meu ver, essa oposição existe no Xangô, mas de forma invertida: nele, o ritual enfatiza a descontinuidade de certas categorias recortadas com base em descontinuidades no mundo da natureza, enquanto o pensamento mítico reflete a versatilidade de combinações possíveis no mundo humano do pensamento e da cultura.

Por muitas razões, principalmente no que diz respeito à assimetria dos papéis masculino e feminino tal como concebidos pela ideologia dominante, a homossexualidade não é um fenômeno totalmente equivalente para homens e mulheres. Isso pode ser observado, por exemplo, no fato de que, enquanto para os homens existem alguns termos que reificam a preferência sexual em uma identidade, isto é, há certos conceitos que indicam identidade em relação à preferência sexual, para as mulheres não se aplica qualquer noção deste tipo.

---

60. A. Giddens, *Central Problems in Social Theory*, 1979, p. 5 e 208.

Não se utilizam as expressões *amor* ou *estar apaixonado* ao descreverem seus relacionamentos amorosos, sejam eles de curta ou longa duração. As pessoas falam em *gostar de alguém*. Especialmente entre as mulheres, quando o nome da pessoa de quem gostam ou de quem já gostaram não é mencionado, substituem esse nome pelo termo *criatura*. Assim, por exemplo: "naquela época eu gostava de uma criatura da casa da minha mãe", para ressaltar, com um toque de humor, a irrelevância do sexo da pessoa mencionada. A palavra *lésbica*, embora bem conhecida, nunca é usada e, de fato, não há nenhuma palavra que denote uma ideia de oposição entre uma mulher que tem relações homossexuais e outra que não tem, ou que indique que as duas pertencem a categorias diferentes. O exemplo a seguir deixa evidente o ponto de vista do povo de santo: em uma casa de santo que estudei, havia uma filha de santo cuja mãe havia sido uma famosa filha de Xangô, conhecida em todo Recife. A mãe manteve uma relação com outra filha de santo da casa por muitos anos e ambas criaram a menina, que, na época de minha pesquisa, já estava com trinta e poucos anos e havia sido iniciada duas décadas antes. Esta última mulher havia-se casado legalmente, mas estava separada e era mãe de um filho e de uma filha de criação. As pessoas costumavam comentar que ela "nunca gostou de nenhuma mulher" e faziam piadas entre si e na frente dela, nas quais expressavam a convicção de que, mais cedo ou mais tarde, isso iria acontecer. Esse caso é uma boa ilustração de como, pelo menos para as mulheres, a homossexualidade não é vista em si mesma como uma questão de identidade separada, mas em relação a uma gama de experiências que podem ser vivenciadas. Além disso, a norma para as mulheres é mais a bissexualidade do que a homossexualidade ou heterossexualidade exclusiva, e muitas delas vivem em parceria com um homem e uma mulher simultaneamente.

Existe, é verdade, a noção de que algumas mulheres são mais masculinas do que outras, mas isso decorre de uma avaliação global de sua identidade de gênero, não apenas de sua sexualidade. Por exemplo, conheci uma mãe de santo a quem algumas pessoas qualificavam como "mulher-homem", e argumentavam que seu santo dono de cabeça, seu *ajuntó* e um terceiro orixá que ela tinha eram todos "santos homens"; acrescentaram que ela nunca havia tido relações sexuais com homens e que não menstruava mais. Contudo, também existem mulheres que afirmam preferir relações homossexuais, mesmo que sejam consideradas muito femininas em função de seus santos.

O caso dos homens é diferente: para eles, a preferência sexual é traduzida em termos que expressam identidade. Embora não exista uma palavra equivalente ao termo inglês *straight*, em contraste, são usados termos pejorativos como "maricas" ["*bicha*"], "frango", ou ainda, "*adéfero*" ou "*akuko adie*" – os dois últimos são palavras do idioma yorùbá.[61] *Adéferos* são homens que têm preferência por relacionamentos homossexuais e geralmente expressam essa orientação exibindo gestos diacríticos facilmente reconhecíveis. No entanto, esses gestos não são considerados indicadores de personalidade, mas da sexualidade do indivíduo e, de fato, há muitos *adéferos* cujo

---

61. Meu colega iorubá Yemi Olaniyan me ensinou a grafia e a tradução das palavras *adéfero* e *akuko adie*. Olaniyan também me disse estar convencido de que não existe homossexualidade entre os yorùbás na Nigéria e que nunca soube de nenhum caso. Mais ainda, disse não conhecer nenhum termo na língua yorùbá que denomine esse tipo de comportamento. As informações coletadas por Ribeiro (1969, p. 118) parecem corroborar esta afirmação. *Akuko adie* significa "frango" e é, portanto, a tradução literal do termo comumente usado em Recife para se referir a homens com preferência por relações homossexuais. O termo *adéfero* tem duas traduções possíveis, dependendo da entonação original da palavra, que se perdeu no contexto português. Ambas as traduções são nomes pessoais. A palavra pode significar "a coroa se estende até a corte" ou "o homem que usa a coroa se tornou parte da corte", e geralmente indica que a pessoa assim chamada pertence a uma família cuja posição foi elevada por um membro da corte. Por outro lado, pode se tratar da contração da expressão "ade fe oro", que significa "a coroa se estende até o culto de Oró" ou "o homem que usa a coroa ama o culto de Oró". O culto de Oró é um ritual mascarado consagrado ao espírito dos mortos, do qual participam apenas os homens, que assustam as mulheres usando uma matraca. De fato, é o único culto yorùbá sob a responsabilidade exclusiva dos homens, já que mesmo no Egungun, também com a presença de máscaras e dedicado aos mortos, as mulheres podem ter alguma participação. Na época de minha pesquisa, nenhum membro conhecia a tradução literal de nenhuma destas palavras, nem tinha conhecimento sobre o culto de Oró. (N.A.)

dono da cabeça é um orixá masculino. Da mesma forma, como eu disse, os *adéferos* exercem papéis rituais masculinos e são muito bem-sucedidos no papel andrógino de líderes de casas de santo. Por meio de suas explicações, o povo de santo deixa evidente que os *adéferos* não são transexuais. Nesse sentido, a transexualidade só poderia existir dentro de uma visão de mundo na qual os atributos do gênero feminino, bem como os do gênero masculino, são concebidos em bloco; ou seja, uma visão de mundo na qual a personalidade, o papel social e a sexualidade estão indissoluvelmente vinculados a um ou outro gênero.

Indo um pouco mais fundo, é importante elucidar que, embora a identidade do *adéfero* seja definida por uma preferência por relações homossexuais, muitos deles mantêm, pelo menos, uma relação heterossexual em algum momento de suas vidas, e outros – incluindo alguns pais de santo famosos de Recife – têm esposas e filhos. A maioria tem ou procura ter um *okó* (palavra yorùbá que significa "marido"). Deve-se observar que o *okó* não designa um *status*, mas um tipo de relação; ou seja, ninguém é um *okó* em si, mas um *okó* em relação a outra pessoa, seja ela um *adéfero* ou uma *obinrin* ("mulher" em yorùbá). Além disso, pode-se dizer que existe uma margem de mobilidade nessas categorias; conheci pelo menos um caso de um homem que havia sido um *adéfero* notório e que se tornou o *okó* de uma mulher, abandonando a identidade de *adéfero*. De fato, no decorrer de minha pesquisa, chegou um momento em que tive a nítida impressão de que a sexualidade, ou seja, as preferências sexuais dos membros do culto, não tem seu fundamento no sexo biológico, nem na personalidade ou no papel social, e que a atividade sexual é, em última análise, um tipo específico de interação entre dois indivíduos, independentemente de seus atributos genéricos, biológicos, caracterológicos ou sociológicos. No caso das mulheres, essa fluidez nas escolhas sexuais é manifestamente expressa nas opiniões dos membros do culto, mas para os homens, como eu disse, ela é mascarada pela sobreposição de categorias que provêm da ideologia dominante e que congela a preferência sexual em uma identidade que poderia ser descrita como pseudossocial, porque se traduz em termos de uma categoria social.

Dessa maneira, a complexa composição da identidade de um indivíduo resulta de seu desempenho em quatro níveis ou esferas que, embora vinculados por equivalências forçadas na visão de mundo dominante, mostram-se independentes na experiência dos membros do Xangô; são eles os níveis biológico, psicológico, social e sexual. No que se refere à identidade de gênero, o indivíduo situa-se em algum ponto de um *continuum* que vai do masculino ao feminino, de acordo com a combinação de traços que lhe são peculiares; alguém com anatomia masculina, que tem dois santos homens e que só se relaciona como *okó* com seus parceiros sexuais, estará próximo do polo masculino, enquanto outra pessoa com anatomia feminina, dois santos femininos e que só "gosta" de homens, estará próxima do polo feminino. Além disso, se a primeira dessas pessoas tiver Ogum como primeiro santo, ela estará ainda mais próxima do polo correspondente, e se a segunda tiver Oxum como dona da cabeça, ela estará mais próxima do extremo feminino. No caso das mulheres, um quarto fator também é levado em consideração: como acontece em muitas sociedades africanas, uma mulher que já passou pela menopausa é classificada como sendo mais próxima do polo masculino do que uma mulher que ainda está menstruando.

A relevância desse sistema complexo de composição de identidade de gênero reside no fato de que uma pessoa que se situa na parte central do espectro, como alguém que combina um santo-homem e um santo-mulher e tem orientação homossexual, poderá invocar os componentes masculinos e femininos de sua identidade, de acordo com a situação e como parte das estratégias para acumular papéis sociais e rituais. Essas pessoas, portanto, além de serem mais numerosas no culto, também são mais bem-sucedidas como líderes dentro do parentesco religioso. Um bom exemplo disso é o caso anteriormente mencionado da mulher considerada por alguns como uma "mulher-homem": ela invocava sua proximidade com o polo masculino para se legitimar na execução de alguns papéis reservados aos homens no ritual, embora jamais chegasse a substituir completamente o homem em tarefas mais "pesadas", como a manipulação dos espíritos dos mortos ou *eguns*.

Os possíveis efeitos da escravização sobre as categorias de homem e mulher

Nesta seção se analisam as possíveis consequências da escravização no Brasil, com sua ruptura dos padrões tradicionais de comportamento e das concepções relativas ao casamento, laços de sangue e papéis sexuais. Em uma análise crítica do conceito de casamento, Rivière conclui que

> [...] as funções do matrimônio, assim como o próprio matrimônio, são simplesmente uma expressão, uma consequência de uma estrutura subjacente mais profunda. Em minha opinião, o princípio ordenador dessa estrutura mais profunda [...] é a distinção universal entre macho e fêmea, e o matrimônio é um aspecto da consequente relação entre essas duas categorias.[62]

Segundo esse autor, os casais homossexuais também seriam uma expressão da relação estrutural entre os "papéis conceituais de macho e fêmea".[63] De minha parte, me valho do argumento de que a experiência da escravização pode ter abalado a oposição estrutural entre os conceitos de masculino e feminino que sustentavam a instituição da família nas

---

62. P. Rivière, "Marriage: a reassessment", in Rodney Needham (comp.), *Rethinking Kinship and Marriage*, 1971, p. 70.
63. Ibid., p. 68.

sociedades africanas e portuguesas, uma oposição que parece ter sido reinterpretada por alguns grupos de descendentes de pessoas escravizadas no Brasil, ao mesmo tempo que desalojou o casamento de sua posição central na estrutura social. De fato, famílias negras desfizeram-se com a escravização, o que pode ter resultado em uma transformação do significado e dos valores tradicionalmente associados à oposição entre essas categorias.

Degler, em sua bem documentada comparação da escravização no Brasil e nos Estados Unidos, traz à luz algumas evidências de como esse processo provavelmente se desenvolveu. De acordo com esse autor, os escravagistas não apenas podiam vender – e, sem dúvidas, vendiam – os cônjuges separadamente,[64] mas, também, a maior parte da população escravizada nunca se casou ou viveu em uniões consensuais estáveis:

> Antes de 1869 [...] a lei não dava nenhuma proteção à família escravizada no Brasil [...] um vigoroso comércio interno de escravos desfez muitas famílias, fossem elas uniões legitimadas pela igreja ou não. O comércio interno de escravos foi especialmente ativo depois de 1850, quando o tráfico externo foi interrompido.[65]

Além disso, também as crianças eram separadas de suas mães pelo tráfico e houve até casos em que os escravagistas venderam seus próprios filhos com mulheres escravizadas.[66] Durante um longo período histórico, a grande maioria das pessoas escravizadas não contraiu uniões estáveis e nem formou família. A falta de interesse dos escravagistas em permitir o casamento e a reprodução entre pessoas escravizadas foi outro fator fundamental. Enquanto nos Estados Unidos prevalecia uma

---

64. C. Degler, *Neither Black Nor White. Slavery and Race Relations in Brazil and the United States*, 1971, p. 37.
65. Ibid., p. 37-38
66. Ibid., p. 38

preocupação em manter um certo equilíbrio entre o número de mulheres e de homens, bem como o reconhecimento e a expectativa de que a formação de casais resultaria, naturalmente, na reprodução de crianças[67] e, portanto, na reprodução da força de trabalho, no Brasil isso não foi considerado economicamente vantajoso e optou-se pela compra de pessoas escravizadas adultas, já aptas a trabalhar, em vez do incentivo a sua reprodução, o que foi considerado mais custoso no curto prazo. A consequência dessa política mais ou menos generalizada no país foi que

> [...] de fato, até mesmo as horas durante as quais homens e mulheres podiam permanecer juntos [...] eram deliberadamente limitadas. Alguns escravocratas restringiam *ex profeso [conscientemente] a possibilidade de os escravos se reproduzirem encarcerando-os em compartimentos separados à noite.*[68]

Outro aspecto dessa estratégia foi um enorme desequilíbrio na proporção de homens e mulheres, a tal ponto que "Em algumas plantações, mulheres escravizadas nunca chegaram a existir e, na maioria dos casos, os homens superavam em muito o número de mulheres."[69]

No Brasil, esse desequilíbrio teve duas outras consequências. Uma delas foi um número maior de pessoas que fugiram da escravização, o que afetou a já vasta mobilidade horizontal (geográfica) da população negra no país, enquanto nos Estados Unidos, "[...] como os escravos eram mais ou menos distribuídos em unidades familiares, fugir significava uma grande perda pessoal, pois eles tinham de deixar para trás esposas e filhos."[70]

A outra provável consequência pode ter sido o curioso decréscimo, tão frequentemente mencionado na literatura, da população

---

67. Ibid., p. 63
68. Ibid., p. 64
69. Ibid., p. 66
70. Ibid., p. 67

negra do Brasil (Fernandes;[71] Saunders;[72] Bastide;[73] uma visão crítica pode ser encontrada em Hutchinson, 1965). Esse desequilíbrio pode ter influenciado as concepções tradicionais das pessoas sob o regime de escravidão em relação à oposição entre os sexos.

Outro aspecto que talvez tenha provocado uma transformação nas noções que regem as relações entre os sexos é o que pode ser chamado de inimizade ou antagonismo generalizado entre estes. Gilberto Freyre, em seu livro clássico sobre a família escravocrata,[74] fornece ampla evidência das tensões que caracterizavam as relações entre homens e mulheres das duas raças confrontadas pela escravização. Outros autores, como Bastide,[75] Fernandes,[76] Soeiro,[77] Russell-Wood[78] e o próprio Degler,[79] analisaram diferentes facetas desse aspecto característico da história brasileira (a sociedade norte-americana vivenciou isso em um grau muito menor; o Caribe, no entanto, tem certas semelhanças com o caso brasileiro, como mostrado, por exemplo, por Patterson,[80] e M. G. Smith).[81]

Em primeiro lugar, a exploração das mulheres negras pelos escravagistas é bem conhecida, e abundam na literatura detalhes de seus aspectos abomináveis e desumanos. Em segundo

---

71. F. Fernandes, *The Negro in Brazilian Society*, 1969.
72. J. V. D. Saunders, *Differential Fertility in Brazil*, 1958.
73. R. Bastide, "Les données statistiques: Brésil", en Roger Bastide (comp.), *La Femme de couleur en Amérique Latine*, 1974b.
74. G. Freyre, *Casa Grande e Senzala. Formação da Família Brasileira sob o Regime da Economía Patriarcal*, 1973.
75. R. Bastide, "Dusky Venus, black Apollo", en P. Baxter y B. Sansom (comps.), *Race and Social Difference*, 1972b; R. Bastide, "Introduction", en Roger Bastide (comp.), *La Femme de couleur en Amérique Latine*, 1974a.
76. F. Fernandes, op. cit.
77. S. A. Soeiro, "The social and economic role of the convent: women and nuns in colonial Bahia, 1777-1800", *Hispanic American Historical Review*, 1974.
78. A. J. R. Russell-Wood, "Women and society in colonial Brazil", *Journal of Latin American Studies*, 1977.
79. C. Degler, op. cit.
80. O. Patterson, *The Sociology of Slavery. Analysis of the Origins, Development and Structure of Negro Slave Society in Jamaica*, 1967.
81. M. G. Smith, "Some aspects of social structure in the British Caribbean about 1829", *Social and Economic Studies*, 1953.

lugar, as relações entre os escravocratas brancos e suas mulheres também se caracterizavam pela tensão e, em muitos casos, pelo ódio absoluto. As mulheres dessas famílias eram forçadas a uma vida de reclusão que já foi comparada à *purdah* das sociedades islâmicas, que assegurava a pureza racial da prole e, portanto, garantia a concentração de riqueza pelos brancos.[82] Elas eram destinadas, exclusivamente, ao papel reprodutivo e, em muitas circunstâncias, assistiam com impotência e ressentimento a seus maridos buscarem prazer na companhia de mulheres escravizadas (o trabalho de Gilberto Freyre menciona casos cruéis de vingança por esse motivo).

Em terceiro lugar, as relações entre as mulheres e os homens negros também eram tensas, e a escassez numérica de mulheres negras era agravada por outros inconvenientes. Por um lado, os homens não podiam oferecer proteção ou qualquer outro benefício às suas possíveis esposas; pelo contrário, elas provavelmente se tornariam um fardo e uma obrigação para eles. Assim, muitas mulheres negras recusaram-se a casar ou a tentar qualquer tipo de união com homens escravizados ou seus descendentes. Por outro lado, nos casos em que homens negros adquiriram meios econômicos e puderam escolher suas cônjuges, eles sistematicamente se recusaram a casar-se, unir-se consensualmente ou ter filhos com mulheres de sua cor, um fenômeno que já foi apontado na literatura como uma "desvantagem" das mulheres negras na busca por parceiros. Este último é um outro fator frequentemente invocado por autores para tentar explicar o chamado "branqueamento" da população brasileira, ou seja, o declínio relativo da população negra do país (Fernandes;[83] Saunders;[84] Bastide).[85]

Por fim, para as mulheres escravizadas e seus descendentes, as condições da escravização e dos períodos subsequentes

---

82. A. J. R. Russell-Wood, op. cit.
83. F. Fernandes, op. cit.
84. J. V. D. Saunders, op. cit.
85. R. Bastide, "Les données statistiques: Brésil", en Roger Bastide (comp.), *La Femme de couleur en Amérique Latine*, 1974b.

liberaram-nas de uma relação de subordinação com seus pares, à qual elas teriam sido relegadas em suas sociedades de origem. Elas tinham maior probabilidade de serem empregadas em serviços domésticos ou de serem tomadas como concubinas pelos escravagistas e, por tal razão, tiveram um contato mais próximo com o estilo de vida das classes altas do que os homens. Assim, elas puderam adquirir certas habilidades e conhecimentos que lhes permitiram lidar melhor com as elites no poder.

Elas continuaram a dispor desses recursos para sua sobrevivência, incluindo a possibilidade de recorrer ao comércio sexual ocasional em situações de necessidade, mesmo após o fim da escravização, enquanto os homens foram maciçamente condenados ao desemprego e, em muitos casos, até mesmo expulsos dos trabalhos em que haviam servido por três séculos, para serem substituídos por imigrantes europeus. A esse respeito, Landes chegou ao ponto de sugerir o seguinte:

> Devido ao fato de que a personalidade feminina continua a ser moldada sobre a base das necessidades primárias da família e dos filhos, ela é menos lesada ou exposta do que a dos homens quando a ordem social é colapsada, enquanto a destruição social desloca violentamente a personalidade masculina das empresas de governo, propriedade e guerra, prestigiosas e intrincadas, embora socialmente secundárias. Sob o regime da escravidão os homens negros experimentam uma humilhação provavelmente mais profunda e inconsolável do que as mulheres.[86, 87]

---

86. R. Landes, "Negro Slavery and female *status*", *Journal of the Royal African Society*, 1953, p. 56.
87. Neste ponto, uma digressão. Sinto-me tentada a relacionar essa citação de Ruth Landes, por um lado, a sua caracterização do candomblé da Bahia como um exemplo de matriarcado (1940) e, por outro, a sua sensibilidade à questão feminina e a uma postura de vida que a levou a sofrer inimizade e incompreensão entre estudiosos de antropologia da época, não apenas brasileiros, mas também norte-americanos. Uma descrição das dificuldades que ela teve de superar, tanto como etnógrafa quanto como autora, pode ser encontrada em Landes, 1970 (ver também Carneiro, 1964, pp. 223-231). Ressonâncias da animosidade contra ela também podem ser encontradas na resenha de Herskovits (1948) de seu livro A Cidade das Mulheres. (N.A.)

De fato, as leis de escravização no Brasil minaram o poder e a autoridade que os homens tradicionalmente podiam exercer sobre suas esposas e descendentes, mesmo em sociedades africanas onde as mulheres tinham maior acesso à independência econômica e a posições de alto *status*. Em consequência, esses homens perderam o controle sobre suas esposas e filhos e foram desalojados dos papéis sociais que sempre desempenharam. No que diz respeito às relações familiares, nenhuma identidade alternativa foi deixada ao seu alcance. O modelo do *pater familias* branco ficou igualmente fora de suas possibilidades. Assim, um dos produtos sociais da escravização foi, provavelmente, não apenas a transformação dos padrões de comportamento, mas, sobretudo, uma modificação na consciência das pessoas, particularmente no que concerne às concepções do papel cultural de homens e mulheres e às expectativas sobre sua atuação na esfera social.

Essa situação foi prolongada após o fim da escravização, como consequência da marginalidade econômica a que a população afro-brasileira foi condenada. Como parte desse processo, a própria sexualidade parece ter adquirido um novo significado. Florestan Fernandes atribuiu o chamado "erotismo" da população negra no Brasil à desorganização social resultante de sua condição. Embora eu discorde do tom valorativo dos seus termos, é interessante citá-los:

> [...] ocorriam relações heterossexuais entre irmãos e irmãs e entre primos, e também se formavam pares e grupos homossexuais dos quais podiam participar amigos da vizinhança [...]. Privados das garantias sociais que mereciam e necessitavam urgentemente, e deslocados dos centros de interesse vitais para o crescimento econômico e para o desenvolvimento sociocultural, eles descobriram no corpo humano uma fonte indestrutível de autoafirmação, reparação de prestígio e autorrealização [...] Nenhuma disciplina interna ou externa sublimou a natureza emocional

> ou o significado psicológico do prazer sexual [...] Foi a escravidão que quebrou essas barreiras [...] impedindo a seleção de parceiros e até mesmo a escolha de parceiros sexuais [...]. [...] impedindo a escolha de parceiros e até mesmo de momentos de encontros amorosos, forçando uma mulher a servir a vários homens e encorajando o coito como um mero meio de aliviar a carne [...] A maneira como o sexo se tornou o tópico central do interesse das pessoas e dominou suas relações sociais, transformando-se em uma esfera de expressão artística, competição por prestígio e congenialidade (e, portanto, de associação comunitária), claramente indica a falta de certas influências socializantes que se originam e são controladas pela família [...]; mas a família não conseguiu se estabelecer e não teve um efeito sociopsicológico e sociocultural sobre o desenvolvimento da personalidade básica, o controle do comportamento egocêntrico e antissocial e o desenvolvimento de laços de solidariedade. Isso pode ser historicamente confirmado por uma simples referência à principal política da sociedade senhorial e escravocrata no Brasil, a qual sempre procurou impedir a vida social organizada da família entre os escravos.[88]

Talvez a mudança no comportamento sexual da população afro-brasileira em comparação com seus antepassados africanos, e, particularmente, a frequência dos comportamentos homossexuais característica de alguns grupos, como é o caso do Xangô, possa ser atribuída à igualdade imposta pelo sistema escravagista a todas as pessoas escravizadas, homens e mulheres, e à consequente perda de poder dos primeiros. Essa igualdade foi o resultado da virtual erradicação da instituição da família, já que cada indivíduo era propriedade de um senhor. Essa sujeição direta ao escravagista e o desestímulo sistemático de casamento e reprodução anularam legalmente

---

88. F. Fernandes, op. cit., p. 82-85.

qualquer forma de organização hierárquica tradicional baseada no parentesco entre pessoas escravizadas, ou, pelo menos, representaram um sério obstáculo à sua continuidade. É provável, então, que as pessoas escravizadas e seus descendentes se tenham transformado, como grupo, em uma sociedade reinventada, uma sociedade na qual tanto as antigas instituições africanas quanto as novas instituições luso-brasileiras deixaram apenas rastros superficiais. Se assim foi, seria compreensível que a verdadeira natureza indiferenciada da pulsão sexual se tenha libertado da repressão culturalmente imposta para destacar-se nas práticas das pessoas desses grupos.

Ao revisar criticamente o tratamento reservado por Lévi-Strauss[89] às mulheres em seu trabalho sobre parentesco, Rubin analisa a afirmação do autor de que a divisão sexual do trabalho nada mais é do que um artifício para instituir um estado de dependência recíproca entre os sexos (e assim garantir a reprodução), e faz o seguinte comentário:

> [Ao dizer que] os indivíduos são formatados em categorias de gênero para garantir a relação sexual, Lévi-Strauss chega perigosamente perto de afirmar que a heterossexualidade é um processo instituído. Se os imperativos biológicos e hormonais fossem tão determinantes quanto a mitologia popular os considera, não haveria necessidade de promover uniões heterossexuais por meio da interdependência econômica.[90]

Dessa maneira, para Rubin, a oposição entre homens e mulheres, "longe de ser uma expressão de diferenças naturais [...], é a supressão de similaridades naturais" e "requer a repressão, nos homens, de quaisquer traços de comportamento caracterizados como 'femininos' na versão local e, nas mulheres, de traços

---

89. C. Lévi-Strauss, "The family", en H. Shapiro (comp.), *Man, Culture and Society*, 1971.
90. G. Rubin, "The Traffic in Women: Notes on the 'Political Economy' of Sex", en Rayna Reiter (org.), *Toward an Anthropology of Women*, 1975, p. 180.

definidos localmente como 'masculinos', com a finalidade cultural de opor uns aos outros". Esse processo resulta em um "sistema de sexo/gênero" que a autora descreve como "o conjunto de dispositivos pelos quais uma sociedade transforma a sexualidade biológica em um produto da atividade humana e através dos quais tais necessidades sexuais são satisfeitas.".[91] De acordo com Rubin, em todas as sociedades, a personalidade individual e os atributos sexuais são "generizados", ou seja, forçados pela cultura a se adequarem à "camisa de força do gênero".[92] Tais sistemas de sexo/gênero "não são emanações a-históricas da mente humana", mas "produtos da atividade humana, que é histórica".[93]

Assim, o componente homossexual da sexualidade humana é historicamente suprimido como parte do processo de imposição do gênero aos indivíduos a fim de garantir a existência e a continuidade da instituição do casamento. Desde esta perspectiva, é compreensível que, apesar do fato de muitas sociedades humanas aceitarem a existência da homossexualidade (em Fry e MacRae,[94] para uma revisão do registro antropológico dos casos mais conhecidos) e outras até mesmo o casamento entre pessoas do mesmo sexo (é clássico o exemplo relatado na literatura por Evans-Pritchard em 1945 e 1951; vide resenha sobre o tema em O'Brien),[95] isso não altera o próprio processo de "generização", pois, para esses casais existirem, eles devem, novamente, transformar-se em equivalentes sociais de casais heterossexuais, ou seja, traduzir seu relacionamento em termos de gênero. Seus membros passam então a ser vistos como homens e mulheres sociais: "uma união de sexos opostos socialmente definidos"[96] ou um casamento "entre os papéis conceituais de homem e mulher".[97]

91. Rubin, 1971, p. 159.
92. Ibid., p. 200
93. Ibid., p. 204
94. P. Fry e E. MacRae, *O que é Homossexualidade*, 1985, p. 33-45, p. 33-45.
95. D. O'Brien, "Female husbands in southern Bantu societies", in Alice Schlegel (comp.), *Sexual Stratification. A Cross-Cultural View,* 1977.
96. G. Rubin, "The Traffic in Women: Notes on the 'Political Economy' of Sex", en Rayna Reiter (org.), *Toward an Anthropology of Women*, 1975, p. 181.
97. P. Rivière, op. cit. p. 68.

No entanto, no caso brasileiro, os fatores que acabei de vincular ao regime escravagista podem ter determinado um afrouxamento dos imperativos que, tradicionalmente, regiam a construção do gênero e a consequente determinação genérica da sexualidade. Isso não significa que a homossexualidade tenha sido diretamente promovida, mas que a heterossexualidade, como Rubin aponta, pode ter perdido seu papel central e deixado a escolha aberta às alternativas individuais.

Em outra perspectiva, Ortner e Whitehead sugerem que "em si mesmo, um sistema de gênero é, antes de tudo, uma estrutura de prestígio [...] E os homens, como tais, são superiores [...] em todas as sociedades conhecidas".[98] De acordo com essas autoras, as estruturas de prestígio são tão relevantes para "generizar" a sociedade, que a própria forma assumida pela sexualidade depende delas. Assim, o erotismo é tão condicionado por preocupações de ordem social, que, pesquisando as estruturas subjacentes da fantasia em diferentes sociedades, encontram "um universo de psiquês ansiosas por *status*, onde, por um lado, insiste-se em uma direção na qual o erótico ameaça o acesso a posições sociais desejadas e, por outro, tenta-se descobrir de que maneiras isso pode ser evitado".[99] Se assim for, é possível que o colapso da estrutura familiar hierárquica e o consequente nivelamento das relações entre pessoas escravizadas (ou escravizadas e escravizados) tenham tido um efeito libertador em seu erotismo. O fato de as pessoas escravizadas, especialmente as do sexo masculino, terem tido pouco acesso às estruturas de prestígio vigentes pode ter feito com que o erotismo perdesse a orientação hierárquica entre elas.

Por outro lado, não se deve esquecer o fato de que, embora as relações sexuais entre homens brancos e mulheres negras fossem frequentes, os casamentos interraciais eram muito raros;

---

98. S. Ortner e H. Whitehead, "Accounting for sexual meanings", en S. Ortner y H. Whitehead (comps.), *Sexual Meanings. The Cultural Construction of Gender and Sexuality*, 1981, p. 16.
99. Ibid., p. 24.

podemos dizer que a mistura das duas sociedades nunca foi eficaz em nível institucional e a população negra, como grupo social, foi mantida maciçamente fora das estruturas de prestígio vigentes e das famílias da sociedade branca brasileira (ver, por exemplo, Ianni).[100] Além disso, como já mencionado, as famílias negras foram impedidas de construir caminhos durante os anos de escravização e depois. Portanto, é possível que a sexualidade e suas formas prescritas de expressão tenham sido liberadas do filtro ideológico que transformou o erotismo em um meio adequado para a negociação de prestígio. Assim, a ênfase na heterossexualidade não desapareceu, mas provavelmente foi debilitada e, como sugere a análise de Rubin, quando a heterossexualidade deixou de ser promovida ativamente pelos mecanismos da cultura, ela persistiu apenas como uma das opções possíveis e não mais como a prática exclusiva e "natural".

Há poucos dados históricos sobre a sexualidade durante a escravização. Em sua tentativa de uma abordagem psicanalítica do *cafuné*,[101] Bastide sugeriu que ele constituía uma sublimação da inclinação homossexual entre as mulheres e enumerou abundantes acusações de lesbianidade entre meninas e mulheres de diferentes classes sociais perante os tribunais da Inquisição na Bahia e em Pernambuco.[102] Em outra publicação, o mesmo autor tenta explicar o grande número de homens homossexuais no culto, e para isso alude à presença de pessoas escravizadas islâmicas entre as quais a homossexualidade teria sido frequente, bem como à prática escravagista de encarcerar homens e mulheres separadamente durante as horas de descanso.[103] Ele acrescenta que a prática contemporânea de atribuir santos mulheres a homens pode reforçar essa propensão à homossexualidade, já que os induz a desenvolver os aspectos

---

100. O. Ianni, *Raças e Classes Sociais no Brasil*, 1972, p. 123-129, p. 137.
101. Cócegas prazerosas que as mulheres escravizadas faziam nas cabeças de suas amas, originadas do movimento dos dedos para acariciá-las. (N.A.)
102. R. Bastide, Psicanálise do Cafuné. *Jornal de Psicanálise* (online), 2016.
103. R. Bastide, *Imagens do Nordeste Místico em Branco e Preto*, 1945, p. 93-94.

femininos de sua personalidade. Posteriormente, Mott[104] fez um levantamento de casos de homossexualidade no Brasil colonial e escravocrata. Em publicação do mesmo ano, João Silvério Trevisan também forneceu exemplos abundantes de acusações de sodomia e homossexualidade nos tribunais coloniais da Inquisição e defendeu a tese de que o luxo de um "desejo indômito"[105] seria uma característica da experiência histórica brasileira.

Além das explicações históricas fornecidas por Bastide, outros autores tentaram entender a importância numérica de relações homossexuais, baseando-se em aspectos contemporâneos dos cultos afro-brasileiros na Bahia,[106] no Recife[107] e em Belém.[108] No primeiro caso, Landes presume que, pelo fato de o culto ser um "matriarcado" (as mulheres detêm o poder em seu papel de mães de santo), "o candomblé oferece amplas oportunidades" para os homens que "querem ser mulheres".[109] No segundo caso, argumenta-se que o culto é procurado por homossexuais ou homens "com problemas de adaptação sexual", porque satisfaz sua necessidade de estar na companhia de mulheres e "exibir seus maneirismos ou identificar-se com divindades femininas" e porque seria uma forma de compensar as frustrações que sofrem na sociedade em geral. Assim, nos diz Ribeiro, o culto "não pode ser tido como o responsável pelos seus desvios sexuais"[110] – a visão preconceituosa do autor é evidente nos termos de seu argumento. Finalmente, Fry, inspirado por Mary Douglas, Peter Brown e Ioan Lewis, sugere que, por causa da relação dos poderes mágicos com a periferia da sociedade, não é surpreendente

---

104. L. Mott, "Escravidão e homossexualidade"; L. Mott, "Os sodomitas no Brasil colonial", 1982b.
105. J. S. Trevisan, *Devassos no Paraíso*, 1986, p. 34.
106. R. Landes, A Cult Matriarchate and Male Homossexuality". *Journal of Abnormal and Social Psychology*, 1940.
107. R. Ribeiro, "Personality and the psychosexual adjustment of Afro-Brazilian cult members", *Journal de la Société des Américanistes*, 1969.
108. P. Fry, op. cit.
109. R. Landes, op. cit., p. 394.
110. R. Ribeiro, op. cit., p. 119.

que também sejam associados a pessoas definidas como marginais.[111] Todos esses autores assinalam, em algum ponto de seus argumentos, que os homens podem dançar possuídos por espíritos femininos e identificar-se com estes, e que o culto lhes oferece a possibilidade de se destacarem no desempenho de tarefas domésticas, reservadas às mulheres na sociedade mais ampla. Nenhum deles aborda a forte presença da homossexualidade feminina.

De minha parte, vejo a homossexualidade masculina e feminina como parte da gama de comportamentos costumeiros dos componentes das casas estudadas e, portanto, pareceu-me apropriado buscar a raiz dessa peculiaridade na história do grupo. Gostaria de advertir que isso não significa procurar uma explicação para a homossexualidade em si, que é parte da natureza humana, mas tentar entender como aquilo que transgride as normas da sociedade brasileira não transgride as normas do Xangô. Se o que estou propondo aqui estiver correto, o trauma imposto pela escravização aos antigos sistemas de parentesco permitiu a emergência das formas de sexualidade que eles reprimiam. Essas formas tornaram-se então tradicionalizadas e foram descritas por muitos participantes da pesquisa como "um costume" entre o povo do culto. Mais do que uma mudança aparente de comportamento, tento apontar para o que considero como uma reformulação das categorias cognitivas relacionadas ao gênero e à sexualidade e, portanto, para a concepção do eu e da identidade entre os membros do culto Xangô da tradição Nagô no Recife.

Falta ainda analisar de que maneira alguns fatores que busquei elucidar podem ter afetado essas mesmas categorias e os comportamentos que elas ordenam entre as classes que não sofreram a experiência direta de sujeição ao regime escravocrata, bem

---

111. . Fry, op. cit., p. 120-121.

como avaliar o impacto dessa experiência na visão de mundo e no comportamento desses outros setores da sociedade brasileira.

Parece que o colapso social causado pela escravização não apenas modificou os padrões tradicionais de casamento e de sexualidade, mas a noção de um vínculo de "sangue" ou substância biogenética. De fato, como foi dito, não encontrei difundido somente o costume da homossexualidade e uma atitude militante contra o casamento, mas uma preferência explícita pelas relações de parentesco fictícias, sejam elas de mãe ou pai de criação/filhos de criação ou aquelas constituídas pela família de santo. Os dados biológicos relacionados ao sexo e ao nascimento são, consistentemente, relativizados pela ideologia, pelas normas e pelas práticas dos membros do culto. Os traços individuais de personalidade, expressos por meio da atribuição de um santo, têm precedência sobre os atributos biológicos do sexo, assim como os parentes *de santo* têm preeminência sobre os parentes *de sangue*. Como vimos no início deste artigo, todas essas noções e valores estão representados nas descrições dos *orixás* contidas nos mitos.

É também no processo histórico da escravização que podem ser rastreadas as raízes desse parentesco fictício. Mintz e Price, em uma tentativa conjunta de aplicar a análise antropológica ao passado afro-norte-americano, registraram que as pessoas escravizadas,

> [...] diante da ausência de parentes reais [...], modelaram seus novos laços sociais sobre aqueles do parentesco, frequentemente tomando emprestados os termos usados por seus amos para designar seu relacionamento com pessoas da mesma idade e outras mais velhas: *bro, uncle, auntie, gran, etc.*[112]

---

112. S. Mintz e R. Price, *An Anthropological Approach to the Afro-American Past: A Caribbean Perspective*, 1976, p. 35).

Na realidade, essas pessoas, tendo às vezes que suportar "imposições terríveis e geralmente inevitáveis", bem como "o poder total" dos escravagistas, precisaram "engendrar formas sociais que lhes permitissem se adaptar, embora sob essas condições difíceis".[113] Quem sabe esse mesmo tipo de formas de parentesco fictícias, frequentemente transitório, também pode ter sido o antecedente da família de santo no Brasil. Além disso, a separação de mães e filhos, de acordo com os interesses do tráfico, ou a impossibilidade de as mães criarem seus filhos devido ao árduo regime de trabalho, à doença e à morte prematuras, pode ter originado o valor positivo atribuído ao parentesco de criação em relação ao que qualificam como parentesco "legítimo", ou seja, biogenético. O fato de que as mulheres negras frequentemente tiveram que servir como babás de crianças brancas, às quais dedicaram longos anos de suas vidas, também pode ser uma das origens dessa preferência.

Mobilidade (ou transitividade) de gênero: a relativização do biológico no complexo simbólico do Xangô

Como espero ter deixado evidente nas seções anteriores, embora os laços de sangue sejam considerados de importância secundária, os termos de parentesco são usados, e as relações familiares servem de modelo para a rede de relacionamentos chamada "família de santo". Da mesma maneira, as noções de masculino e feminino, conforme definidas pela ideologia das instituições brasileiras, também são usadas, embora seu significado seja subvertido pela própria forma em que são aplicadas a indivíduos particulares para classificá-los. Devido a este último aspecto, o culto Xangô proporciona um caso útil

---

113. Idem.

para verificar se "o gênero enquanto esquema cognitivo"[114] tem um caráter histórico ou é imanente à natureza humana.

Archer e Lloyd, usando o modelo de Bateson, argumentam que "o potencial para classificar e agir com base em categorias como masculino e feminino" é inato,[115] embora o conteúdo associado a essas categorias dependa de influências ambientais externas. Sobre essa questão, Lipsitz Bem assume a posição exatamente oposta, sugerindo que é a prática da heterossexualidade e a "insistência generalizada da sociedade na importância da dicotomia de gênero" que leva os indivíduos a "organizarem as informações, em geral, e as ideias que têm de si mesmos, em particular, em termos de gênero".[116] Assim, ela argumenta que, em uma sociedade constituída de indivíduos andróginos – ou seja, indivíduos que "não são tipificados pelo sexo" e que são "flexivelmente masculinos ou femininos de acordo com as circunstâncias" porque "incorporam em si mesmos o masculino e o feminino" –, os conceitos de masculino e feminino tornam-se ultrapassados, juntamente com a "ênfase gratuita" no "processamento baseado em esquemas de gênero".[117]

> Em suma, as condutas humanas e os atributos de personalidade deverão deixar de ter gênero e a sociedade deverá deixar de projetar o gênero em situações irrelevantes para a genitália [...] Os imperativos artificiais do gênero sobre a combinação única de temperamento e comportamento peculiar a cada indivíduo serão eliminados.[118]

---

114. S. Lipsitz Bem, "Theory and measurement of androgyny: a reply to the Pedhazur-Tetenbaum and Locksley-Colten critiques", *Journal of Personality and Social Psychology*, 1979, p. 1052.
115. J. Archer e B. Lloyd, op. cit., p. 211-212.
116. S. Lipsitz Bem, "Gender schema theory: a cognitive account of sex typing", *Psychological Review*, 1981, p. 362.
117. Ibid., p. 362-363
118. S. Lipsitz Bem, op. cit., p. 363.

Como mostrei, o desestímulo à reprodução provocado pela política escravocrata no Brasil, juntamente com uma série de fatores relacionados, parece ter liberado, pelo menos em alguns meios, as práticas sexuais de interesse funcional na heterossexualidade. Sugiro que, com isso, emergiu uma sociedade na qual a opção pela heterossexualidade e a opção pela homossexualidade ficaram igualmente abertas à preferência individual e até mesmo circunstancial, gerando assim uma nova maneira de lidar com a oposição feminino-masculino. De fato, os membros do culto de Xangô podem ser considerados um exemplo da "sociedade andrógina" postulada por Lipsitz Bem. Entretanto, invalidando a previsão da autora, o esquema cognitivo de gênero não desapareceu, mas foi, efetivamente, liberado da camisa de força das associações obrigatórias entre dados da natureza – representados na distribuição dos papéis rituais –, papéis sociais – desempenhados na família de santo –, personalidade – expressa no santo da pessoa – e sexualidade. Consequentemente, entre os membros do Xangô, a identidade pessoal caracteriza-se por um certo grau do que poderíamos chamar de "mobilidade de gênero" – o que Lipsitz Bem chama de androginia –, o que significa que os indivíduos podem, em diferentes momentos e de acordo com a situação, invocar componentes diversos de gênero que formam parte de sua identidade e, assim, passar fluidamente da identificação com uma categoria de gênero para outra.

Esse tipo de passagem parece ser o que Patrícia Birman descreve como uma ambiguidade de atributos de gênero resultante da combinação de aspectos masculinos e femininos nas identidades sociais e espirituais da pessoa.[119] Para resumir, embora os membros do culto continuem usando categorias polarizadas de gênero, sua concepção de sexualidade pode ser descrita como "não essencialista":

---

119. Birman, 1985, p. 20.

> Essencialismo [...] é a compreensão da sexualidade ou da prática sexual como "uma essência", "uma parte da natureza humana" ou "inerente" [...] Em outras palavras, o sexual é visto como tendo a ver com uma característica permanente baseada na constituição biológica da pessoa. Ela é fixa e imutável.[120]

Uma postura de caráter não essencialista permeia três conjuntos de noções da visão de mundo Xangô: 1. a negação do imperativo do fundamento natural (o que Schneider, em 1977, chamou de "substância física compartilhada" ou "parentesco biológico") como base dos relacionamentos caracterizados pela solidariedade mútua e organizados de acordo com o modelo da família; 2. a negação do fundamento "natural" das categorias de gênero, ou seja, a decomposição do sistema sexo/gênero em suas partes constitutivas, que não são vistas como interdependentes, e 3. a negação do fundamento "natural" do relação materna, isto é, a decomposição da equivalência entre a mãe progenitora e a mãe de criação. Além disso, é na figura de Iansã, "a rainha dos espíritos", que o axioma não essencialista do culto encontra sua expressão mais sintética: Iansã foi homem e se transformou em mulher, tem corpo de mulher e determinação masculina, rejeita a maternidade e é orixá de guerra e defensora da justiça.

Com sua relativização do biológico e seu tratamento peculiar da identidade de gênero, os membros do Xangô postulam a independência da esfera da sexualidade e deixam transparecer a premissa implícita da fluidez e da liberdade do desejo humano, dificilmente subordináveis a categorias essenciais ou identidades rígidas. Tal premissa aproxima o pensamento Xangô ao pensamento ocidental contemporâneo, que descobre o "nomadismo" do desejo e desconfia de qualquer tentativa de "reterritorialização" do sexual, na qual "a multiplicidade

---

120. E. M. Ettorre, *Lesbians, Women and Society*, 1980, p. 26.

nômade de laços circunstanciais"[121] é substituída por identidades de ordem social ou psicológica. É possível, então, que essa premissa fundamental da visão de mundo do Xangô esteja no centro da afinidade, tão frequentemente mencionada na literatura, entre este culto e a experiência homossexual.

Bibliografia

ARCHER, John; LLOYD, Barbara. *Sex and Gender.* Londres: Penguin, 1982.

AUGRAS, Monique. *O Duplo e a Metamorfose. A Identidade Mítica em Comunidades Nagô.* Petrópolis: Vozes, 1983.

BASTIDE, Roger. *Imagens do Nordeste Místico em Branco e Preto.* Rio de Janeiro: O Cruzeiro, 1945.

____. Psicanálise do Cafuné. *Jornal de Psicanálise*, nº 49, vol. 91, p. 189-203. 2016.

____. "Dusky Venus, black Apollo", en P. Baxter y B. Sansom (org.). *Race and Social Difference.* Londres: Penguin, 1972.

____. "Le principe d'individuation", *Colloques Internationaux du CNRS* 544, *La Notion de personne en Afrique noire*, 1973, p. 3-43.

____. "Introduction", in Roger Bastide (org.). *La Femme de couleur en Amérique Latine.* París: Anthropos, 1974a.

____. "Les données statistiques: Brésil", in Roger Bastide (org.). *La Femme de couleur en Amérique Latine.* París: Anthropos, 1974b.

____. *O Candomblé da Bahia.* São Paulo: Companhia Editora Nacional, 1978.

BINON-COSSARD, Giselle. "A filha de santo", in MOURA, Carlos E. Marcondes (org.). *Olóorisà. Escritos sobre a Religião dos Orixás.* São Paulo: Agora, 1981.

CARVALHO, José Jorge. "Ritual and music of the Sango cults of Recife, Brazil". Tese de doutorado, The Queen's University of Belfast, Belfast, 1984.

CLARKE, Edith. *My Mother who Fathered Me.* Londres: George Allen & Unwin, 1957.

DEGLER, Carl. *Neither Black Nor White. Slavery and Race Relations in Brazil and the United States.* Nova York: Macmillan, 1971.

ETTORRE, Elizabeth M. *Lesbians, Women and Society.* Londres: Routledge & Kegan Paul, 1980.

---

121. N. Perlongher, "O Michê é homossexual?, ou: A política da identidade", 1986, p. 10.

EVANS-PRITCHARD, E. E. *Some Aspects of Marriage and the Family Among the Nuer*, Rhodes-Livingstone Papers N° 11. Londres: Oxford University Press, 1945.

____. *Kinship and Marriage Among the Nuer*. Londres: Oxford University Press, (1951).

FERNANDES, Florestan. *The Negro in Brazilian Society*. Nova York: Columbia University Press, 1969.

FRAZIER, E. Franklin. "The negro family in Bahia, Brazil", *American Sociological Review*, vol. 7, n° 4, 1942, p. 465-478.

____. "Rejoinder" al artículo de M. Herskovits, "The negro in Bahia, Brazil", *American Sociological Review*, vol. 8, n° 4, 1943, p. 402-404.

Freud, Sigmund (1962), *Three Contributions to the Theory of Sex*, Nova York, Dutton. Ed. castelhana: *Tres ensayos de teoría sexual*, in *Obras completas*, vol. 7, Buenos Aires, Amorrortu, 1978.]

Freyre, Gilberto. *Casa Grande e Senzala. Formação da Família Brasileira sob o Regime da Economía Patriarcal*, Rio de Janeiro, José Olímpio, 1973. [Traducción castellana: *Introducción a la historia de la sociedad patriarcal en el Brasil: Casa-Grande y Senzala*, Caracas, Biblioteca Ayacucho, 1977.]

FRY, Peter. "Mediunidade e sexualidade", *Religião e Sociedade*, vol. 1, 1977, p. 105-125.

FRY, Peter; MACRAE, *O que é Homossexualidade*. São Paulo: Abril/Brasiliense. 1985.

GIDDENS, Anthony. *Central Problems in Social Theory*. Londres: Macmillan Press, 1979.

HERSKOVITS, Melville J. "The negro in Bahia, Brazil: a problem of method", *American Sociological Review*, vol. 8, 1943, p. 394-402.

The New World Negro (compilado por Frances Herskovits), Bloomington, Indiana, Indiana University Press, 1966.

HUTCHINSON, Bertram. "Colour, social *status* and fertility in Brazil", *América Latina*, vol. 8, n° 4, 1965, p. 3-25.

IANNI, Octavio. *Raças e Classes Sociais no Brasil*. Rio de Janeiro: Civilização Brasileira, 1972.

KING, Charles E. "The negro maternal family: a product of an economic and a culture system", *Social Forces*, vol. 24, 1945, p. 100-104.

LANDES, Ruth. "A cult matriarchate and male homosexuality", *Journal of Abnormal and Social Psychology*, vol. 25, 1940, p. 386-397.

____. "Negro slavery and female *status*", *Journal of the Royal African Society*, vol. 52, 1953, p. 54-57.

_____. *A Cidade das Mulheres*. Rio de Janeiro: Civilização Brasileira, 1967.

LEACH, Edmund. "Social anthropology: a natural science of society?", Radcliffe-Brown Lecture 1976, *Proceedings of the British Academy*, vol. LXII. Oxford: Oxford University Press, 1976.

LEACOCK, Seth e LEACOCK, Ruth. *Spirits of the Deep. A Study of an Afro-Brazilian Cult*. Nova York: Doubleday Natural History Press, 1972.

LEPINE, Claude. "Os estereótipos da personalidade no candomblé Nago", in MOURA, Carlos E. Marcondes (org.). *Olóorisà. Escritos sobre a Religião dos Orixás*. São Paulo: Agora, 1981.

LÉVI-STRAUSS, Claude, "The family", in H. Shapiro (comp.), *Man, Culture and Society*. Londres: Oxford University Press, 1971. [Ed. castelhana: "La familia", en *Hombre, cultura y sociedad*. México: FCE, 1993.]

_____. *El hombre desnudo*. México: Siglo XXI, 1983.

LIPSITZ BEM, Sandra. "The measurement of psychological androgyny", *Journal of Consulting and Clinical Psychology*, vol. 42, 1974, p. 155–162.

_____. "Sex role adaptability, one consequence of psychological androgyny", *Journal of Personality and Social Psychology*, vol. 31, 1975, p. 634–643.

_____. "Theory and measurement of androgyny: a reply to the Pedhazur-Tetenbaum and Locksley-Colten critiques", *Journal of Personality and Social Psychology*, vol. 37, nº 6, 1979, p. 1047–1054.

_____. "Gender schema theory: a cognitive account of sex typing", *Psychological Review*, vol. 4, 1981, p. 354–364.

MILLER, Jean Baker. *Towards a New Psychology of Women*. Londres: Penguin, 1979. [Ed. castelhana: *Hacia una nueva psicología de la mujer*. Barcelona: Paidós, 1992.]

MINTZ, Sidne; PRICE, Richard. *An Anthropological Approach to the Afro-American Past: A Caribbean Perspective*, Filadelfia, Institute for the Study of Human Issues, Occasional Papers in Social Change, 1976.

MITCHELL, Juliet. *Psychoanalysis and Feminism*. Londres: Penguin, 1982. [Ed. castelhana: *Psicoanálisis y feminismo*. Barcelona: Anagrama, 1982.]

MOTT, Luiz. "Escravidão e homossexualidade", Salvador, mimeografado.

_____. "Os sodomitas no Brasil colonial". Salvador: mimeografado, 1982b.

MOTTA, Roberto. "Proteína, pensamento e dança. Estratégias para novas investigações antropológicas sobre o Xangô do Recife", PIMES, *Comunicação de Cultura e Economía da Universidade Federal de Pernambuco*, vol. 27, 1977, p. 13–29.

O'BRIEN, Denise. "Female husbands in southern Bantu societies", in SCHLEGEL, Alice (org.). *Sexual Stratification. A Cross-Cultural View*. Nova York: Columbia University Press, 1977.

ORTNER, Sherry B. e WHITEHEAD, Harriet. "Accounting for sexual meanings", in ORTNER, S.; WHITEHEAD, H. (org.). *Sexual Meanings. The Cultural Construction of Gender and Sexuality*. Cambridge e Nova York: Cambridge University Press, 1981.

OTTERBEIN, Keith. "Caribbean family organization: a comparative analysis", *American Anthropologist*, vol. 67, 1965, p. 66–79.

PATTERSON, Orlando. *The Sociology of Slavery. Analysis of the Origins, Development and Structure of Negro Slave Society in Jamaica*. Nova York: Macgibbon and Kee, 1967.

PERLONGHER, Néstor. "O Michê é homossexual?, ou: A política da identidade", comunicação apresentada na XV Reunión da ABA. Curitiba: 1986.

RIBEIRO, René. "On the amaziado relationship and other problems of the family in Recife (Brazil)", *American Sociological Review*, vol. 10, 1945, p. 44–51.

____. "Personality and the psychosexual adjustment of Afro-Brazilian cult members", *Journal de la Société des Américanistes*, LVIII, 1969, p. 109–119.

____. "Psicopatología e pesquisa antropológica", *Universitas*, vol. 6, nº 7, 1970, p. 123–134.

____. *Cultos Afro-Brasileiros do Recife*. Recife: IJNPS, 1978.

RIVIÈRE, Peter. "Marriage: a reassessment", in Rodney Needham (comp.), *Rethinking Kinship and Marriage*. Londres: Tavistock Publications, 1971.

RUBIN, Gayle. "The traffic in women notes on the 'political economy' of sex", in REITER, Rayna (org.). *Toward an Anthropology of Women*. Nova York, Monthly Review Press, 1975.

RUSSELL-WOOD, A. J. R. "Women and society in colonial Brazil", *Journal of Latin American Studies*, vol. 9, nº 1, 1977, p. 1–34.

SAUNDERS, J. V. D. *Differential Fertility in Brazil*, Gainesville: University of Florida Press, 1958.

SCHNEIDER, David. "Kinship, nationality and religion in American culture: toward a definition of kinship", in DOLGIN, D. S. Kemnitzer; SCHNEIDER, D. (org.). *Symbolic Anthropology*, Nova York: Columbia University Press, 1977.

SEGATO, Rita Laura. "A folk theory of personality types: gods and their symbolic representation by members of the Sango cult in Recife, Brazil", Tese de doutrado, The Queen's University of Belfast, Belfast, 1984.

SILVERSTEIN, Leni M. "Mãe de todo mundo: modos de sobrevivência nas comunidades de candomblé da Bahia", *Religião e Sociedade*, vol. 4, 1979, p. 143–171.

SMITH, M. G. "Some aspects of social structure in the British Caribbean about 1829", *Social and Economic Studies*, vol. 1, nº 4, 1953, p. 55–79.

SMITH, Raymond. *The Negro Family in British Guiana*. Londres: Routledge

& Kegan Paul, 1956.

_____. "The nuclear family in Afro-American kinship", *Journal of Comparative Family Studies*, vol. 1, p. 55-70, 1970.

Soeiro, Susan A. "The social and economic role of the convent: women and nuns in colonial Bahia, 1777-1800", *Hispanic American Historical Review*, vol. 54, 1974, p. 209-232.

STACK, Carol B. "Sex roles and survival strategies in an urban black community", in ROSALDO, M. Zimbalist; LAMPHERE, Louise (org.). *Woman, Culture and Society*. Stanford: Stanford University Press, 1974.

TANNER, Nancy. "Matrifocality in Indonesia and Africa, and among black Americans", in M. Zimbalist Rosaldo y Louise Lamphere (comps.), *Woman, Culture and Society*, Stanford: Stanford University Press, 1974.

TREVISAN, João Silvério, *Devassos no Paraíso*. São Paulo: Max Limonad, 1986.

VERGER, Pierre. *Orixás. Deuses Iorubás na Africa e no Novo Mundo*. Salvador: Corrupio, 1981.

WILLIAMS, Jennifer A. "Psychological androgyny and mental health", in O. Hartnett, G. Boden y M. Fuller (org.), *Women, Sex Role Stereotyping*, Londres: Tavistock Publications, 1979.

WILLIAMS, John e BENNETT, Susan. "The Definition of Sex Stereotypes Via the Adjective Check List", *Sex Roles*, v. 1, nº 4, p. 327-337, 1975.

8. Gênero, política e hibridismo na transnacionalização da cultura yorùbá[1]

---

1. Com o título "O fator de gênero no mundo religioso transnacional yorùbá" [*The factor of gender in the Yoruba transnational religious world*], este texto foi apresentado em uma sessão plenária durante a Conferência Internacional de Acadêmicos das Ciências Sociais em Estudos de Religião, realizada em Houston, Texas, em outubro de 2000. (N.A.)

"Geralmente, as teorias antropológicas falam mais sobre antropólogos e antropólogas do que sobre a sua própria disciplina."[2]

"[...] todo o conhecimento de outras culturas, sociedades ou religiões surge a partir de uma mistura de evidências indiretas com a situação pessoal e subjetiva de quem estuda, o que inclui tempo, lugar, habilidades pessoais, situação histórica, bem como as circunstâncias políticas gerais. O que torna tal conhecimento preciso ou impreciso, bom, melhor ou pior, tem a ver principalmente com as necessidades da sociedade na qual esse conhecimento é produzido."[3]

Apresento aqui três diferentes discursos acadêmicos que abordam as ideias de gênero na civilização yorùbá, e, apesar de suas diferenças, relaciono as suas conclusões a dois momentos históricos da expansão dessa cultura, distantes no tempo e nas circunstâncias. Evidencio a compreensão dos modelos interpretativos que tratam do que entendo como o fator de gênero na disseminação da cosmologia yorùbá. Na primeira parte do texto, caracterizo de forma sintética esses três discursos acadêmicos, mostrando como, apesar das suas diferenças, eles lidam com as palavras disponíveis para descrever, em etnografias de extrema complexidade, a concepção sofisticada e muito peculiar de gênero no universo da cultura yorùbá.

2. E. Leach, "O nascimento virgem", in: "Edmund Leach". Coleção Grandes Cientistas Sociais, 1983.
3. E. W. Said, *Covering Islam*, 1997, p. 168.

Embora, ao fazê-lo, proponham modelos diferentes, esses discursos mostrando que apontam para uma realidade comum: o alto grau de abstração da construção de gênero em relação aos significantes anatômicos, ou seja, a ausência do essencialismo biológico que o sistema de pensamento apresenta. Na segunda parte do texto, analiso como os discursos acadêmicos estão situados – nacional e interessadamente – e mostro que, de forma bastante independente, duas autoras e um autor, eu inclusa entre as autoras, colocamos os complexos temas de gênero no centro do debate sobre a visão de mundo yorùbá. Retomo ali, sucintamente, o que escreveram para tentar revelar como a posição (étnica e nacional) a partir da qual cada especialista produz seus modelos afeta suas formulações.

Na terceira parte do texto, faço uma breve revisão das minhas próprias ideias e defendo que as complexidades da construção de gênero no povo yorùbá desempenharam um papel central no processo de difusão da sua religião. Há evidências de que os mosaicos de contexto social que esse processo de difusão disseminou da África para a América inicialmente e, posteriormente, do Brasil para outros países onde sua influência não existia, como a Argentina e o Uruguai, contêm sempre os elementos de uma ideologia de gênero não essencialista. Isso permitiu e permite uma maleabilidade adaptativa das relações familiares, sexuais e afetivas nas condições extremamente difíceis que a população negra teve que enfrentar.

Duas antropólogas e um antropólogo no debate sobre o gênero no mundo religioso yorùbá

Farei referência aqui a três modelos interpretativos das ideias yorùbás de gênero, conforme expressas nos temas e práticas religiosas. Os dois primeiros, que abordam o povo yorùbá da Nigéria, foram formulados por Lorand Matory, em 1994, e Oyèrónkẹ́ Oyěwùmí, em 1997, respectivamente, ambos publicados pela respeitada editora da Universidade de Minnesota. O terceiro modelo origina-se do meu próprio trabalho sobre a religião yorùbá no Brasil, publicado em português em 1986 (e reimpresso nesse idioma em 1989, 1995 e 2000, e em inglês em 1997). Embora minha publicação sobre o tema seja anterior à de Lorand Matory e Oyèrónkẹ́ Oyěwùmí, inverto a ordem temporal aqui e começo a discussão com o trabalho de Oyěwùmí, para lograr maior compreensão do argumento.

Oyèrónkẹ́ Oyěwùmí

Oyěwùmí, uma mulher yorùbá, publicou o livro *A invenção das mulheres: construindo um sentido africano para os discursos de gênero ocidentais* [*The Invention of Women. Making an African Sense of Western Gender Discourses*] quando era professora assistente na Universidade da Califórnia, em Santa Bárbara, nos Estados Unidos. Embora estivesse trabalhando no mesmo campo, Oyěwùmí não fez referência ao livro de Matory, de 1994, sobre um tópico semelhante, citando apenas, e em dois parágrafos que não ultrapassam uma página, a tese de mestrado do autor, apresentada em 1991.

Na opinião de Oyěwùmí, "a suposição de que um sistema de gênero existiu na sociedade Oyó antes da colonização ocidental é ainda outro caso de domínio ocidental na documentação e interpretação do mundo".[4] Desde o seu ponto de vista, o colonialismo introduziu o vocabulário e as práticas de gênero na religião yorùbá, enquanto intelectuais ocidentais – incluindo as feministas ocidentais – identificaram erroneamente a existência de gênero nessa cultura:

> [...] devo assinalar, desde já, que o habitual destaque das categorias iorubás *obìnrin* e *ọkùnrin*, respectivamente,

---

4. O. Oyěwùmí, *A invenção das mulheres: construindo um sentido africano para os discursos ocidentais de gênero*, 2021, p. 103.

como "fêmea/mulher" e "macho/homem" é um erro de tradução. Esse erro ocorre porque muitas pessoas dedicadas ao pensamento, ocidentais e iorubás, influenciadas pelo Ocidente, falham em reconhecer que, na prática e no pensamento iorubás, essas categorias não são opostas nem hierarquizadas.[5]

Na interpretação de Oyěwùmí, isso ocorre porque, como ela mesma argumenta,

1. "Não há concepção aqui de um tipo humano original contra o qual a outra variedade tenha que ser medida. *Ènìyàn* é uma palavra sem gênero, específica para humanidade"[6] – diferente de fêmea ([fe] male) ou mulher ([wo] man).
2. *Obìnrin* não é uma categoria hierarquicamente ordenada em relação a *okùnrin* (ambas compartilham a mesma raiz neutra *rin*).
3. Elas são aplicáveis apenas a adultos. Crianças são todas *omodé*. Animais machos e fêmeas são denominados *ako* e *abo*. Plantas são *abo* quando produzem brotos.

"Assim, neste estudo, os termos básicos *ọkùnrin* e *obìnrin* são melhor traduzidos como referindo-se ao macho anatômico e à fêmea anatômica, respectivamente; referem-se apenas a diferenças fisiologicamente marcadas e não têm conotações hierárquicas".[7] [...] Oyěwùmí fala também de "ana-sex": *ana-machos* e *ana-fêmeas*.[8]

---

5. Ibid., p. 105
6. Idem.
7. Ibid., p. 107.
8. Aqui nos pareceu importante citar o trecho do livro *A invenção das mulheres*: "As distinções que esses termos iorubás significam são superficiais. Para facilitar o desdobramento, 'anatômico' foi encurtado para 'ana' e acrescentado às palavras 'macho', 'fêmea' e 'sexo' para ressaltar o fato de que, na cosmopercepção iorubá, é possível reconhecer essas distinções fisiológicas sem projetar inerentemente uma hierarquia das duas categorias sociais. Assim, proponho os novos conceitos *anamacho*, *anafêmea* e *anassexo*". (Oyěwùmí, 2021, p. 107). (N.T.)

> Para enfatizar o fato de que, no contexto da visão de mundo yorùbá, era possível reconhecer essas distinções fisiológicas sem projetar uma hierarquia inerente às duas categorias sociais. "Diferentemente de "macho" e "fêmea" no Ocidente, as categorias de *obìnrin e ọkùnrin são primariamente categorias de anatomia, não sugerindo suposições subjacentes sobre as personalidades ou psicologias que derivem delas. Porque não são elaboradas em uma relação de oposição uma à outra,* elas não são sexualmente dimórficas [destaque meu] e, portanto, não são generificadas. Na Velha *Oyó, elas não indicavam uma classificação social; nem expressavam masculinidade ou feminilidade, porque essas categorias não existiam na vida ou no pensamento iorubás."*[9].

Oyěwùmí afirma a completa ausência de uma estrutura simbólica de gênero na sociedade yorùbá tradicional (pré-colonial). Para sustentar seu argumento, ela utiliza uma definição padrão de gênero, não como "uma propriedade de um indivíduo ou de um corpo em si mesmo", mas como "uma construção de duas categorias em relação hierárquica entre si que está embutida nas instituições", que, como tal, direciona expectativas e organiza todos os processos sociais.[10] E reafirma mais uma vez que, em sua opinião, esse tipo específico de estrutura ideológica estaria ausente no mundo yorùbá antes da colonização.

Em relação às divindades do panteão, Oyěwùmí as situa em três níveis. No primeiro nível está "Primeiro, havia *Olodumarê* (Deus – o Ser Supremo). *Olodumarê* não tinha uma identidade de gênero e é duvidoso que ela/ele tenha sido percebida ou percebido como um ser humano antes do advento do cristianismo e do islamismo na Iorubalândia".[11] Para apoiar essa afirmação, a autora cita fontes que alegam que os textos

---

9. O. Oyěwùmí, op. cit., p. 108.
10. Ibid., p. 118.
11. Ibid., p. 329.

do período posterior à cristianização passaram a representar *Oludumarê* com atributos masculinos e a chamá-lo de "Ele", usando a terceira pessoa no masculino, sem que nada os autorizasse a fazê-lo dessa maneira. No entanto, a autora não fornece evidências de fontes que lhe permitam falar da representação anterior desse deus como não antropomórfico ou, alternativamente, como antropomórfico, mas sem atributos de gênero. Entretanto, um deus supremo isento de antropomorfismo seria verdadeiramente raro na história das religiões.

No segundo nível do panteão de divindades, de acordo com Oyĕwùmí, estão os *orixás*, sobre os quais ela diz: "Embora houvesse *orixas ana-machos* (anatomicamente masculinos) e *ana-fêmeas* (anatomicamente femininos), como em outras instituições, essa distinção não tinha consequências; portanto, é melhor descrita como uma distinção sem diferença".[12] Ela apoia sua afirmação mencionando que alguns *orixás* de sexo anatomicamente diferente compartilhavam algumas qualidades (a "ira", ela diz, era associada tanto a *Xango* quanto a *Oya*, por exemplo) e mencionando, ainda, que alguns *orixás* poderiam mudar de sexo de uma localidade para outra.

De fato, isso também ocorre no continente americano, onde as divindades têm personalidades particulares e essas personalidades, por sua vez, são subdivididas a partir de um critério de gênero, apesar das semelhanças que, porventura, possam apresentar. Aqui também o gênero do "santo" pode mudar com a mudança de localidade ou de tempo. Xangô é sincretizado com as imagens de Santa Bárbara em Cuba e de São João no Brasil; e diz-se que Oyá (Iansã) foi homem (macho) em tempos míticos e transformou-se em mulher (fêmea) após tornar-se esposa de Xangô.[13] Na Bahia, Logunedé é metade

---

12. Idem.
13. Conferir R. Segato, "A vida privada de Iemanjá e seus filhos: fragmentos de um discurso político para compreender o Brasil", in *Santos e daimones: o politeísmo afro-brasileiro e a tradição arquetipal*, Brasília, Editora da Universidade de Brasília, 1995a. (N.A.)

do ano masculino e metade do ano feminino. No entanto, não considero que isso, como mostrarei, seja evidência da inexistência de uma construção simbólica marcada pelo gênero nessa cultura, mas, justamente, um comentário codificado que revela a existência de uma concepção de gênero particular, uma declaração sobre o gênero e um discurso político construído em termos de gênero.

Lendo Oyèrónkeẹ Oyěwùmí, surge a pergunta de por que, como afirma a autora, a anatomia carece de significado social entre os yorùbás, embora os *orixás*, divindades livres de restrições humanas, sejam dotados de anatomia e comportamento sexualizados em suas representações mitológicas. Como seria possível que tal anatomia ideal das divindades do panteão, puro significante, não significasse nada para assuntos humanos? Em outras palavras: por que, em sua representação mítica, os *orixas* têm corpos marcados pelo dimorfismo anatômico e atributos de gênero se, como Oyěwùmí afirma, isso não tem nenhuma consequência nas relações sociais, se não expressa nada relacionado a um imaginário de gênero entre os seres humanos?

No terceiro nível, a autora situa o culto aos ancestrais "[...] machos e fêmeas, venerados por membros de cada linhagem e reconhecidos como consagrados no festival dos *Egúngún* mascarados: um culto à veneração de ancestrais".[14]

> "[...] No mundo dos humanos, o sacerdócio de várias divindades era aberto a machos e fêmeas [...]. A religião iorubá, assim como a vida cívica iorubá, não articulava gênero como categoria; portanto, os papéis dos *orixás, sacerdotes e ancestrais não dependiam de gênero*".[15]

---

14. O. Oyěwùmí, op. cit., p. 330.
15. Idem.

Para Oyěwùmí, a língua predominante na sociedade yorùbá era o idioma da senioridade, ou seja, a do *status* em relação à idade. O que realmente importava e ainda importa, afirma a autora, é se a pessoa é uma criança, um adulto ou um idoso: *omo* significa criança, cria; somente mais tarde, a partir do século XIX, *omokùnrin* (menino) e *omobinrin* (menina), termos comuns hoje, passaram a indicar diferenças de gênero em crianças".[16, 17] Os termos demonstram que o que é socialmente privilegiado é a juventude da criança, não sua anatomia diferenciada. Pela mesma lógica, quando alguém é chamado de *Ìyá* (mãe) ou *bàbá* (pai), *obinrin* (mulher) ou *okùnrin* (homem), o que importa é que eles são identificados como adultos, em idade reprodutiva. "O atributo mais importante que essas categorias indicam não é o gênero; ao contrário, é a expectativa de que pessoas de certa idade deveriam ter procriado";[18] *Ìyá* (mãe) ou *bàbá* (pai).

> [...] *bàbá e ìyá não são apenas categorias de parentalidade. São também categorias da adultez, uma vez que também são usados para se referir a pessoas idosas em geral. E, mais importante, eles não são opostos de forma binária e não são construídos em relação entre si.*[19]

Com isso, a autora enfatiza que o predicado de idade relativa e maturidade é mais relevante nos vocativos como *iyá* ou *bàbá* do que as implicações de gênero que essas duas palavras aparentam conotar.

---

16. O. Oyěwùmí, op. cit.
17. No livro *A invenção das mulheres*, Oyèrónkẹ́ Oyěwùmí observa: "Não há palavras específicas para menino ou menina. Os termos *ọmọkùnrin* (menino) e *ọmọbìnrin* (menina) ganharam circulação na atualidade por indicar o anassexo das crianças (derivadas de *ọmọ ọkùnrin* e *ọmọ obìnrin*, literalmente "criança, macho anatômico" e "criança, fêmea anatômica"); eles mostram que o socialmente privilegiado é a juventude da criança, e não sua anatomia" (Oyěwùmí, op. cit., p. 121-122). (N.T.)
18. O. Oyěwùmí, op. cit., p.122
19. Ibid., p. 122-123.

Portanto, Oyěwùmí não tem dúvidas de que, no universo yorùbá, *a senioridade prevalece sobre o gênero e pode até mesmo introduzir inversões em sua ordem se a observarmos a partir de uma perspectiva ocidental de gênero*. Por exemplo, uma *obinrin* mais velha ou investida em uma posição religiosa pode ser considerada *pai* de um *okùnrin*. Oyěwùmí baseia-se nas observações de Johnson para descrever a relação entre o soberano de *Oyo* e a *obìnrin* oficial do palácio que comanda o culto aos espíritos dos reis falecidos:

> [...] O rei olha para ela como para seu pai, e se dirige a ela como tal, sendo a adoradora do espírito de seus ancestrais. Ele se ajoelha ao saudá-la, e ela também retribui a saudação, ajoelhada, nunca reclinada em seu cotovelo, como é costume das mulheres ao saudar seus superiores. O rei não se ajoelha para ninguém além dela, e se prostra diante do deus *Xangô e diante das pessoas possuídas pela divindade, chamando-as de "pai"*.[20]

Como mostrarei mais adiante, *uma estrutura impressionantemente similar a esta pode ser encontrada no culto Xangô, em Recife, Brasil; no entanto, minha interpretação é resultado de um modelo diferente*. De fato, no Brasil também ocorre que, dependendo de sua senioridade e do gênero de seu orixá, uma sacerdotisa pode ser ritualmente abordada como um "pai", e uma esposa, também dependendo de seu orixá de cabeça, pode ser considerada mais viril do que um marido. Ainda mais interessante é o fato de que a saudação cerimonial chamada *dobalé* está desconectada da anatomia de modo ainda mais radical do que no mundo yorùbá africano. No *dobalé* africano, de acordo com Oyěwùmí (2021), a reverência executada depende do sexo da pessoa que saúda; no Brasil, depende do sexo de seu orixá de cabeça.

---

20. Johnson apud. O. Oyěwùmí, op. cit., p. 115.

De acordo com Oyěwùmí:

> [...] O desafio que a concepção iorubá apresenta é um mundo social baseado nas relações sociais, e não no corpo. Isso mostra que é possível reconhecer os papéis reprodutivos distintos para *obìnrin e ọkùnrin sem usá-los para criar uma classificação social. Na lógica cultural iorubá, a biologia é limitada a questões como a gravidez, que dizem respeito diretamente à reprodução. [...] Chamei a isso de uma distinção sem diferença social.*[21]
>
> *Os termos obinrin e okunrin, no entanto, apenas indicam as diferenças fisiológicas entre as duas anatomias, uma vez que elas se relacionam com a procriação e relação sexual. [...] Eles não se referem a categorias de gênero que denotam privilégios e desvantagens sociais. Além disso, não expressam dimorfismo sexual, porque a distinção que indicam é específica para questões da reprodução.*[22]
>
> Uma pessoa superior assim o é, independentemente do tipo de corpo. [...] *Ori [a cabeça, o princípio vital] não tem gênero.*[23]

Aparentemente, temos aqui um significado incomum para o termo "dimorfismo", de modo que me pergunto: a autora está querendo dizer que existem mais de duas partes morfologicamente diferenciadas intervindo na procriação?

Alternativamente, o que sustento é que, independentes do corpo, os termos de gênero permanecem como uma linguagem para as relações sociais e organizam alguns aspectos da interação social. Ao contrário, para Oyěwùmí, apenas os papéis reprodutivos permanecem, entrelaçados, vinculados,

---

21. O. Oyěwùmí, op. cit., p. 112.
22. Ibid., p.109.
23. Ibid., p.115.

colapsados, fundidos com o corpo. Antecipando parte do meu próprio argumento, isso me parece muito próximo ao papel central que os membros do culto Nagô, ou Ketu (yorùbá), no Brasil atribuem à anatomia na divisão do trabalho ritual. É precisamente o ritual – e não as relações sexuais – que reproduz as linhagens religiosas africanas no Brasil e, significativamente, a divisão dos papéis rituais por gênero é o único domínio da vida sociorreligiosa que segue o delineamento do dimorfismo sexual e se orienta por ele. Ou seja, no ambiente do candomblé, as formas anatômicas são determinantes apenas em seu comando da divisão do trabalho ritual. No entanto, é o aspecto simbólico do dimorfismo, e não sua dimensão biológica, o que realmente importa – *visto que estamos no reino da reprodução religiosa e filosófica de uma África espiritual, não biológica ou racial. Somente quando encaramos isso a partir da ampla perspectiva oferecida pela América torna-se possível identificar o cerne do que está em jogo nesta discussão* e também compreender como a tese de Oyěwùmí, sob sua aparente radicalidade, transmite um pensamento convencional e acrítico.

Se, por um lado, a reprodução e a continuidade da África no Brasil se processam por meio de papéis rituais anatomicamente distribuídos, por outro lado, isso contrasta com todas as outras esferas – social, psíquica, afetiva e sexual – da vida religiosa. Para dar um exemplo, no ambiente das religiões de matriz africana, a reprodução, a criação da prole e a organização doméstica são concebidas como separadas da biologia. A unidade familiar – e doméstica – do culto, a chamada "família de santo", atuante em todas as áreas da vida, não se baseia na suposição de substância biológica compartilhada, mas na iniciação, ou seja, na substância ritual compartilhada (chamada *axé* e inoculada no corpo do iniciado por seu "pai de santo"). Além disso, a personalidade e a orientação sexual estão livres de determinações biológicas. *E seria possível continuar dando infinitos exemplos de um ambiente de gênero que opera com liberdade em relação ao dado anatômico e no qual as noções yorùbás descritas por Oyěwùmí podem ser vividamente reconhecidas. Entretanto, longe de estar ausente, um esquema inteligível de gênero fornece o vocabulário para categorias importantes da vida social, embora subvertendo o sistema ocidental.*

Por outro lado, Oyěwùmí incorre em inúmeras contradições. Uma delas, por exemplo, ocorre quando nega qualquer conotação de gênero nas palavras *oko* e *aya*, ao mesmo tempo que traça a equivalência desses termos com posições no ambiente familiar. Assim, ela argumenta: "[...] as traduções de *aya* como 'esposa' e *oko* como 'marido' impõem construções sexuais e de gênero que não fazem parte da concepção yorubá".[24] E ela alega: "[...] A justificativa para a tradução dos termos está na distinção entre *ọkọ* e *aya* como proprietária(o)/nativa(o) e não proprietária(o)/forasteira(o) em relação ao *ilé* como um espaço físico e o símbolo da linhagem. Essa relação nativa-forasteira era hierarquizada, com o ocupante da posição nativa possuindo privilégios superiores".[25] Assim, de maneira nítida e inegável, os termos de gênero estão aqui associados ao *status*. Em uma casa familiar, afirma Oyěwùmí, todos os membros mais antigos da casa, fêmeas e machos, eram considerados *oko* – maridos, senhores – para a esposa recém-chegada – *aya* –, embora ela supostamente tivesse um relacionamento conjugal apenas com seu cônjuge; quando este último morria, apenas os "ana-machos" (*anamales*) mais jovens que ele na casa podiam reivindicar direitos sexuais sobre ela, "*na medida em que este é um mundo heterossexual*" (sic, itálicos meus), e quando um *oko* ana-fêmea (*anafemale* sênior) reivindicava direitos de herança sobre a viúva, o acesso sexual passava para um de seus filhos ana-machos (*anamales*).

---

24. Ibid., p. 129
25. Ibid., p.129-130.

Significativamente, Oyĕwùmí também nos informa que, enquanto homens e mulheres podiam ser oko *para outros homens e mulheres com base em sua senioridade, os ana-machos (anamales) não podiam ser* aya *(esposas) de nenhum ana-macho (anamale) ou ana-fêmea* (anafemale). *Eles só poderiam ser* aya *para os orixás aos quais prestavam culto e recebiam em possessão, o que significa que os machos anatômicos não cruzavam a fronteira decrescente de gênero no campo social. Definitivamente, entre os yorùbás pré-coloniais, os machos anatômicos estavam ligados a uma condição de status e prestígio que não combinava com o papel social de esposa, exceto sob o comando das divindades. Surpreende-nos que um ponto de tamanha importância, com todas as suas consequências, passe completamente despercebido pela autora. Isso, acredito, acaba sendo uma séria limitação para a eficácia de seu modelo.*

No entanto, apesar das dificuldades etnográficas que seu modelo não consegue superar, ou, talvez, precisamente por não conseguir superá-las, a autora nos oferece um vislumbre das complexidades de gênero entre o povo yorùba, comunicando, por meio de sua descrição, o alto grau de maleabilidade do sistema. Essa maleabilidade de gênero no universo yorùbá, sem dúvida, desempenhou um papel crucial na relocalização da cosmologia própria dessa cultura – e das práticas associadas a ela – nas Américas, particularmente no Brasil e, mais tarde, na recente onda de expansão para o sul, para os novos territórios da Argentina e do Uruguai.

Lorand Matory

Lorand Matory publicou *Sex and the Empire that is no More* em 1994, quando era professor assistente de antropologia e estudos afro-americanos na Universidade de Harvard. Seu texto também oferece um testemunho da existência de uma complexa construção de gênero no mundo *Oyo* (yorùbá) tradicional. Ele também fará um grande esforço em sua tentativa de representar etnograficamente essa complexidade – que conduz os esquemas de gênero da cosmologia yorùbá e as práticas religiosas associadas a uma condição de quase inefabilidade – por meio da formulação de um modelo baseado na ideia de "transvestimento". No entanto, Matory afirma que "as mulheres preservam a imagem paradigmática da mulher casada (*married wifeliness*) não só nas religiões dos *orixas*, mas em todo o espectro religioso Yorùbá".[26]

No modelo de Matory, o que ele denomina "iconografia sartorial",[27] um ritual diacrítico (idiossincrático) de gênero e gestos associados ao trabalho, marca o que é próprio das mulheres – as roupas que usam ou tamanhos/esculturas/figuras de mulheres "*[...] que se ajoelham para oferecer serviço e sacrifício, carregar fardos na cabeça e/ou amarram um bebê nas costas*".[28] No entanto, apesar de sua estrita dependência dessas marcas emblemáticas – e não anatômicas –, o vínculo com as determinações biológicas é estabelecido através das mulheres: "*[...] o status marital e reprodutivo das mulheres afeta diretamente sua posição em todas as organizações religiosas locais. A menstruação compromete a participação das mulheres em idade fértil*".[29]

O transvestilismo (*transvestitism*)[30] é, para Matory, o principal idioma "irônico" das estruturas de gênero na sociedade yorùbá. Isso permite, por exemplo, que pessoas do mesmo sexo entrem em uma relação social como *oko e obinrin* (com ou sem implicações sexuais). No entanto, a posição paradigmática do corpo da mulher e seus atributos anatômicos,

---

26. J. L. Matory, *Sex and the empire that is no more*, 1994, p. 108.
27. Aquilo que conserta, relacionado à alfaiataria - costura ou pesponto. (N.A.)
28. J. L. Matory, op. cit., p. 108.
29. Ibid., p. 107-108
30. Ao dialogar com esse conceito de Matory, a autora utiliza – no texto original em espanhol – os termos "travestilismo" e "travestismo". As tradutoras optaram pelo termo "travestismos". (N.T.)

gestuais ou de vestuário como significativos de uma posição feminina relacional (embora um corpo de homem também possa ocupar essa posição) revela a existência de um mapa cognitivo construído nitidamente em termos de gênero.

Para Matory, esse mapa não é verbal nem regido por categorias lexicais; ele é preferencialmente visual e inscrito por ícones, gestos e marcas visuais. Já Oyĕwùmí nega a importância da visualidade entre o povo yorùbá e afirma o domínio do auditivo. Ela também afirma, como vimos, que não há palavras na língua yorùbá para masculino e feminino como posições ou personalidades opostas,[31] e só há aquelas que indicam as posições relativas de marido e mulher (*oko e obinrin*). *No modelo de Oyĕwùmí, ficamos nos perguntando qual é a razão de ser de categorias verbais, estatuárias e de costumes definidos em termos de gênero, se nenhum deles deve ter qualquer significado na vida social. No modelo de Matory, cabe perguntar por que há práticas generalizadas de travestismo se as hierarquias sociais de gênero permanecem em vigor, intocáveis, na ideologia de gênero yorùbá.*

Oyĕwùmí e Matory parecem concordar quanto à existência de um modelo no qual o gênero segue um esquema radicalmente diferente do ocidental. Contudo, enquanto no texto de Oyĕwùmí encontramos beligerância e a premissa do choque de civilizações mutuamente intraduzíveis – uma delas derrotada e colonizada, que permanece apenas como um antiparadigma civilizatório sofisticado e puro –, em Matory há uma lição a ser aprendida, como tentarei demonstrar.

Acredito que o discurso que acabei de mostrar, o de Oyĕwùmí, carrega seu próprio hibridismo, inserido em sua enunciação por seu interlocutor preferencial: o Ocidente. Ao afirmar a existência de uma África antiga livre de hierarquias de gênero

---

31. O. Oyĕwùmí, op. cit.

– *e ela é direta quanto a isso –, ela defende a ideia de uma África pré-colonial em estado puro e retrata a introdução de relações sociais marcadas pela hierarquia de gênero como indicativo de uma África ocidentalizada. O texto de Matory, ao qual me referirei agora, também tem um interlocutor nas sombras. Enquanto Oyěwùmí é uma antagonista, Matory é um reformador conservador. Parece-me que o que ele faz é trazer a ideia de travestilidade e centralidade de gênero para a polis, para seus concidadãos, para seu país.* Em sua etnografia – e é isso que tentarei mostrar – ele fala em nome de uma estrutura hierárquica de gênero que pode permanecer como um princípio organizador de uma sociedade hierárquica, mesmo que as pessoas mudem de pele e se travistam. O que ele propõe é uma célula estável de relações de gênero, que não ameaça ou subverte o sistema, embora possa introduzir transformações.

Tanto a etnografia como outras áreas de pesquisa e a intelectualidade em geral nunca deixam de estar politicamente orientadas, guiadas por interesses e valores, transmitindo mensagens codificadas a seus pares, trazendo argumentos para casa.

Matory apresenta um mundo onde o travestismo sempre leva a uma organização assimétrica, constituída em termos de gênero, hierárquica: "esposas homens e maridos mulheres são atores centrais no reino e na aldeia Oyo-Yorùbá", diz ele;[32] "[...] todas as mulheres são maridos de alguém e, ao mesmo tempo, esposas de vários outros";[33] o transvestismo masculino (de homens) em Oyo-Yorùbá não é apenas um idioma de dominação nem apenas uma evidência da independência das categorias de gênero em relação ao sexo biológico, mas uma prática que "transforma as categorias de gênero existentes."[34] O fato é que, no modelo de Matory, a prática do travestismo reduz as categorias de gênero ao sentido restrito de universalizar suas estruturas

---

32. L. Matory, op. cit., p. XII.
33. Ibid., p. 2.
34. Ibid., p. 3.

hierárquicas no campo social, projetando-as, além disso, muito além do campo dos papéis de gênero e da sexualidade. E é nesse sentido que Matory adota a ideia de Marilyn Strathern, formulada para as sociedades do Pacífico, de que "[...] a iniquidade sexual/de gênero é o 'idioma' irredutível por meio do qual até a iniquidade existente entre pessoas do mesmo sexo e gênero é expressada e comprendida".[35]

No centro do modelo de Matory está a imagem – comum para descrever a experiência de transe nas religiões africanas da Europa e na diáspora da América – de seres humanos em um estado de possessão "montados" por deuses. Esse é certamente um modelo explicativo demasiado simples para um sistema de pensamento tão complexo como o que ele busca equacionar. Matory diz-nos:

> [...] o vocabulário e o código de vestimenta das religiões de possessão [...] iluminam a estrutura daquela relação. Os recém-iniciados de *Yemoja, Osun, Obatala e Xango* [...] *são conhecidos especificamente como "noivas da divindade". Eles usam roupas ou atributos femininos. E diz-se que o deus monta aqueles sobre os quais ele desce em possessão.*[36]

O deus é invocado como "marido" e "senhor" pelos devotos. "O conceito de 'montar' (*gigung*) compara o sacerdote (*elegun*) a um cavalo real (*esin*) e a uma esposa real (*ayaba*)".[37] Potes e cabaças também são ícones da ordem hierárquica do casamento patrilinear.

A hierarquia de gênero não representa a superioridade de um sexo biológico sobre o outro, mas, sim, a assimetria, conforme expresso pela relação dos gêneros no casamento. "Com o casamento, *a mulher se torna esposa (iyawo)* não apenas do homem

---

35. Ibid., p. 176-177.
36. Ibid., p. 7.
37. Ibid., p. 135.

que ela desposa (*okogidi*), mas de todos os agnatos, masculinos e femininos, relacionados por meio do casamento com esse homem, e das mulheres que eram casadas com ele e seus agnatos antes de sua chegada à casa. Reciprocamente, não apenas o homem que ela desposou, mas todos os seus agnatos são classificados como seus maridos (*oko*)".[38] Vemos, aqui, uma descrição idêntica à oferecida por Oyěwùmí para as relações da esposa que chega ao seu novo lar após o casamento. Ou seja, esposa e noiva, nessa linguagem social baseada na linguagem de gênero, significam *júnior*, subordinada. Essa organização típica também é observada por Oyěwùmí, como vimos, mas enquanto ela a interpreta como a ausência de gênero, Matory a entende como a generalização dos termos de gênero como um sistema de classificação em um campo social hierárquico.

Gênero e sexualidade tornam-se idioma característico das transições hierárquicas na sociedade tradicional yorùbá. Talvez a expressão mais precisa desse arranjo seja o fato de que, quando o sacerdote sênior (*elegun*) recebe seu orixá em possessão, ele o faz como uma "namorada" do deus e é "montado" pelo deus como uma metáfora sexual. E muitos acreditam que aqueles que recebem Xangô, "montados" dessa forma pelo deus em possessão, podem, por sua vez, eles mesmos "montar", ou seja, realizar o ato sexual com uma mulher da plateia.[39] Revela-se aqui o fato de que o mesmo ator social age simultaneamente como subordinado em um relacionamento e como dominador no outro, feminino em um casal e masculino no outro. *Essa linguagem da circulação do posicionamento de gênero eu apontei também para o Brasil, com base em meus materiais etnográficos. A ideia é a mesma. No entanto, no Brasil, e de acordo com minha interpretação, seu impacto e finalidade não são orientados para organizar as relações sociais e representar as hierarquias políticas e sociais por meio do uso da linguagem de gênero, mas, exatamente o oposto, para*

---
38. Ibid., p. 105.
39. Ibid., p. 170.

desestabilizar o patriarcado, rindo dele, ironizando-o, não apenas em um sentido discursivo, mas em um sentido literal e efetivo. Em minha análise do material brasileiro, a aplicação de termos de gênero induz à subversão de seu uso habitual. As possibilidades do sistema de gênero que Matory chama de "irônico" para o povo yorùbá são levadas a uma radicalidade extrema no Brasil. Vejamos alguns exemplos.

Utilizo aqui meus materiais da tradição Nagô (yorùbá) de Recife, cuja estrutura de gênero, apesar das diferenças mitológicas circunstanciais, permanece reconhecível no candomblé em geral. O panteão do culto apresenta, à primeira vista, a aparência de um grupo familiar formalmente organizado. Mas, assim que se atravessa a superfície, encontramos um pai – Orixanlá (Obatalá em Cuba), um patriarca que, apesar de sua personalidade vingativa, não exerce sua prerrogativa de autoridade sobre os outros *orixás*, pois é lento e fraco. Uma mãe – Iemanjá – que, apesar de sua aparência tranquila e polida, é falsa e traiçoeira "como o mar" – dizem: "do mar só se vê a superfície e nunca as profundezas" (ecos de uma memória codificada do papel traiçoeiro do mar na *passagem do meio*[40] podem ser ouvidos aqui): uma mãe que não criou seus próprios filhos, mas os fez cuidar por uma mãe de leite – Osum. Uma deusa da fertilidade – Osum – que não é aquela que gestou, mas aquela que cuida, ecoando aqui, de forma codificada, mais uma vez, a memória historicamente duradoura no Brasil da separação entre a mãe branca, dona da Casa Grande, e a ama-de-leite. Um pai – Orixanlá – que cria amorosamente uma filha, sua favorita, que, no entanto, é fruto de sua esposa – *Iemanjá* – em um caso de infidelidade com um deus mais poderoso – Orunmilá. Uma esposa – Iansã (Oyá) – que se diz ser mais "viril" do que seu marido – Xangô –, porque ela comanda os espíritos dos mortos – *eguns*, que deixam Xangô aterrorizado. Um filho primogênito da dinastia

---

40. A travessia do Atlântico no tráfico de pessoas escravizadas da África para as Américas. (N.A.)

– Ogum –, trabalhador e diligente, cujo trono é usurpado pelo astuto e mimado irmão mais novo – Xangô – com a conivência da mãe – Iemanjá –, que, na ocasião, percebe a manobra, mas nada faz para impedi-la, pois teme mais a desordem do que a injustiça. Um pai, Orixanlá, assiste omisso e impotente à injustiça cometida no ato da coroação. Um reino no qual a mãe, e não o pai, tem a prerrogativa de coroar o rei e controla oficialmente os assuntos do reino.

Pelo menos dois episódios de sedução homossexual entre as divindades são narrados, sem mencionar as práticas sexuais e o modo de vida que se baseiam nessa mitologia. Finalmente, invocada e aludida em conversas comuns, uma série inumerável de inversões transforma essa mitologia aparentemente convencional e hierárquica em um discurso irônico sobre a sociedade brasileira, em que não apenas a determinação biológica é removida de seu lugar habitual de apoio ideológico, mas o patriarcado e a hierarquia são desestabilizados pelas práticas cotidianas. Os fundamentos patriarcais de um estado "doméstico" privatizado também são questionados. Uma dúvida fundamental sobre as estruturas de gênero nas quais se baseia a moral social dominante é inoculada no sistema político como um todo (consulte Segato).[41]

Gênero e sociedade: do mundo yorùbá ao Ocidente

Muito pelo contrário, de acordo com Matory, na região yorùbá, o sistema de gênero e seu vocabulário são usados para criar um regime social de posições relativas rigidamente hierárquicas que atravessam todo o domínio das relações humanas e dos humanos com as divindades. Infelizmente, sua obra

---

41. R. Segato, "Iemanjá e seus filhos: Fragmentos de um Discurso Político para compreender o Brasil", in *Santos e Daimones: O Politeísmo Afro-Brasileiro e a Tradição Arquetipal*, 1995a; R. Segato, "Cidadania: Por que Não?. Estado e Sociedade no Brasil à Luz de um Discurso Religioso Afro-Brasileiro", in *Dados. Revista de Ciências Sociais*, 1995b.

não responde à pergunta central: como isso afeta efetivamente o gênero e o exercício da sexualidade? *A gramática do gênero é abordada meramente como o idioma das hierarquias sociais. O argumento enfatiza que os ícones de gênero têm como objetivo principal sustentar e expressar a hierarquia social. Apesar da afirmação do autor, estamos diante de um sistema que, ao mesmo tempo que torna o gênero independente do sexo biológico, não rompe ou sequer corrói o regime de gênero, entronizando-o como o paradigma de todas as relações em um mundo intensamente moldado pelas hierarquias.*

No sistema yorùbá, afirma o autor, o gênero existe por meio de predicados, e esses predicados são sociológicos, relacionais. O feminino, como Matory nos leva a entender no mundo que ele descreve, é um atributo relativo à posição de namorada, e o masculino não é um predicado do homem, mas do marido em sua posição conjugal. O gênero, mais uma vez, é a posição em relação e não a essência biológica.[42] Mas, no final, uma rígida matriz hierárquica e heterossexual de poder e prestígio persiste nessa ordem de gênero "técnica" – para citar o termo usado por Matory – altamente artificial e autoconsciente. A distribuição de direitos e deveres e o código de etiqueta são determinados pelo "gênero", entendido desta forma: como a linguagem das posições relativas. As posições relativas móveis estão contidas em um paradigma institucional fixo. "Em vez de afirmar ou desmantelar as categorias de gênero existentes, esse travestismo sagrado sustenta transformações de gênero que o tornam o mais denso de todos os emblemas locais de poder (*ase*) e subjetividade."[43] Aqui, o ato de "montar" define o cenário de assimetria (sexualmente, ritualmente e, como alegoria, socialmente). "O gênero, então, é o idioma das relações entre deuses e sacerdotes, cavaleiros e cavalos, pais e filhos, velhos e jovens, reis e plebeus."[44] Assim, "como fonte

---

42. J. L. Matory, op. cit., , p. 164.
43. Ibid., p. 175.
44. Ibid., p. 177.

de pregações metafóricas sobre hierarquia política, privilégio econômico e saúde pessoal, o gênero deixa de ser o gênero como o conhecemos".[45] E o autor pergunta: "O travestismo [*cross-dressing*] afirma ou corrói os papéis hegemônicos de gênero? Quais são as fronteiras que o *cross-dressing* ultrapassa?".[46]

Eu diria que ele mesmo fornece a evidência para a resposta: nenhuma fronteira é cruzada. As posições fixas de homem/mulher são substituídas pelas posições móveis, relacionadas, de marido/esposa no centro do sistema. *A estrutura marido/esposa atravessa o sistema, organizando-o hierarquicamente. O marido/esposa torna-se a metáfora permanente da pólis religiosa organizada hierarquicamente.* Assim, o "travestimento de indumentária e de cabeça" praticado em *Oyo-Yorùbá* não é visto por Matory como "uma inversão ritual com a intenção de manifestar o poder da desordem [...]. Nem surge para minar as desigualdades de poder de gênero".[47] Anteriormente, e de forma nítida, Matory fala da preservação de uma ordem por meio da simbolização secundária dessa ordem e, assim, o travestismo é trazido para o centro da ordem institucional, como uma força conservadora na estrutura. É exatamente nesse sentido que, nas próprias palavras de Matory, "o travestismo não é um fenômeno marginal. Ele é central, uma vez que se encontra codificado e disseminado em um estado imperial e hoje responde às aspirações mais profundas de centenas de milhares de nigerianos, benineneses e, como podemos ver, brasileiros".[48]

Enquanto Oyěwùmí diz ao Ocidente que o gênero não existia entre os yorùbá pré-coloniais e, assim, reivindica a diferença de seu próprio mundo e de sua própria diferença, o recado de Matory é que o travestismo e a transposição de esquemas fixos

---

45. Ibid., p. 177-178).
46. Ibid., p. 202.
47. Ibid., p. 211.
48. Ibid., p. 215.

de gênero para anatomias variáveis é uma linguagem eficaz de organização social tão ou mais eficiente do que uma concepção de gênero baseada na biologia. Especialmente porque, como sugere o modelo de Matory, o que conta é a lógica (hierárquica) da matriz de gênero, não a anatomia que o incorpora.

O componente de gênero na disseminação da visão de mundo yorùbá

O complexo sistema de gênero que Oyěwùmí e Matory, de uma forma ou de outra, tentam descrever e que operava na pólis religiosa dos yorùbás tradicionais parece ter sido um dos pilares da sólida expansão da religião e da cosmologia yorùbá no Brasil, e deste para outros países na atualidade. De fato, qualquer que tenha sido ou ainda seja a organização precisa do sistema ao qual a autora e o autor que citei se referem, é evidente que um trabalho extraordinário de preservação ocorreu na América. Não foi apenas preservada a ideia elementar do santo "montado" em seu *medium, cavalo* ou *tutelado* – tão difundida no mundo afro-americano para falar de possessão – mas, e principalmente, as complexidades e abstrações da gestão social de gênero. Esse trabalho de preservação não se restringiu aos aspectos formais, ritualísticos e litúrgicos da tradição yorùbá nas Américas, que inequivocamente se relacionam com o modo de sociabilidade indicado por Oyěwùmí e Matory para a África, mas ampliou-se e radicalizou-se, afetando os aspectos da construção de gênero mais inefáveis e esquivos para as categorias sociológicas, como a própria sexualidade.

Em meus escritos, uso a expressão "códice afro-brasileiro" para me referir a esse núcleo duro e permanente de corte antiessencialista que atravessa as práticas e os conhecimentos da cultura do candomblé (ver Segato).[49] Com o termo "códice", pretendo enfatizar a redundância e a repetição significativa de alguns motivos. Esses motivos repetidos apontam para a existência de um código fixo em ação por trás das práticas observáveis, que, por sua vez, revelam a existência desse nível mais profundo e oculto de uma inscrição enigmática que se manifesta, no entanto, o tempo todo no discurso – mitológico, social e ritual – das religiões de origem yorùbá nas Américas e, especialmente, no Brasil.

Para mim, devo dizer, foi particularmente comovente o encontro com os dois livros mencionados, ambos publicados alguns anos após o meu primeiro ensaio sobre o tema. Outros acadêmicos e acadêmicas também prestaram atenção às peculiaridades dos sistemas de gênero religiosos afro-americanos e à presença de pessoas homossexuais neles, tanto no Brasil (Landes;[50] Ribeiro;[51] Fry;[52] Wafer;[53] Birman)[54] quanto na *santería* de Cuba[55] e no vodu haitianno.[56] No entanto, a especificidade da minha abordagem reside precisamente no fato de que afirmo que o sistema de gênero é o fator estruturante que possibilitou a continuidade dessa tradição, constituindo o núcleo e não um elemento supérfluo ou adicional que poderia estar ausente sem afetar a cultura, a cosmovisão e a sociedade afro-americana do candomblé como um todo. Em outras palavras, abordo a homossexualidade, frequentemente apontada como uma constante na sociabilidade e na sexualidade dos cultos, não como um elemento separado,

---

49. R. Segato, 1988.
50. R. Landes, A Cult Matriarchate and Male Homossexuality". *Journal of Abnormal and Social Psychology,* 1940; R. Landes, *A Cidade das Mulheres,* 1967.
51. R. Ribeiro, op. cit.
52. P. Fry, "Mediunidade e sexualidade", 1977; P. Fry e E. Macrae, *O que é Homossexualidade,* 1985.
53. Wafer, 1991.
54. P. Birman, *Fazer Estilo Criando Gêneros,* 1995.
55. E. Dianteill, *Des Dieux et des Signes. Initiatio, Écriture and Divinitation Dans Les Religions Afro-Cubaines,* 2000.
56. A. Lescot e L. Magloire, *Des homes et dieux. Homosexuality and Gay Culture Within the Context of Haiti's Vodou Religion,* 2002.

mas como consequência de uma construção particular do sistema de gênero, que, por sua vez, não é apenas mais um dado, mas constitui a estrutura central e fundamental para compreender a filosofia, a cultura e a religião em questão.

Muito tem sido dito sobre as razões pelas quais a civilização yorùbá influenciou outras culturas africanas que chegaram à América. Dois aspectos são geralmente apontados como cruciais: 1) a chegada maciça de um grande contingente Yorùbá após o encerramento oficial do comércio intercontinental de pessoas escravizadas e 2) as sólidas instituições de poder do império yorùbá na África. A partir do que pude observar nos ambientes religiosos de origem africana no Brasil e, mais tarde, durante os últimos anos, na recente expansão das religiões em direção ao sul para se estabelecer nos países da bacia do Rio da Prata (ver Segato),[57] considero possível acrescentar um terceiro e fundamental fator a essas razões, ou seja, a maleabilidade do sistema de gênero e, com isso, a flexibilidade e o antiessencialismo dos arranjos familiares.

Para a primeira onda, eu argumentaria – brevemente, já que escrevi extensivamente sobre o assunto – que o uso não essencialista dos termos de gênero e de família encontrou terreno fértil no ambiente colonial brasileiro. Isso porque os casais constituídos e seus descendentes não conseguiam se estabilizar como grupo familiar no Brasil, onde as famílias eram dispersas, a proporção demográfica entre homens e mulheres no contingente de pessoas escravizadas era extremamente inadequada e o casamento entre elas foi ativamente desencorajado e dificultado por um longo período e em quase todas as regiões do país.[58] Como consequência, uma construção de

---

57. R. Segato, Uma Vocação de Minoria: A Expansão dos Cultos Afro-Brasileiros na Argentina como Processo de Re-etnização", in *Dados-Revista de Ciências Sociais,* 1991; R. Segato, "Frontiers and Margins: The Untold Story of the Afro-Brazilian Religious Expansion to Argentina and Uruguay", in *Critique of Anthropology,*1996.
58. R. Segato, "Frontiers and Margins: The Untold Story of the Afro-Brazilian Religious Expansion to Argentina and Uruguay", in *Critique of Anthropology,* 1996.

gênero e uma terminologia para a organização familiar livre de determinação biológica e não fixada ou coagida por significantes anatômicos eram ideais para a situação. Além disso, nesse novo ambiente, todo o sistema passou a afetar também a sexualidade e não funcionou apenas como um idioma de *status* social, conforme descrito por Matory.

Na segunda onda, as religiões de matriz africana yorùbá (como o "batuque" de Porto Alegre e o candomblé da Bahia) expandiram-se para a Argentina e o Uruguai. No interior dessas sociedades nacionais, de acordo com minha própria interpretação,[59] elas propiciaram a demarcação de um espaço de diferença e representação simbólica para grupos carentes de livre expressão ou visibilidade e, entre essas minorias, a homossexual – tradicionalmente sufocada nos países hispânicos e com pouco espaço para autorrepresentação e reconhecimento – encontrou seu nicho de expressão.

O mundo yorùbá foi restaurado no Brasil em torno do culto aos *orixás*, encarnações modelo de tipos de personalidade. A personalidade foi a noção que persistiu quando as amarras (ou vínculos) regionais e de linhagem que sustentavam os cultos específicos dos *orixás* e os conectavam à família e à localidade se perderam devido à escravização. O casamento e a célula paradigmática *oko/obin*, descrita por Matory, também foram perdidos, e a linhagem foi transferida para uma família não biológica ritualmente constituída e reproduzida. A genealogia flui através da "mãe" ou do "pai de santo" para os "filhos de santo", ou seja, por meio da iniciação como membros do culto. *Iyawo*, por exemplo, que significa "esposa" ou até mesmo "esposa de orixá" quando se refere a um sacerdote do país yorùbá, passou a ser compreendida, na

---

59. R. Segato, Uma Vocação de Minoria: A Expansão dos Cultos Afro-Brasileiros na Argentina como Processo de Re-etnização", in *Dados-Revista de Ciências Sociais*, 1991; R. Segato, "Frontiers and Margins: The Untold Story of the Afro-Brazilian Religious Expansion to Argentina and Uruguay", in *Critique of Anthropology*, 1996.

transcrição brasileira, como "filho" ou "filha" de santo, e o ritual de "saída de Iyawo" se refere à apresentação cerimonial do novo iniciado na sociedade do culto. *Os orixás permaneceram subdivididos por gênero, reforçando seu funcionamento como classificadores das personalidades das pessoas iniciadas, femininas e masculinas. Neste verdadeiro zodíaco de gênero, uma pessoa com corpo feminino pode ter uma personalidade classificada como masculina se sua divindade tutelar for masculina. Nesse caso, diz-se que seu "santo dono da cabeça é um santo – ou orixá – homem". E uma pessoa com corpo masculino pode ser, da mesma forma, "filha" de uma orixá "mulher". Nesse modelo, é a personalidade que está predeterminada pelo gênero, e a anatomia ideal, paradigmática dos orixás, opera como o significante dessa diferença. Ao mesmo tempo, a androginia e a transitividade de gênero também estão presentes no sistema, incorporadas na mitologia de alguns orixás*: na Bahia, *Logunedé* é masculino durante seis meses do ano e feminino durante seis meses, e *Oyá* teria sido masculina no passado, tornando-se feminina em tempos mais recentes, após seu casamento com *Xangô*, embora ainda exiba uma personalidade viril. Um *continuum* é traçado ao longo do percurso dos *orixás* em sua qualidade de personalidades, resultando em alguns santos femininos sendo considerados mais viris do que outros e havendo graus de masculinidade para os "santos-homens", de modo que, de acordo com a perspectiva de algum traço específico de caráter, um santo feminino poder ser entendido como "mais viril" ou "mais masculino" do que um santo masculino em determinada ação ou tarefa específica.

A profissão sacerdotal é a esfera que apresenta a organização mais próxima à descrita por Oyěwùmí. Embora envolva papéis rituais de gênero que evidentemente seguem a divisão anatômica, isso não implica qualquer diferenciação ou especificidade no desempenho dos papéis *sociais*. A organização yorùbá no Brasil também apresenta semelhanças com as descrições de Oyěwùmí e de Matory em relação à casa ou à unidade doméstica, o *agbo ile*, chamado *ile* ou "terreiro" no Brasil. Essa casa de culto, onde uma "família de santo" reside e executa seus rituais, é a unidade sociopolítica da religião, assim como em África o *agbo-ile* é a célula sociopolítica da sociedade. Mas aqui, como mencionei, a família é formada com base em vínculos rituais consagrados pela iniciação e pela renovação periódica desse voto. Assim, o critério biológico de descendência é deslocado para um segundo plano. Nessa organização, *o sacerdote – ou a sacerdotisa –, enquanto líder da unidade doméstica, tem seu nome marcado pela diferenciação de gênero – "pai" ou "mãe de santo" –; contudo, seus direitos e deveres no exercício religioso e social do sacerdócio (não no ritual) não apresentam especificidades de gênero; isso significa que o papel social de "pais" e "mães de santo" é exatamente o mesmo e, portanto, é um papel andrógino, que não segue a divisão de gênero.* O mesmo ocorre com um "filho" e uma "filha de santo", um "irmão" e uma "irmã" que não têm obrigações ou privilégios sociais específicos que obedeçam à divisão de gênero.

O trabalho reprodutivo, portanto, é de responsabilidade do ritual, que equivale à relação sexual, no sentido de que ali são necessárias *as tarefas rituais específicas de uma mãe e de um pai de santo.* É o certame ritual indispensável de ambos, com seus papéis rigidamente definidos por gênero, o que permite a reprodução da linhagem religiosa. É aqui que vejo a maior semelhança com a aludida "ausência de gênero" que Oyěwùmí atribui à tradição pré-colonial do povo yorùbá e a relevância que ela confere exclusivamente ao papel reprodutivo do dimorfismo sexual.

A senioridade da idade biológica – descrita por Oyěwùmí e Matory para África – é transformada no Brasil em um critério não biológico de antiguidade como membro do culto, ou seja, pela idade como iniciado. Por fim, o antiessencialismo e a androginia presentes no sistema como um todo também têm impacto sobre as práticas sexuais, pois liberam a sexualidade da ideologia da coerção anatômica, vigente na cultura yorùbá, de acordo com a autora e o autor com quem dialogo neste trabalho. É nesse sentido que o sistema brasileiro me parece ser mais radical na dissolução da matriz ideológica heterossexual e hierárquica, e mais distante da estrutura simbólica ocidental.

A partir do que foi dito, é possível reconhecer um esquema de quatro estratos no sistema de gênero yorùbá no Brasil: os papéis rituais, anatomicamente marcados; os papéis sociais, andróginos; a personalidade, marcada pelo dimorfismo psíquico; e a orientação sexual, nômade, seguem regras independentes de atribuição, ou seja, não são atados por uma camisa de força que os vincula e os obriga a uma correspondência rígida com o dado anatômico, como na ideologia dominante do sistema ocidental. A interação entre eles permite a mobilidade de gênero e abre caminhos para a androginia. O gênero total de uma pessoa, ou seja, de um "filho de orixá", é a combinação de uma situação sempre transitória na complexa interseção desses quatro estratos. O motivo da circulação de gênero está repetidamente inscrito nesse códice.

Contudo, é importante observar que, no mundo do candomblé, ao contrário do que Oyěwùmí aponta, tanto *os termos de gênero quanto os termos que denotam posições na organização de uma família nuclear*, ainda que deslocados do determinismo biológico e da coerção anatômica, têm plena validade. Essa vigência não se refere à sua função usual de organizar o mundo da maneira descrita por Matory, ou seja, como uma linguagem para nomear, reforçar e reproduzir posições sociais relativas, mas como um esquema permanentemente subvertido por práticas, desgastado pelo comentário mitológico e utilizado de tal forma que as hierarquias que ele contém acabam desarticuladas. O uso de termos de gênero e da nomenclatura familiar – tanto no panteão quanto na "família de santo" – constitui um reconhecimento que acata formalmente a paisagem patriarcal vigente e hegemônica na sociedade circundante, mas que retorna minada e transgredida pelo uso. Estamos diante do caso da pessoa subalterna que replica a linguagem hegemônica, mas que, em seu uso, a rompe, a desgasta, a mina e a desestabiliza, corroendo assim a própria dialética do dominado-dominador, branco-negro, cristão-afrobrasileiro.

Trata-se do que já descrevi em outra ocasião como a característica *double voicing* ["voz dupla"], a duplicidade da voz das pessoas negras brasileiras, usando a ideia bakhtiniana do caráter responsivo e dialógico dos enunciados. Refiro-me aqui ao fato de que, mesmo na repetição do discurso hegemônico e totalizante do dominador, a pessoa subalterna – neste caso, os brasileiros e brasileiras negros –, ao introduzir a marca de sua posição diferenciada na nomenclatura predominante utilizada, o faz duplicando sua voz. Em uma única enunciação, a pessoa manifesta que reconhece e se curva à presença do mundo circundante, totalizado e hegemonizado pela moral dominante, ao mesmo tempo que uma escuta sensível e atenta revela que essa enunciação esconde e camufla uma voz que, ao obedecer ao léxico hegemônico, introduz também sua marca corrosiva de dúvida, de "imperícia", de insubordinação. Nesse sentido, a fala das pessoas negras encontra-se dividida, é sempre uma voz cindida, repartida, voz dupla, afirmação e negação, ironia (Segato;[60] Bakhtin).[61] Na primeira voz, a imagem do mundo imprime-se como uma insígnia positiva; no abafamento da segunda voz, vemos em negativo a imagem do mundo que cerca a pessoa negra – esta transmite, nela, aos seus pares, em idioma íntimo, uma mensagem de cumplicidade.

O sujeito de quem falo, então, não se vê como um outro substantivo; ele não é nem um sujeito afirmativo de sua realidade

---

60. . Segato, "Frontiers and Margins: The Untold Story of the Afro-Brazilian Religious Expansion to Argentina and Uruguay", in *Critique of Anthropology*, 1996.
61. M. Bakhtin, 1981.

outra, *distinta*, nem responde de forma reativa à ordem dominante (como a reação, em útima instância, inversamente obediente dos fundamentalismos), mas mimetiza e tergiversa, evita, ladeia a família patriarcal com um uso irônico dela. Ao fazer isso, ele realiza o que chamei, em outro contexto, de "mímesis progressiva":[62] ele imita o mestre, responde às suas expectativas, toma conhecimento da imagem que a ordem dominante lhe atribui, mas o faz introduzindo um elemento de paródia que transforma a obediência em desacato. O que ele diz é o seguinte: este é o mundo, reconheço sua existência e o fato de que devo conviver com ele, conheço também meu lugar e minha imagem nesta ordem; contudo, ao replicá-lo, apenas expresso que tomo conhecimento, não que obedeço. Trata-se de uma imitação que detona aquilo que imita, como quando uma pessoa negra chama a outra de "negra": dizendo, com isso, que ela "sabe" e que burla o que sabe.

Possivelmente, foi Homi Bhabha quem produziu uma estrutura conceitual mais precisa para referir-se a esse conjunto de fenômenos, os quais ele menciona usando a ideia de hibridismo. Para Bhabha, o "hibridismo" é um processo dinâmico, cheio de desestabilização, do tipo que acabei de descrever, e não um processo parado e mecânico, como comumente descrito em textos que se referem a processos de folclorização e ao sincretismo. Não se trata simplesmente do encontro de mundos e da *bricolagem* de uma nova realidade cultural, misturada. Essa nova noção de hibridismo tem o valor de colocar o sujeito híbrido em movimento, mostrando-o em seu descontentamento, em sua inconformidade dentro dos significantes que, no entanto, ele é forçado a usar. Trata-se de um sujeito que executa o mandato que pesa sobre ele, mas o executa com um resto – introduzindo, assim, uma torção, uma nuance, que é, no fundo, uma marca velada de desacato e o rastro de sua insatisfação.

---

62. R. Segato, "Religião, Vida Carcerária e Direitos Humanos", in NOVAES, Regina (org.), *Direitos Humanos. Temas e Perspectivas*, 2001

Em seu texto *"Remembering Fanon"* [Relembrando Fanon], com o qual introduz a edição inglesa de 1986 de *Black Skin, White Mask* [*Pele negra, máscaras brancas*][63] e reinscreve Fanon no pensamento crítico contemporâneo, após uma década de esquecimento, Homi Bhabha formula uma noção de identidade produzida como um enunciado adequado ao seu destinatário, ou seja, como um *signo para o outro*. Essa noção de identidade, inspirada em Lacan ("a transformação produzida no sujeito quando ele assume uma imagem"),[64] aproxima-se da ideia bakhtiniana de responsividade do discurso, mencionada anteriormente, no sentido de que a voz do interlocutor também é audível no enunciado do sujeito, produzindo o famoso efeito dialógico ou polifônico apontado por Bakhtin. Nesse sentido, o hibridismo resultaria da ambivalência inoculada no discurso subalterno pela presença nele das expectativas do discurso dominante e de seu esforço por, sendo outro, adaptar-se a essas expectativas. Nessa versão do conceito, seu epicentro é a ambivalência do sujeito no ato de se identificar e de se significar para o outro dominador.

Outra acepção complementar é aquela que, no fenômeno do hibridismo, enfatiza a introdução no discurso hegemônico de um índice de sua diferença por parte do sujeito subalterno. Para esse conceito, Bhabha também se baseia em sua leitura da psicanálise:

> Há uma importante diferença entre fetichismo e hibridismo. O fetiche reage [...] fixando-se [o falo][65] em um objeto *anterior à percepção da diferença, um objeto que pode substituir metaforicamente a sua presença enquanto registra a diferença. Contanto que preencha o ritual fetichista, o objeto pode ter qualquer (ou nenhuma!) aparência.* O

---

63. Frantz Fanon, *Pele negra, máscaras brancas*, trad. Sebastião Nascimento, São Paulo: Ubu Editora, 2020.
64. J. Lacan, "O estádio do espelho como formador da função do eu", in *Mapa da ideologia*, 1996, p. 97.
65. Colchete da tradutora, para ser fiel ao corte da autora sem perda de sentido. (N.T.)

> *objeto híbrido, por outro lado, conserva a semelhança real do símbolo autorizado, mas reavalia sua presença resistindo a ele o significante do Entstellung [deslocamento, distorção, tergiversação, desfiguração] – após a intervenção [e o reconhecimento] da diferença.*[66]

Em outras palavras, o discurso híbrido retém o significante do poder, mas retira seu valor, mesmo reconhecendo-o (*"após a intervenção [e o reconhecimento] da diferença"*). Nesse sentido, a ênfase é colocada na insatisfação interna do sujeito com relação ao signo que o discurso dominante lança sobre ele, disponibilizando-o para sua identificação. O epicentro não é colocado no outro como interlocutor a quem devo apresentar uma imagem e dirigir um enunciado de minha identidade, mas no outro como um interpelador poderoso, e em conformidade parcial e ambivalente com suas categorias, incluindo a que ele oferece como signo de identificação.

Assim, quando o discurso das religiões de matriz africana introduz em sua organização social e em sua mitologia a aparência de um respeito à estrutura de gênero e à família patriarcal hegemônicas por replicar sua terminologia, ele o faz desestabilizando esses mesmos signos por meio da maneira como os articula, na prática e no uso cotidiano dos mitos. Sob a aparência de ser uma religião tão boa quanto qualquer outra, uma família tão legítima quanto qualquer outra, ele opera uma corrosão desses signos e seu deslizamento na direção do irreconhecível e desestabilizador. É por isso que, conforme argumentei em outras ocasiões,[67] trata-se de uma sociedade forjada "depois da queda", ou seja, depois da diáspora, uma

---

66. H. K. Bhabha, "Signs taken for wonders: Questions of ambivalence and authority under a tree outside Delhi, May 1817", in Bhabha, Homi, *The Location of culture*, 994a. [Ed. brasileira: Bhabha, Homi K. "Signos tidos como milagres: Questões de ambivalência e autoridade sob uma árvore nas proximidades de Delhi, em Maio de 1817", 1998a, p. 167. Ênfase e esclarecimentos entre colchetes da autora.
67. R. Segato, "Cidadania: Por que Não?. Estado e Sociedade no Brasil à Luz de um Discurso Religioso Afro-Brasileiro", in *Dados. Revista de Ciências Sociais*, 1995b.

sociedade pós-colonial: ela conhece seu lugar, mas desliza ironicamente para fora dele.

Nesse contexto, haveria uma divindade que viria a paradigmatizar tudo o que foi dito. Essa divindade é o Exu, porteiro e assistente dos orixás, mas um servo poderoso, sem cuja colaboração nenhuma porta se abre, os caminhos ficam impedidos, as relações interpessoais se destroem. O Exu, que após a diáspora cresceria localmente até se tornar dono de um culto próprio – o culto de Exu, um ramo da Umbanda em franca expansão – é a divindade que simboliza essa mimese progressiva de quem parodia as regras do discurso e usa os nomes, mas não necessariamente os acata. Os Exus do culto quimbanda são brancos, bebem champanhe e se vestem com capas e cartolas mas são brancos de bordel, cafetões, espíritos de personagens da noite; sua elegância é uma elegância parodiada e desestabilizadora, pois eles a exibem no exercício de sua profissão no submundo e a inscrevem como um sinal invertido em seu mundo marginal.

Campos, etnografia e interlocutoras(es) ocultas(os)

Ao escreverem sobre os yorùbás e formularem seus modelos, Oyèrónkeẹ́ Oyěwùmí e Lorand Matory encontram-se em diálogo interno com seus respectivos públicos anglo-saxões. Ela, movida por um antagonismo explícito e irredutível; ele, inspirado por um espírito reformista conservador. Uma querendo o retorno de seu antigo mundo, o outro lutando para introduzir os fragmentos, os despojos do antigo império "que já não existe" no novo império, sempre ansioso por anexações que possam engrandecê-lo. Como eles, até certo ponto, eu também me escondo atrás de meus dados, praticando ventriloquia com os nativos para transmitir minha própria mensagem, que, no entanto, acredito, não está totalmente distante da mensagem de Oyěwùmí e de Matory.

Por que Oyèrónkeẹ́ Oyěwùmí é tão enfática em seu esforço para negar a existência de uma estrutura de gênero – em sua opinião, uma categoria ocidental – entre os Yorùbás pré-coloniais? Provavelmente porque seu principal interlocutor no discurso ainda é o Ocidente, diante do qual ela exige o reconhecimento de sua diferença. Por que o argumento de Lorand Matory enfatiza tanto o travestismo, disciplinando rigorosamente qualquer outra divergência que o mundo yorùbá possa conter em relação à moralidade, à ordem e à estrutura de gênero ocidentais, e relegando-o, para isso, a uma matriz heterossexual estrita, ao mapa primário do dimorfismo hierárquico? Parece-me que o subtexto do argumento do autor aponta para o problema fundamental da reivindicação de direitos dentro – e não fora – dos padrões estabelecidos de moralidade e ordem, para a luta do "bom cidadão" que, apesar de alguma diferença particular e supérflua que possa ostentar em um padrão de conduta – por exemplo, com relação à sua orientação sexual –, só aspira a um lugar adequado para si mesmo dentro dos limites estreitos e conservadores estabelecidos pela moralidade e pela organização social e política dominante. Por meio da etnografia, Oyěwùmí traz seu campo e o enaltece como um modelo purista e incontaminado a fim de reivindicar o reconhecimento de sua própria alteridade; Matory o traz como um argumento de admissão em um mundo que precisa ser transformado apenas minimamente para incorporar uma diferença de indumentárias – "sartorial", para usar seus próprios termos.

Meu discurso também não carece de destinatário, e talvez tenha mais de um. Por um lado, digo a todas as pessoas que disputam no campo da arena política estabelecida pelas linguagens institucionais do Estado que a população negra no Brasil tem um modo codificado e enigmático de criticar e romper a base patriarcal das instituições brasileiras que a cercam. Esse modo não é o da dialética das identidades políticas, como o Ocidente globalizado esperaria, mas um modo muito mais complexo, pleno de imprecisões e ambivalências.

A tradição africana instalou-se em um nicho, dentro de um contexto dominante ao qual seu discurso se refere, produzindo assim um efeito de hibridismo. Esse discurso reconhece, como eu disse, a existência de um mundo circundante e hegemônico como outro, mas do qual a tradição, de uma forma muito peculiar, faz parte. Esse outro mundo estava lá, dominante, quando o culto foi reconstituído nas Américas, e continua a estar lá, com fronteiras reconhecíveis e intercâmbios entre elas. É por isso que seu modo de ser é marginal, sua identidade é uma identidade nas margens, sua força é a força da margem. O "povo de santo" nunca imaginou constituir um mundo separado, sempre se viu como uma dobra interna em um mundo já hegemonizado. A história do Brasil moderno é representada, nas conversas e na visitação cotidiana da mitologia, como uma paisagem pela qual se transita e não como o resultado de ações e deliberações. Uma paisagem que já estava lá, encontrada ao chegar. Estar de passagem por essa história, em trânsito, não significa ser protagonista dessa história. Isso determina uma ambivalência entre a sensação de estar lá, mas não ser de lá.

Em uma ocasião, um prestigiado membro da tradição me disse: *"nossa política nunca é frontal, ostensiva"*. Leio nessa afirmação a constatação por parte de um membro representativo da comunidade de que o discurso político do Xangô se formula sempre na duplicidade de voz, no sentido já examinado: ao mesmo tempo que cultuam uma família formal no panteão de deuses, a subvertem com narrativas informais sobre o comportamento sexual de seus membros e as práticas atuais do ambiente social do culto. Em seu comentário irônico, a aparência patriarcal e hierárquica do panteão mitológico encontra seu reverso. Ao *focalizar a ironia do comentário do culto sobre as instituições patriarcais brasileiras, minha interpretação busca, de forma automática e não deliberada, aprofundar a erosão sub-reptícia da estrutura de gênero convencional, mas sem me apegar a nenhuma outra articulação hierárquica que venha a substituir a que acabo de desconstruir. Não é em nome de outra ordem, não é em nome de um Outro dialético. Este me parece ser um procedimento mais radical.*

> [...] o hibridismo colonial não é um *problema de genealogia ou identidade entre duas culturas diferentes, que possa então ser resolvido como uma questão de relativismo cultural. O hibridismo é uma problemática de representação e de individuação colonial que reverte as efeitos da recusa colonialista, de modo que outros saberes "negados" se infiltrem no discurso dominante e tornem estranha a base de sua autoridade – suas regras de reconhecimento.*[68]

> A apreensão da identidade unificada, integrada e dialética remete à maneira ocidental de conceber a identidade – a identidade como imagem, que corresponde à sua dimensão metafórica, vertical, totêmica. No entanto, a identidade é também deslocamento, dada a sua dimensão metonímica [...] porque algo sempre falta à pressuposição de totalidade do signo. É necessário recuperar sua dimensão performativa, mesmo que seja elíptica, mesmo que seja indefinida, para além do discurso dialético que apenas repete o outro em sua negação.[69]

Nesse sentido, meus interlocutores e interlocutoras ocultos são cientistas, intelectuais e ativistas estadunidenses que, com muita frequência, reduzem suas lutas pelo reconhecimento dos direitos à diferença a meros recursos de admissão dentro do sistema, perdendo de vista a necessidade de interpelar e questionar o próprio sistema.[70] Eu dialogo com eles e com a noção

---

68. H. K. Bhabha, op. cit., p. 165.
69. M. T. S. Pechincha, *Uma antropologia sem outro. O Brasil no discurso da Antropologia Nacional*, 2002, p. 199.
70. R. Segato, "The Color-blind Subject of Myth; or, Where to find Africa in the nation", *Annual Review of Anthropology*, 1998; R. Segato, 1999.

reificada de identidade política com a qual frequentemente operam. Essa noção totaliza a condição de subalternidade, colocando-a em uma posição especular e reativa em relação à condição de dominação, dentro de um paradigma de multiculturalismo estagnado e anódino de lugares marcados em um mapa mundial. A "diversidade" pacata do multiculturalismo burguês opõe-se, no pensamento de Homi Bhabha, à constante produção desestabilizadora da "diferença".[71]

Se Oyèrónkeẹ́ Oyĕwùmí é a antagonista pós-colonial, uma nativista, alguém que afirma o princípio de seu Velho Mundo como um outro inteiramente respeitável, em estado puro, Lorand Matory nos traz a notícia de uma sociedade onde o travestismo, que aparentemente constitui uma heresia moral para o Ocidente, não ameaça a ordem estabelecida e, pelo contrário, pode trabalhar a favor do poder e ser funcional dentro de instituições hierárquicas. Com a minha crítica, refiro-me e faço eco ao discurso de uma tradição que se perpetua ao lado e abaixo do discurso hegemônico do estado cristão patriarcal brasileiro e suas instituições como um subdiscurso corrosivo, um coadjuvante incômodo, que, com humor e ironia, mina, desestabiliza e desconstrói o léxico da dominação.

Bibliografia

BAJTIN, Mijail. *The Dialogical Imagination* [Tradução de Holquist, M. y C. Emerson]. Austin, Texas: The University of Texas Press, 1981.

BHABHA, Homi K. "Remembering Fanon. Introduction to the English edition of Black skin white mask", in *Black skin white mask*. Londres: Pluto Press, 1986.

_____. "Signs taken for wonders: Questions of ambivalence and authority under a tree outside Delhi, May 1817", in BHABHA, Homi, *The Location of culture*, Londres e Niva York, Routledge, 1994a. [Ed. bras.: BHABHA, Homi

---

71. H. K. Bhabha, "The Commitment to Theory", in *The Location of Culture*, 1994b, p. 34. [Ed. bras.: Bhabha, Homi K. "O compromisso com a teoria", em Bhabha, Homi, O Local da cultura, Tradução de Mvriam Ávila, Euana lourenço de Lima Reis e Gláucia Renate Gonçalves. Belo Horizonte: Editora UFMG, 1998.]

K. "Signos tidos como milagres: Questões de ambivalência e autoridade sob uma árvore nas proximidades de Delhi, em Maio de 1817", em Bhabha, Homi, O Local da cultura, Tradução de Mvriam Ávila, Euana lourenço de Lima Reis e Gláucia Renate Gonçalves. Belo Horizonte: Editora UFMG, 1998.]

_____. "The Commitment to Theory", in *The Location of Culture*. Nova York: **Routledge, 1994b), p.** 19–39. Birman, Patricia (1995), *Fazer Estilo Criando Gêneros*, Rio de Janeiro, UERJ/ Relume Dumará. [Edição brasileira: BHABHA, Homi K. "O compromisso com a teoria", em Bhabha, Homi, O Local da cultura, Tradução de Mvriam Ávila, Euana lourenço de Lima Reis e Gláucia Renate Gonçalves. Belo Horizonte: Editora UFMG, 1998.]

DIANTEILL, Erwan. *Des Dieux et des Signes. Initiatio, écriture and divinitation dans les religions afro-cubaines*. Paris: Éditions de L'École de Hautes Études en Sciences Sociales, 2000.

FANON, Frantz. *Pele Negra, Máscaras Brancas* [Tradução de Sebastião Nascimento]. São Paulo: Ubu Editora, 2020.

FRY, Peter. "Mediunidade e sexualidade", *Relgião e Sociedade*, nº 1, 1977.

_____. "Male Homosexuality and Spirit Possession in Brazil", *Journal of homosexuality*, vol. 11, nº 3, 1986.

LACAN, Jacques. "O estádio do espelho como formador da função do eu", in ZIZEK, Slavoj (org.). *Mapa da ideologia* [Tradução de Vera Ribeiro]. Tradução Vera Ribeiro. Rio de Janeiro: Contraponto, 1996.

LANDES, Ruth. "A Cult Matriarchate and Male Homossexuality", *Journal of Abnormal and Social Psychology*, Nº 25, 1940.

_____. *A Cidade das Mulheres*. Rio de Janeiro: Civilização Brasileira, 1967.

LEACH, Edmund R. "Virgin birth". *Proceedings of the Royal Anthropological Institute*, Anthropological Institute, 1966.

_____. "O nascimento virgem", in *Edmund Leach*. Coleção Grandes Cientistas Sociais. São Paulo: Ática, 1983.

LESCOT, Anne; MAGLOIRE, Laurence. *Des homes et dieux. Homosexuality and gay culture within the context of Haiti's Vodou religion* (video, color, 52 minutos), Port-au Prince, Haití: 2002.

MATORY, J. Lorand. *Sex and the empire that is no more*. Minneapolis: University of Minnesota Press, 1994.

OYĚWÙMÍ, Oyèrónkẹ́. *The Invention of Women. Making an African Sense of Western Gender Discourses*. Minneapolis: University of Minnesota Press, 1997.

OYĚWÙMÍ, Oyèrónkẹ́. A invenção das mulheres: construindo um sentido africano para os discursos ocidentais de gênero [Tradução de Wanderson Flor de Nascimento]. Rio de Janeiro: Bazar do Tempo, 2021.

PECHINCHA, Mônica Theresa Soares. *Uma antropologia sem outro. O Brasil no discurso da Antropologia Nacional*. Tese de doutorado, Programa de Pós-Graduação em Antropologia da Universidade de Brasília. Brasilia, UnB, 2002.

RIBEIRO, René. "Personality and the Psychosexual Adjustment of Afro-Brazilian cult members", *Journal de La Société des Américanistes*, 1969.

SAID, Edward. *Covering Islam*, Nova York: Vintage Books, 1997.

SEGATO, Rita Laura. "Inventando a Natureza: Família, Sexo e Gênero nos Xangôs de Recife", in *Anuário Antropológico*, Rio de Janeiro, 1986 [republicado em MOURA, Carlos Eugênio Marcondes de (org.). *Meu Sinal Está no Teu Corpo*, São Paulo: EDICON/ EDUSP, 1989; in SEGATO, Rita Laura, *Santos e Daimones: O Politeísmo Afro-Brasileiro e a Tradição Arquetipal*, Brasilia: Editora da Universidade de Brasília, 1995; in MOURA, Carlos Eugênio Marcondes de (ed.), *Candomblé: Religião do Corpo e da Alma*, São Paulo: Pallas, 2000; e como "Inventing Nature: Family, Sex and Gender in the Xango Cult", in *Acta Americana*, 5/ 1, Estocolmo: 1997].

_____. "Uma Vocação de Minoria: A Expansão dos Cultos Afro-Brasileiros na Argentina como Processo de Re-etnização", in *Dados-Revista de Ciências Sociais*, vol. 34, nº 2, Rio de Janeiro: 1991.

_____. "Iemanjá e seus filhos: Fragmentos de um Discurso Político para compreender o Brasil", in *Santos e Daimones: O Politeísmo Afro-Brasileiro e a Tradição Arquetipal*, Brasilia: Editora da Universidade de Brasília, 1995.

_____. "Cidadania: Por que Não?. Estado e Sociedade no Brasil à Luz de um Discurso Religioso Afro-Brasileiro", *Dados-Revista de Ciências Sociais*, vol. 38, nº 3, nov. 1995b.

_____. "Frontiers and Margins: The Untold Story of the Afro-Brazilian Religious Expansion to Argentina and Uruguay", in *Critique of Anthropology*, 16, nª 4, 1996.

_____. "The Color-blind Subject of Myth; or, Where to find Africa in the nation", *Annual Review of Anthropology*, nº 27, 1998.

_____. "Identidades políticas/Alteridades históricas. Una crítica a las certezas del pluralismo global", in *Anuario Antropológico/97* (republicado em forma abreviada para circulação na América Latina como "Identidades políticas y alteridades históricas. Una crítica a las certezas del pluralismo global", in *Nueva Sociedad*, Nº 178. *Transnacionalismo y Transnacionalización*, março-abril de 2002, p. 104–125).

_____. "Religião, Vida Carcerária e Direitos Humanos", in NOVAES, Regina (org.), *Direitos Humanos. Temas e Perspectivas*, Rio de Janeiro: ABA/ MAUAD/ Fundación Ford, 2001.

_____. *The Taste of Blood. Spirit Possession in Brazilian Candomblé*. Filadelfia: University of Pennsylvania Press, 1991.

9. Os princípios da violência

Duas teses atravessam as páginas deste livro e afloram com certa intermitência. A primeira busca a formulação de um modelo capaz de dar conta da etiologia da violência. Nesse modelo, a compreensão das relações de gênero desempenha um papel central. A segunda tese, que emerge sobretudo dos dois últimos capítulos, refere-se a avenidas e estratégias possíveis para deixar para trás o longo período da pré-história patriarcal.

A célula violenta

A primeira tese parte do princípio de que o fenômeno da violência emana da relação entre dois eixos interconectados. Um horizontal, formado por termos vinculados por relações de aliança ou competição, e outro vertical, que se caracteriza por vínculos de entrega ou expropriação. Esses dois ciclos articulam-se formando *um sistema único* cujo equilíbrio é instável, um sistema com consistência deficiente. O ciclo cuja dinâmica violenta se desenvolve sobre o eixo horizontal organiza-se ideologicamente em torno de uma concepção de contrato entre iguais, e o ciclo que gira sobre o eixo vertical corresponde ao mundo pré-moderno de estratos sociais e castas. Em ambos os eixos, os membros são portadores de indicadores diacríticos de sua posição relativa.

Como argumentou Carol Pateman,[1] a esfera do contrato e a do *status* continuam seu curso, como dois universos de sentido que, apesar de possuir raízes em tempos diferentes, são

---

1. C. Pateman, *O Contrato Sexual*, 1993.

coetâneos. O *status* introduz uma inconsistência na modernidade, mas esse elemento inconsistente obedece a uma história de longuíssima duração e grande resistência à mudança. O primeiro rege as relações entre categorias sociais ou pessoas que se classificam como pares ou semelhantes. O segundo ordena as relações entre categorias que, como o gênero, exibem marcas de *status* diferenciado, sinais classificatórios que expressam um diferencial de valor em um mundo hierárquico. Essas marcas são construídas e percebidas como indeléveis.

Não é coincidência que, ao falar de "estruturas elementares da violência", a paráfrase indique uma referência ao grande clássico de Lévi-Strauss. Ainda que lançando mão de certa liberdade, é possível seguir a trilha desse empréstimo, que nos fornece um esquema teórico útil para falar sobre a mecânica da violência. No modelo de Lévi-Strauss,[2] o que descrevo como eixo horizontal corresponde ao plano das trocas, da circulação das dádivas, do comércio, da linguagem, e o eixo vertical é o da conjugalidade e o da progenitura. As interdições intrafamiliares chamadas de *proibição do incesto*, em vigor no eixo vertical, são a condição de possibilidade para que a dinâmica do primeiro eixo, horizontal, possa se constituir.

Ao examinar um pouco mais a adaptação do modelo levi-straussiano à dinâmica da violência, observamos que, no eixo horizontal, se alternam relações de competição ou aliança, que, para os fins da análise, são equivalentes – já que só faz sentido falar de aliança em um regime marcado pela disputa e pela competição. Enquanto isso, no eixo vertical, aquele dos estratos marcados por um diferencial hierárquico e por graus de valor, as relações são de exação forçada ou de entrega de tributo; em sua forma paradigmática, de gênero, esse tributo é de natureza sexual.

---

2. C. Lévi-Strauss, *Les Structures Elémentaires de la Parenté*, 1967.

Nesse sentido, é evidente que a noção antropológica clássica de *dádiva* obedece exclusivamente à dinâmica do eixo horizontal, de demanda igualitária, enquanto é muito importante perceber que o que circula no eixo vertical tem um aspecto diferente e seu caráter é o de tributo ou entrega, pelo fato de corresponder a uma economia de circulação entre desiguais. A dádiva mantém afinidades com ordens baseadas na noção de dignidade "universal" (de semelhantes); o tributo responde a uma ordem baseada na honra ou no valor desigual.

Esses dois regimes ou coordenadas normativas são, em realidade, duas economias simbólicas articuladas em um único sistema, e sua interação pode ser representada graficamente como o cruzamento de ambos os eixos. Isso ocorre porque a capacidade de exação em uma economia simbólica de *status* é justamente o pré-requisito indispensável para fazer parte da ordem dos pares. O tributo obtido é a própria credencial que os membros dessa ordem exigem uns dos outros para serem incluídos como semelhantes.

Em outras palavras, em sistemas nos quais a economia simbólica do *status* tem um peso predominante, tudo acontece como se a plenitude do ser dos semelhantes – aqueles que se qualificam ou são considerados credenciados para participar do circuito de iguais – dependesse de um ser-menos daqueles que participam como outros dentro do sistema. Esse ser-menos – ou menos-valia – só pode ser o resultado de uma exação ou expropriação simbólica e material que reduz a plenitude dos últimos a fim de alimentar a dos primeiros. Seria possível falar aqui de uma verdadeira extração de mais-valia simbólica, em que o *status*, diferentemente de uma classe baseada em uma lógica puramente econômica, é fixado na cultura como uma categoria hierárquica e adquire marcas que são percebidas como indeléveis. De fato, na prática e tal como a conhecemos, toda extração de mais-valia econômica também se comporta como uma extração de mais-valia simbólica, o que equivale a dizer que todo regime de classes se comporta, no âmbito sociocultural, como um regime de *status*.

Em casos extremos de demanda ou pressão de antagonistas-semelhantes na ordem contratual, o outro na ordem de *status* do eixo vertical será levado à condição de vítima sacrificial, um ônus extremo que deve ser imposto como prova da capacidade de participar da economia simbólica dos pares. Aqui, o tributo é a própria vida do outro na ordem de *status*.

Neste momento em que começam a cruzar as fronteiras das notícias de inúmeras mortes de mulheres assassinadas com excessiva crueldade em lugares tão distantes como Ciudad Juárez – na fronteira do México com El Paso, Texas –, Recife – no nordeste do Brasil –, ou Cipoletti – na Patagônia argentina –, essa estrutura ou modelo de análise mostra sua produtividade. Crimes semelhantes, considerados inexplicáveis pela mídia e por militantes, "sem linhas de investigação" pelos serviços do governo e pela polícia e ligados ao tráfico e ao poder econômico pela opinião pública, obedecem, acredito, à criação e à perpetuação de fraternidades mafiosas. Os membros dessas irmandades selam seu pacto de silêncio e lealdade quando, em nefasta comunhão, mancham suas mãos com o sangue de mulheres por meio de sua morte atroz, em verdadeiros rituais em que a vítima sacrificada é colocada nessa posição por nenhuma outra razão senão a marca de sua anatomia feminina – índice máximo de subalternidade na economia desigual de gênero –, destinada ao consumo canibalístico no processo de realimentação da fratria mafiosa. Longe de ser a causa do crime, a impunidade é sua consequência, pois a confraria mafiosa sela seu juramento de lealdade e silêncio com o sangue do corpo profanado em cumplicidade. O tributo, oferecido em um banquete macabro, coincide aqui com a própria vida subalterna, e seu destino é credenciar os confrades para o ingresso ou a permanência na ordem dos pares. Nesse sentido, essa nova modalidade de feminicídio – o feminicídio mafioso ou o feminicídio de fratrias – é a alegoria perfeita, o caso extremo e a própria concretização do modelo que apresento aqui.

Feministas mexicanas e brasileiras começaram a chamar esses assassinatos de crimes de ódio, tomando emprestado do inglês a expressão *hate crimes*, que se aplica a crimes contra pessoas homossexuais, negras, turcas ou outras minorias. Dessa forma, interpreta-se que a motivação para o crime é o ódio contra essas categorias sociais. O termo não me parece apropriado para esse tipo de crime contra mulheres, pois não representa o que acredito ser o principal motivo e significado desse tipo de ato. A razão pela qual discordo desse termo é que, se entendermos o ato violento como um enunciado com uma intenção comunicativa, não acredito que a vítima seja o interlocutor principal, mas, sim, os coautores, parceiros na enunciação. Se tivéssemos que desenhar um campo de interlocução preferencial resultante da responsividade preferencial do enunciado, ele seria o dos outros significativos na fratria, e não o do outro no eixo da relação de *status*.

Na linguagem da alegoria freudiano-lacaniana, trata-se do filho devorando agora, à força, a parte do corpo nutritivo que a figura paterna lhe subtraiu no passado: o filho tornando-se pai, apropriando-se canibalisticamente daquilo que o realiza na função paterna de domínio sobre o corpo feminino. No último grau da barbárie patriarcal, o próprio esqueleto do sistema é revelado; a estrutura emerge, crua, a cena psíquica fundamental é espetacularizada, o corpo genérico da mulher é reduzido para aderir definitivamente à função de objeto destinado ao consumo na construção da masculinidade. É o filho que agora deve aprender a transformar a competição em aliança, em confraternização, por meio da comunhão nefasta no tributo apropriado, o corpo feminino. Ele está destinado a reproduzir o programa que lhe foi inoculado no momento exato de sua entrada na cena patriarcal, a ser um agente do artefato violento que leva dentro de si, a menos que, reflexivo e perseverante, ele se torne capaz de desativá-lo.

Esse modelo complica-se consideravelmente quando percebemos que, por estarem interconectadas, cada uma dessas coordenadas não está de forma alguma imune à norma e à dinâmica da outra. De fato, elas se influenciam mutuamente e apresentam o que poderia ser definido como um efeito de absorção recíproca. Contrato e *status* contaminam-se mutuamente e exigem um esforço, um *input* violento, um investimento agressivo para manter a ordem em seu interior. Como adverti, o sistema tem uma consistência deficiente e, mais importante, não se reproduz automaticamente, pois os termos de cada um dos eixos são vulneráveis à presença e à sedução da retórica do outro.

Em outras palavras, em sua interação e influência mútua, os dois eixos tornam-se instáveis, porque as relações contratuais compelem e coagem seus membros a extrair e apresentar o tributo apropriado nas relações de *status* das quais participam, arriscando-se, caso não cumpram esse requisito, a serem expulsos da ordem dos pares e deslocados para a condição de subordinados dentro de uma ordem hierárquica. Nas relações de *status*, o outro subalterno oscila entre o acatamento de sua marca e as reivindicações de cidadania, ameaçando entrar no sistema como um semelhante na ordem dos pares.

Isso significa que aqueles que entram como outro, subalterno, na ordem de *status* – em hierarquias raciais, de classe, regionais ou nacionais – nunca deixam de ser potencial e virtualmente semelhantes. Por exemplo, a lei nos Estados modernos os declara "iguais", embora todas as práticas e hábitos cognitivos mais profundos indiquem o contrário. O caso paradigmático, mais uma vez, é o gênero, que torna gráfico o fato de que a mulher é o outro na ordem de *status*, sem deixar de ter uma dupla inserção, uma dupla entrada no sistema, comportando-se como um termo móvel, participando ora como prenda – sinal, índice –, atributo necessário que antecede o homem com o qual ela se associa e garante sua plena participação na competição com seus outros na ordem do contrato; ora como outro do mesmo, um par-aliado ou concorrente na conversa, no comércio, no debate, no trabalho.

Essa dupla inserção produz instabilidade no sistema e faz com que ele não se reproduza por inércia, mecanicamente, apesar de a representação dominante, ou seja, a ideologia com a qual os atores operam dentro dele, os levar a crer que sua reprodução é obra da natureza, de uma programação inescapável – muitas vezes descrita pelo senso comum como obra da biologia, ou da cultura, na qual a cultura significa, nada mais, nada menos, que uma segunda biologia, uma biologia substituta. A ausência real dessas determinações torna o sistema intermitentemente dependente da vontade efetiva de dominação do homem, que recorre ciclicamente à violência psicológica, sexual ou física para restaurar essa "segunda natureza", reciclando a ordem e realimentando o poderoso estereótipo. Essa é também a razão pela qual a violência moral é o pano de fundo e o horizonte permanente da reprodução da ordem de *status*.

Por outro lado, no eixo horizontal, os competidores nunca desistem de empurrar os seus outros para uma alteridade marcada pelo *status*, que é o sentido último de toda competição. Ora eles são bem-sucedidos, como consequência de uma guerra de conquista, e empurram seus semelhantes para um *status* de subalternidade, impondo-lhes marcas duradouras que serão percebidas como indeléveis; ora fracassam, estabelecendo uma aliança, percebida como uma forma "normal" de coexistência nessa ordem. No entanto, quando a paridade é de gênero, ou seja, quando os semelhantes o são na ordem do gênero e, portanto, são homens, a relação entre eles é, de toda forma, influenciada pelas marcas das outras ordens de *status* – homens negros e brancos, homens pobres e ricos, homens estadunidenses e brasileiros, homens portenhos e homens provincianos.[3] É a combinação de todas as ordens de *status*, influenciando umas às outras, que definirá o tom de cada relação particular.

É importante observar que, em todos os casos, quando se trata de formular um modelo capaz de dar conta dos processos violentos, o sujeito, a posição de ego ou o centro do sistema em equilíbrio instável é, se falarmos em termos de gênero, masculino e heterossexual; se falarmos em termos de raça, branco; se falarmos em termos de classe, rico; se falarmos em termos de nação, estadunidense. Embora uma miríade de estereótipos vulgares enfatize as violências intermediárias e ofusque nossa capacidade de enxergar com nitidez, ao fazermos um balanço preciso de início de milênio, veremos que esse é o rosto do sujeito que se encontra, hoje, no topo da pirâmide violenta, o maior produtor de morte e devastação. Como poderia ser de outra forma, pois é o sujeito que vê o mundo desde essa posição de poder na coordenada de *status* e que se vê compelido a proteger, reforçar ou restaurar ciclicamente seu lugar na ordem, tanto em relação a seus outros no regime de *status* quanto em relação a seus outros na ordem do contrato. A autodefesa necessariamente agressiva do poder enerva o sistema com seu espírito bélico. O que foi obtido por meio de conquista está destinado a ser reconquistado diariamente; o que foi obtido por meio de exação ou usurpação, como uma entrega de tributo em espécie ou em serviços, ou de reverência submissa em um jogo de dignidades diferenciadas, demandará a agressão como algo rotineiro, por mais naturalizado que seja seu aspecto. Nesse sistema sempre à beira do colapso, em que o poder está sempre em risco, não há possibilidade de reprodução pacífica.

---

3. A autora aqui se refere a homens da cidade de Buenos Aires em contraposição a homens da província de Buenos Aires ou de outras províncias. (N.T.)

Não é por outra razão que a maioria dos crimes e agressões violentas em todas as sociedades conhecidas é perpetrada por homens, enquanto os cometidos por mulheres são, ainda hoje e apesar do aumento da criminalidade feminina e da população carcerária feminina, numericamente irrelevantes. Se passamos em revista a tipologia da violência: a violência bélica entre exércitos que representam estados diferentes; a violência de Estado – ou terrorismo de Estado – sobre a sociedade; as violências insurgentes, terrorismos políticos e religiosos, representadas como ilegítimas por não estarem respaldadas por Estados-nação; a violência de gênero em seus vários aspectos; a violência policial; o crime comum casual, ocasional, praticado por gângsteres e bandidos não profissionalizados; a violência do crime profissional independente, própria de gangues de ladrões e suas redes de distribuição associadas; o crime organizado corporativo nacional; o crime organizado corporativo internacional; o homicídio indireto em massa ou genocídio resultante da corrupção na administração pública; e todas as conexões e recrutamentos entre esses níveis de violência que atravessam, de cima a baixo, todo o continente social até os níveis capilares das relações mais íntimas, espiralando a partir de uma célula elementar que se prolifera *ad infinitum*: a cena elementar do patriarcado, com seu mandato de poder. Em qualquer um desses estratos e modalidades, a exação de tributo moral ou material para a constituição ou realimentação do poder, ou a disputa por poder – econômico, político –, é sempre parte do motor dessa economia simbólica beligerante e instável. Entender a violência societária a partir de uma economia simbólica de cunho patriarcal nos obriga definitivamente a repensar as soluções e redirecionar as políticas de pacificação para a esfera da intimidade.

Não há mais espaço nestas páginas para uma simulação de como seria uma sociedade que tivesse abolido o *status* de seu regime de relações, nem mesmo para especular se tal sociedade seria possível. É possível uma sociedade em que permaneça o gênero, mas não o patriarcado? Patriarcado e gênero são, na verdade, a mesma e indissociável estrutura? Da forma como os conhecemos, sim. E não é prudente nem desejável seguir o caminho da futurologia, como tantas autoras tentaram e continuam fazendo. Se sabemos algo sobre a história, é que ela é e deve ser imprevisível. É em sua imprevisibilidade que radica nossa esperança de sermos livres. Sua imprevisibilidade é nada mais nada menos do que o sinal e a garantia da liberdade, no sentido de que o futuro responde a um número tão grande de vetores, ao jogo de tantas e tão diversas vontades, que resiste ao cálculo, apesar de todos os esforços nesse sentido.

Nos ensaios incluídos neste livro, o exemplo de um ambiente societário que pretende funcionar em um vazio de *status* é aquele propiciado pelo campo de interlocução da internet – solipsismo, onipotência, um mundo sem próximos e sem proximidades. O sintoma da virtualidade é oriundo de uma sociedade em que todos os dias a modernidade individualista pressiona em direção a novas fronteiras: corporações, forças armadas e grandes universidades tentam erradicar o gênero como uma diferença relevante para a produtividade e a eficiência e, em um exemplo emblemático e revelador, assinaram uma petição de *amicus curiae* para se juntar ao histórico processo de julgamento e apoiar a Universidade de Michigan em sua defesa, perante a Suprema Corte, do direito de facilitar o acesso a estudantes negros e negras e de outras minorias étnicas. Será que tudo isso aponta para a determinação dessa sociedade de tornar obsoletas as sequelas da ordem de *status* em seu interior – e talvez exportá-las para espaços extraterritoriais? Trata-se de uma ideologia em que a hierarquia é transferida para outro lugar, e não de um ideário igualitário. Se meu exame do ambiente da internet serve para analisar, em alguma medida, esse processo, o que emerge é um mundo de "isolamento pré-totalitário" que guarda semelhanças com o descrito por Hannah

Arendt para as origens do nazismo em *As origens do totalitarismo*.[4] Portanto, este não é o caminho.

Avenidas para uma época pós-patriarcal

Ao longo da argumentação que aqui se conclui, procurei avançar na análise do mundo das relações de gênero e sua violência inerente, tal como o conhecemos em sua realidade atual. Apesar de reconhecer o fato objetivo de que não é possível mudá-lo sumariamente, por decreto, isso não diminui a importância e o significado da legislação no campo dos direitos humanos. Minha intenção foi apontar a necessidade de encontrar um equilíbrio entre uma reflexão teórica sem concessões e a imaginação transformadora voltada para o propósito de pensar em saídas e estratégias para desgastar e perturbar as estruturas que produzem e multiplicam a violência, especialmente o universo de gênero como protótipo e paradigma da sociedade violenta. Fazer futurologia, tentação que evito, seria tentar lançar apostas sobre o aspecto final de uma sociedade francamente pós-patriarcal, que tenha ido além desta longuíssima pré-história da qual ainda fazemos parte.

Três são as soluções ou vias de superação para as quais os ensaios deste livro parecem apontar. Em primeiro lugar, a expansão permanente e disputada, centímetro a centímetro, do sistema de nomes constituído pelos direitos humanos. A nomenclatura jurídica, conforme defendo especialmente nos Capítulos 4 e 5, tem um efeito especular, no sentido de que oferece um conjunto de representações. Sem simbolização não há reflexão, sem reflexão não há tentativas de autocorreção e redirecionamento intencional dos padrões de interação social. A crítica depende do desenvolvimento discursivo, e a esfera jurídica é uma das fontes privilegiadas para a produção do discurso de

---

4. H. Arendt, "Totalitarismo", in *Origens do totalitarismo*, 1998, p. 527.

autorrepresentação de uma sociedade. A expansão do direito, sua publicidade e sua recepção como uma arena de disputas pela sociedade é uma avenida central no caminho da História. Assim, embora o direito possa não ser capaz de tocar a esfera da moralidade ou, por si só, transformar a ordem vigente, ele pode, de todos os modos, interpelar e convocar a uma deliberação ética, dando origem a novas sensibilidades.

Do Capítulo 2, decorre que as transformações e leis no campo observável das novas formas de acesso a recursos e direitos não conseguem garantir uma reforma profunda da afetividade, não tocam na troca afetiva desigual; em outras palavras, não reorganizam os regimes de dádiva e tributo que se combinam para outorgar realidade a todo sistema hierárquico baseado na regra de *status*.

Nesse sentido, algumas pistas para outras duas soluções podem ser encontradas na etnografia apresentada no Capítulo 7 e em sua análise complementar no Capítulo 8. Em primeiro lugar, mostra-se ali um grupo humano que, de forma críptica e cifrada, formula discursos eficientes para nomear a circulação, a ausência de fixação e a fluidez efetiva do universo de gênero, retroalimentando assim sua maleabilidade. Esses discursos aproveitam o subsídio dos mitos de origem africana e de um anedotário baseado em exemplos de sociabilidade que se transforma no material de uma mitologia complementar.

Em segundo lugar, dá-se aqui a reutilização irônica dos termos do patriarcado. O que parece ser invocado é, de fato, sub-repticiamente erodido, desestabilizado e desconstituído. Um uso híbrido e corrosivo é imposto aos termos de autoridade familiar. A ironia aqui é uma forma legítima e interessante de reflexividade. Reflexividade que não é outra coisa senão a saída encontrada por Judith Butler, em sua releitura de Hegel, para o drama do apego da pessoa escravizada à sua condição de escrava, pois nela reside a única identidade que lhe foi dada a conhecer: "Para o senhor, que ocupa a posição de puro consumo [...] nada parecia durar, exceto talvez sua própria atividade de consumo, seu próprio desejo infinito".[5]

À pessoa escravizada resta a "experiência de autorreflexividade", a possibilidade de reconhecer "a si mesmo justamente na perda da assinatura, na *ameaça à autonomia* que a expropriação produz" (Butler, 2017, p. 47). É no reconhecimento reflexivo de sua condição e inclusive de seu próprio apego a ela que a pessoa escravizada encontra o caminho da liberdade.

Bibliografia

ARENDT, Hannah. "Totalitarismo", in *Origens do totalitarismo*, São Paulo: Companhia das Letras, 1989.

BUTLER, Judith. *A Vida Psíquica do poder: teorias da sujeição*. Belo Horizonte: Autêntica, 2017.

LÉVI-STRAUSS, Claude. *Les Structures Elémentaires de la Parenté*. Paris: Mouton & Co and Maison des Sciences de l'Homme, 1967.

PATEMAN, Carole. *O contrato sexual*. São Paulo: Paz e Terra, 1993.

---

5. J. Butler, *A Vida Psíquica do poder: teorias da sujeição*, 1997, p. 47.

Posfácio
21 anos de *As estruturas elementares da violência*

> *"E o machismo se parece com o racismo que*
> *como o capitalismo*
> *faz um topo e faz um fundo*
> *Mas no fundo é a opressão de todos*
> *Mais-valia é para tolos*
> *É a solidão do mundo."*
> Danú Gontijo (2017)

Em 2024, o livro *As estruturas elementares da violência* completa 21 anos de existência como obra conjunta. Muitos de seus textos são ainda mais antigos, como, por exemplo, o ensaio "A invenção da natureza: família, sexo e gênero na tradição religiosa afro-brasileira" (Capítulo 7), publicado originalmente em 1986. Apesar disso, a obra segue mais atual do que nunca – não somente para as pessoas estudiosas do tema da violência, sejam elas da área das humanidades, das ciências sociais ou dos estudos de gênero, como também para as pessoas irresignadas com a violência no mundo. Seja qual for o caso, é possível acessar neste livro as bases do pensamento de uma das autoras mais afiadas da contemporaneidade. Se Rita Segato conquistou esse lugar, não é exagero dizer que muito se deve à potência desta obra, seu fôlego crítico, sem concessões e conformismos, cujos textos fazem girar importantes chaves de entendimento. As ideias aqui apresentadas fecundaram o próprio trabalho de Rita Segato nos 21 anos que se seguiram à publicação primeira, desembocando em vários outros livros e inúmeras conferências. Não à toa, inspiraram performances, como a conhecida "*El violador eres tu*", do coletivo chileno LASTESIS, que se tornou um hino feminista e ganhou os quatro cantos do planeta. Desse modo, todas as pessoas que se interessam em pensar a ordem política mundial, suas mazelas e o que impede a vida em sua plenitude, encontrarão em *As estruturas elementares da violência* ferramentas sofisticadas para decifrar suas dinâmicas macro e micropolíticas.

Um dos grandes tesouros desta obra fundacional de Rita Segato é o de nos fornecer ferramentas para decifrar um padrão presente em todas as opressões. Trata-se de uma espécie de mais--valia, anterior ao capitalismo e às teorias raciais modernas, que tem a potencialidade de desvelar as violências do mundo e a persistência da injustiça social, justamente por ser a chave que nos permite entender a célula violenta, a *regra secreta* que não foi percebida pelos autores nos quais Rita Segato se apoia, em especial Lévi-Strauss, Godelier, Lacan e Marx.

A seguir, apresentamos a quem nos lê um elenco de teses segatianas que podem facilitar o seu acesso ao livro:

- As estruturas elementares que Lévi-Strauss ignorou: a lei primordialmente patriarcal e violenta do parentesco;

- A célula violenta que Lacan ignorou: o patriarcado como pedagogia de poder;

- A cruz dos homens: o eixo horizontal do mandato e a servidão masculina;

- A mais-valia simbólica: o tributo que transita da posição feminina à masculina;

- A violência moral: a argamassa hierárquica da economia da expropriação;

- Nem Lévi-Strauss, nem Godelier, nem Lacan, nem Marx, nem "patriarcão"[1] algum decifrou o enigma do poder primordial.

As estruturas elementares que Lévi-Strauss ignorou: a lei primordialmente patriarcal e violenta do parentesco

Já no título de seu livro, Rita Segato faz alusão a Claude Lévi-Strauss e suas "estruturas elementares do parentesco". Ele foi um dos mais importantes autores e representantes da corrente de pensamento denominada Estruturalismo francês. No entanto, apesar de assinalar a presença de Lévi-Strauss em sua obra, a antropóloga argentina não nos entrega uma obra estruturalista. O que ela faz é tomar emprestado o termo para contar o outro lado da história, destacando o que permaneceu oculto na tese lévi-straussiana.

Em seu estudo sobre as estruturas de parentesco, Lévi-Strauss conclui não serem esses meros laços biológicos, mas sim formas de criar alianças sociais. O autor chega, dessa maneira, à proibição do incesto, que descreve como a "lei primordial". Segundo ele, essa proibição é a base da cultura humana, o que levou à "regra da troca", qual seja, a busca de mulheres fora do grupo, criando a necessidade de alianças sociais e econômicas entre diferentes grupos. Para o autor, foi o que instaurou o estado de cultura, as bases da sociedade que conhecemos hoje.

---

[1] Tradução da máxima de Rita Segato "*Ningún patriarcón hará la revolución*", que dá título ao texto "*Ningún patriarcón hará la revolución. Reflexiones sobre las relaciones entre capitalismo y patriarcado*", publicado originalmente em Karin Gabbert e Miriam Lang (orgs), 2019. O texto foi traduzido para o português como "Nenhum patriarcão fará a revolução: reflexões sobre as relações entre capitalismo e patriarcado" e integra o livro *Cenas de um pensamento incômodo: gênero, cárcere e cultura em visada decolonial*, publicado em 2022 pela Bazar do Tempo. (N.E.)

No entanto, o que o antropólogo francês não reparou, o que pairou fora das lentes com que circunscreveu suas teses, é que essas trocas se faziam às expensas das mulheres. Rita Segato desloca, desse modo, "*a casa vazia* da estrutura", como afirmou Ondina Pena Pereira em sua resenha do livro da autora[2], para destrinchar as temporalidades de ambas as histórias, a da cultura e a do patriarcado, e destacar o que passou desapercebido por Lévi-Strauss. Ele descreveu, sem notar, a violência praticada contra as mulheres nesse sistema de trocas entre os grupos humanos. É o que Rita Segato desvela, tornando imprescindível a articulação entre a história da espécie e a história do gênero.

Assim, se o antropólogo francês descobre a estrutura da proibição do incesto como instauradora da cultura, a antropóloga argentina desvela a violência exibida na ordem política dessa cultura, desde sempre patriarcal. Descobrimos, desse modo, que a história foi mal contada, ou estivemos olhando para apenas um lado dela, pois se a história da cultura é, simultaneamente, a história do patriarcado, a lei primordial é, no fundo, uma lei primordialmente patriarcal.

A célula violenta que Lacan ignorou: o patriarcado como pedagogia de poder

No conto "A autoridade", sobre os povos da Terra do Fogo, Eduardo Galeano nos diz:

> Em épocas remotas, as mulheres se sentavam na proa das canoas e os homens na popa. As mulheres caçavam e pescavam. Elas saíam das aldeias e voltavam quando podiam ou queriam. Os homens montavam as choças, preparavam

---

2 Resenha publicada em 2007 na *Revista de Estudos Feministas*. Ver bibliografia. (N.E.)

a comida, mantinham acesas as fogueiras contra o frio, cuidavam dos filhos e curtiam as peles de abrigo.

Assim era a vida entre os índios onas e os yaganes, na Terra do Fogo, até que um dia os homens mataram todas as mulheres e puseram as máscaras que as mulheres tinham inventado para aterrorizá-los. Somente as meninas recém-nascidas se salvaram do extermínio. Enquanto elas cresciam, os assassinos lhes diziam e repetiam que servir aos homens era seu destino. Elas acreditaram. Também acreditaram suas filhas e as filhas de suas filhas.[3]

Talvez o mais interessante desse texto sobre o povo ona (*selk'nam*) e o povo yagane (*yámana*), trazido pelo escritor uruguaio em seu livro *Mulheres*, é saber que ele não é meramente ficcional; pelo contrário, assemelha-se aos mitos fundacionais de vários povos não somente do continente americano, mas também, por exemplo, do povo baruya de Papua Nova Guiné, estudado pelo antropólogo Maurice Godelier, que se tornou central para as teses de Rita Segato.

Como visto no Capítulo 3 deste livro, "A célula violenta que Lacan não viu: um diálogo (tenso) entre a antropologia e a psicanálise", os homens baruyas revelaram a Godelier um de seus segredos mais bem guardados: que as flautas dos homens, que representam justamente a masculinidade, nem sempre estiveram em poder dos homens; elas foram, na verdade, roubadas das mulheres. E mais: eram as mulheres não somente suas detentoras originais, como também suas inventoras e quem as sabia tocar.

A partir de seu encontro com os estudos de Godelier e o mito baruya, Segato gira uma chave fundamental: percebe que o

---

3. E. Galeano, *Mulheres*, 1998, p. 13.

mito baruya tem a mesma estrutura de uma das fórmulas conhecidas de Lacan, seu mito, segundo o qual "a mulher é o falo enquanto o homem tem o falo"[4]. A autora, aproximando a flauta do baruya do falo lacaniano, destrincha o enigma: o homem tem o falo porque o roubou. Há uma manobra expropriatória na falocracia então instituída.

Afirma Segato em uma de suas passagens mais argutas:

> Não se trata de ser ou de ter o falo, trata-se de não tê-lo e de roubá-lo: o procedimento violento e desonesto que Lacan não revela. Usurpação, violência fundante, e um masculino que, após sua produção inicial mediante expropriação e expurgo, permanece condenado para sempre a reproduzir-se sem descanso *às expensas e em detrimento* do feminino, que fora antes - em tempos pré-míticos - dono de si mesmo.[5]

A autora percebe, ainda, que o mito baruya remete, ademais, ao suposto desleixo das mulheres, uma infração que as faz perder seu invento: um homem ingressa na casa das mulheres e rouba as flautas que elas guardavam junto às roupas sujas de menstruação. Eis mais uma narrativa vacilatória, de descuido ou negligência, presente em tantos outros mitos fundacionais em vários cantos do planeta, nos quais Segato percebe a remissão a um tempo anterior em que o poder pertencia às mulheres e é tomado pelos homens, sob uma justificativa recorrente de uma contravenção, um "pecado", uma inépcia das mulheres para o poder. Isso permite à autora constatar "a violência que precede e origina o simbólico e a transgressão masculina (e não feminina, como na gênese judaico-cristã) que acaba dando ao mundo sua ordem patriarcal"[6]. Fica evidente a célula estruturante da opressão, a proveniência ancestral do poder.

---

4   J. Lacan, "The Signification of the Phallus", in *Écrits: A Selection*, 1977, p. 289.
5   Ver p. 133 desta edição.
6   Idem.

A cruz dos homens: o eixo horizontal do mandato e a servidão masculina

Em pesquisa realizada com estupradores na Papuda, penitenciária masculina do Distrito Federal, para buscar a razão do aumento dos estupros na capital nos anos 1990, Rita Segato logrou elaborar o que, sem dúvida, se tornou uma inflexão nos estudos de gênero. A partir dessa investigação, muitas das crenças que se tinha a respeito do estupro e das razões pelas quais os homens estupram foram desfeitas.

Ao analisar o discurso dos estupradores, como se pode ler no capítulo que abre esta obra, Rita Segato elaborou algumas facetas do estupro: seu caráter moralizador, como castigo "a uma mulher genérica que saiu de sua posição de subordinada"; seu caráter de "afronta a outro homem, para restaurar o poder perdido para ele"; e o estupro "como demonstração de força, poder perante pares". Um homem garante seu acesso ao "clube dos homens" quando demonstra aos pares que pode submeter uma mulher.

Nesse giro fundamental, Rita Segato entendeu o estupro como elemento central do patriarcado e o estuprador como cumpridor de um mandato. Com isso, entregou uma importante ferramenta para o entendimento desse crime: o estupro não é um ato que visa a obtenção de uma vantagem ou de serviços sexuais, como sempre se pensou, mas se trata de um ato de poder, sendo ao mesmo tempo um ato disciplinador e um ato expressivo. Sob o olhar da autora, o estuprador, no fundo, é um moralizador, cumpridor do que ela inicialmente chamou de "injunção do estupro", traduzido aqui como "mandato do estupro", o que a levou, mais tarde, a elaborar o que viria a chamar de "mandato da masculinidade".

No entanto, para chegar à consolidação das noções de "mandato da masculinidade", "exação do tributo" e "fratria", a autora também trilhou os caminhos de Lévi-Strauss, mas sofisticou sua teoria com um deslocamento pelo qual ela identificará, no eixo vertical, o eixo da hierarquia ou da aquisição de *status*, organizado pela cobrança de tributos, e, no eixo horizontal, o eixo de pares, de iguais, o que começou chamando de fratria, por sua feição de irmandade.

Aqui, a sagacidade de Segato residiu justamente em descrever o eixo horizontal dos pares e apontá-lo como central. Isso levou a autora a decodificar a genética mesma do estupro: "Em outras palavras, o sujeito não estupra porque *tem* poder ou para demonstrar que o tem, mas porque deve *obtê-lo*."[7] O que pode parecer, num primeiro momento, contraintuitivo é o que está no cerne do enigma do poder: é a exibição para a fratria da capacidade de obter a mais-valia política, que dá inteligibilidade ao eixo vertical, pois é justamente para outros homens, seus pares, que um homem deve exibir sua capacidade de cobrança de tributos, ou seja, sua masculinidade.

Diz Pena Pereira:

> Tal noção de tributo dá um sentido pungente ao exercício de poder e ao fenômeno da violência, que a autora parece ter capturado de forma possivelmente definitiva: a ordem formada por pares, por iguais, depende da capacidade de cobrança de tributos que se faz na ordem dos desiguais, em que o outro passa a valer menos porque tem como carga a obrigatoriedade de pagar, de se doar ao extremo de poder vir a tornar-se vítima sacrificial. É como se a autora tivesse encontrado, entrelaçada a uma lei universal, uma regra do jogo que circula secretamente entre os pares, mas não é jamais explicitada, pois se constitui como crime à luz da lei.[8]

---

7   Ver p. 48 desta edição.
8   Ondina Pena Pereira, 2007, p. 253.

Assim, no imaginário do homem estuprador estão os outros homens, para os quais precisa provar sua masculinidade e demonstrar seus atributos e capacidade de domínio. O gozo, portanto, não é sexual, mas um gozo narcísico, autorreferido, de poder. O gozo está em demonstrar a outros homens que também pode subjugar, que é merecedor de seu lugar entre os pares. Para sobreviver no mundo do *status*, o homem precisa extrair tributos das mulheres e de seus desiguais, demonstrar constantemente sua capacidade de fazê-lo.

Não menos importante, no entanto, é a constatação de Rita Segato de que o "mandato da masculinidade" também vitimiza os homens, sendo um fardo deveras pesado de se carregar. Esse giro de entendimento contraintuitivo e que, segundo a autora, já enfureceu muitas feministas, não é banal, pelo contrário; ele provavelmente apontará os caminhos para uma derrocada patriarcal futura, à medida que os homens possam se dar conta da grande catástrofe que é o patriarcado para eles próprios, passando, portanto, a dissidir e desertar, como já vem lentamente acontecendo. Afinal, a prova incessante e devotada de força e virilidade é, além de pesada e penosa, também mortífera, e leva homens ao belicismo, uma doação extrema de seus corpos para as corporações estatais, para o capital, para confrontos e guerras. Outro lado dessa prova incessante da masculinidade é a formação de egos frágeis, que submete as existências masculinas à constante sabatina, o que torna os homens débeis, reféns de seus pares, do olhar masculino alheio, da corporação que os medirá por toda a vida, atribuindo-lhes valor ou não. É uma existência sequestrada, sob tutela, uma existência que precisa de chancela. Talvez a frase mais ilustrativa disso seja a repetida numa espécie de "grito de guerra" pelo ex-presidente do Brasil perante uma plateia: "im-bro-chá-vel, im-bro-chá-vel...".

Poderíamos destacar aqui uma possível conversa com Spinoza[9] cujos termos seriam: no estupro, não se trata de aumento do nível de potência masculina, mas do seu rebaixamento ao mínimo, tornando-se o homem incapaz de, por uma racionalidade adequada, afetiva, rechaçar a ordem patriarcal e construir outro modo de existência. É em busca dessa singularidade que alguns homens se reúnem com seus pares – fora dos eixos – para conversar sobre sua condição servil e escapar da crueldade. Esses seriam os homens mais livres. Os demais, mesmo os que não chegam a praticar o estupro, mas o consideram como um ato a que as mulheres devem ser submetidas por estarem fora do seu lugar e o legitimam, com seu silêncio, são servos do patriarcado.

O patriarcado é a produção serial de mandatos de masculinidade, uma máquina mimética de produção de masculinidades frágeis, defensivas, débeis, e por isso, ao mesmo tempo, violentas, abusivas, autoritárias, controladoras, moralizadoras. A violência, como necessidade da "exação de tributos", é a prova mais incisiva de sua impotência, da sua servidão.

Não podemos deixar de mencionar aqui outro lado do caráter simbólico da violência apontado por Segato, que é seu caráter expressivo. Essa elaboração faz-se em diálogo com as teses de Mikhail Bakhtin, que definiu uma estrutura dialógica onde o sentido não se encontra nem no lugar do eu nem do tu, mas em um entrelugar. A autora cria aqui a noção do "horizonte mental" do estuprador, no qual habitam outros homens: mesmo quando atua sozinho, poderíamos descrever que ele está "em companhia", dentro de uma paisagem mental "com outras presenças"; e aponta para um ato intimamente ligado ao mandato de interlocutores presentes no horizonte mental, o âmbito discursivo em que se realiza. Aqui há a percepção arguta do enunciado comunicativo que

---

9   Baruch de Spinoza, Ética, 2008.

circula no estupro, entre o estuprador da vez e outros; é então que o sentido se estabelece.[10]

O caso Pelicot, que veio à tona no contexto da edição deste livro e chocou o mundo, remete com impressionante precisão ao modelo de interpretação do estupro que Rita Segato oferece aqui. Durante mais de 10 anos, em Mazan, vilarejo no sul da França, Dominique Pelicot dopava sua esposa, Gisèle Pelicot, e convidava outros homens a estuprá-la coletivamente, registrando tudo em vídeo. O caso ressalta a importância da fratria masculina para o homem, o que nesta obra aparece como "eixo horizontal", do qual emana o "mandato do estupro". Confirma, ainda, que a violência é exercida por homens absolutamente "normais", como se pode ler nas muitas reportagens sobre o caso: 51 homens condenados por estupro, "normais" e de idades e profissões variadas. Durante o período de julgamento, Gisèle Pelicot buscou romper a posição humilhada de vítima e defender que a vergonha precisava mudar de lado: "El violador eres tu", como declamam as chilenas LASTESIS, traduzindo os conceitos segatianos.

A mais-valia simbólica: o tributo que transita da posição feminina à masculina

A ideia de "exação de tributos", cobrança, extração de valor remete-nos também a Marx e à economia da expropriação. Pode-se dizer que o que Rita Segato elaborou nesta obra é uma espécie de "mais-valia", uma "mais-valia de gênero". Do ponto de vista da economia capitalista, Marx mostrou a injustiça social no ato de extrair mais-valia dos trabalhadores. Ora, se Segato revela que o caráter usurpatório do poder se confunde com a própria história da espécie, pode-se dizer que a autora desvenda a invenção da mais-valia, sua origem

---

10 Ver Capítulo 1 desta edição.

mais antiga, sua ancestralidade. Segato ensina que a manobra expropriatória desvelada por Marx para o modo de produção capitalista existe no patriarcado desde tempos muito mais remotos. Em outras palavras, no DNA do capitalismo e da economia de expropriação está o patriarcado.

No Capítulo 9, Segato ensaia o que será sua grande tese sobre os feminicídios corporativos em Ciudad Juarez (2006), um padrão de feminicídios em série que quebrou as cabeças de especialistas no mundo inteiro. Foi ela quem apresentou a elaboração mais plausível, e que alegoriza precisamente a tese que apresenta neste livro, o momento em que o tributo aos pares se dá com a "oferenda" do corpo feminino: "O tributo, oferecido em um banquete macabro, coincide aqui com a própria vida subalterna, e seu destino é credenciar os confrades para o ingresso ou a permanência na ordem dos pares"[11]. Segato passará os anos que se seguiram aprofundando e refinando esse modelo, esboçado com detalhes em suas obras posteriores, sobretudo em *La guerra contra las mujeres*,[12] cujo verdadeiro título deveria ser, segundo a autora, *A guerra* nas *mulheres*. E o mundo, por sua vez, segue proliferando exemplos cada vez mais assombrosos que chancelam essa tese, qual seja, a de que o patriarcado é mesmo a espinha dorsal do poder e sua pedagogia principal.

A "violência moral" é outro conceito basilar na edificação das "estruturas elementares da violência", conforme esmiuçado no Capítulo 4. Se a ordem patriarcal é instaurada por uma violência usurpatória, sua manutenção dependerá, nas palavras da autora, "da repetição diária, velada ou manifesta, de doses homeopáticas, mas reconhecíveis da violência instauradora". E segue: "Quanto mais dissimulada e sutil for essa violência, maior será sua eficiência em manter viva e nítida a memória da regra imposta e, ao mesmo tempo, preservar no esquecimento

---

11 Ver p. 350 desta edição.
12 R. Segato, *La guerra contra las mujeres*, 2016.

o caráter arbitrário e pouco elegante da violência fundadora, bem como os prazeres próprios do mundo que ela negou"[13]. As demais ordens como a racial, a étnica, a de classe, a regional e a nacional serão igualmente controladas pela violência moral. Quando observáveis, as relações deixarão ver constantemente a cena fundadora do patriarcado. Assim, um dos achados de Segato é o de enfatizar a proeminência do simbólico como o mecanismo de grande eficácia no controle social e na reprodução das desigualdades. Mas este não seria eficiente sem que se produzisse o que a autora nomeia de "argamassa hierárquica", cimento usado na edificação da ordem política e que sustenta o patriarcado. O que a "argamassa hierárquica" evidencia é que os mínimos gestos, as piadas, os comentários machistas supostamente inofensivos, constituem-se, na verdade, como o oxigênio patriarcal. Estupros e feminicídios, são duas expressões agudas do patriarcado, que produzem espanto, indignação, denúncias. No entanto, o que "deixamos passar" por considerar menor, menos ofensivo é o que cotidianamente sustenta a ordem política da qual todas as pessoas somos partícipes, peças primordiais na manutenção desse quadro sinistro. A mais-valia simbólica do dia a dia, sua violência moral mais recôndita, é a argamassa hierárquica, o oxigênio patriarcal.

A violência moral: a argamassa hierárquica da economia da expropriação

Rita Segato, ao destrinchar algumas teses e contar o outro lado de algumas histórias, logrou perceber algo do qual Maurice Godelier, Claude Lévi-Strauss, Jacques Lacan e Karl Marx não se deram conta. Silvia Federici em *Calibã e a bruxa*[14] constatou o mesmo sobre Michel Foucault. Para a pensadora italiana, o filósofo tampouco se apercebeu, em seus

---

[13] Ver p. 141 desta edição.
[14] S. Federici, 2019.

estudos sobre o poder na Idade Média, de que havia prolíferos exemplos dos meandros do poder logo ali nas histórias das mulheres queimadas como bruxas.

Não deve nos surpreender, porém, que o patriarcado passe tão imperceptível por esses autores ou que seja, muitas vezes, romantizado ou "adocicado" por eles. A posição masculina é um lócus pouco privilegiado para inteligir um mundo que toma emprestado do patriarcado sua estrutura. O lugar desprivilegiado é indubitavelmente um lugar de onde se percebe mais. No romance *Ensaio sobre a cegueira*, de José Saramago,[15] também é uma mulher a única pessoa a não perder a visão. O autor talvez tenha entendido que uma metáfora potente para o dar-se conta deveria ter uma feição feminina. Compreende-se mais e melhor as dinâmicas de poder aquele corpo menos privilegiado. Não à toa, mulheres negras periféricas, como Marielle Franco, vereadora assassinada em 2014, Talíria Petrone e Erika Hilton, deputadas federais com mandatos em curso, emergem no cenário brasileiro tão contundentes. E por isso têm sido tão alvejadas pelo poder.

"Nenhum *patriarcão* fará a revolução", vaticinou Rita Segato em recente texto[16]. Isso nos remete a outro ponto das "estruturas elementares": este não é um livro sobre gênero, embora também o seja. Como já visto, gênero se confunde com a espécie humana, é mais antigo que o capitalismo, mais antigo que o racismo moderno. Isso nos revela que o gênero não é uma categoria secundária, mas estruturante do mundo; uma ilustração primordial da estrutura de poder.

> O gênero é central para a compreensão da violência, porque é o foro paradigmático da assimetria, uma espécie de edificação alegórica da disparidade. É o solo simbólico

---

15 J. Saramago, *Ensaio sobre a cegueira*, 2022.
16 "*Ningún patriarcón hará la revolución. Reflexiones sobre las relaciones entre capitalismo y patriarcado*", in Karin Gabbert e Miriam Lang (orgs), 2019.

onde se constrói a possibilidade de subjugar o outro pela instauração de uma diferença que funciona como ratificação de um lugar de prestígio, como se assentasse a pedra fundamental na construção do *pódio,* metáfora expressiva da *pedagogia do opressor,* de que nos fala Hilan Bensusan, ao inverter a *pedagogia do oprimido* de Paulo Freire.[17]

Mas o que isso significa? Qual a grande importância desse achado para o mundo hoje? Podemos dizer que o que Segato perspicazmente nos aponta ao longo do livro é que esse modelo ancestral foi e continua sendo pedagógico no sentido de moldar a ordem política mundial, uma célula de colonialidade mais antiga do que o colonialismo, mas que segue nos colonizando. Depreende-se daí uma pedagogia que instrui enormemente os sistemas de opressão como um todo, seja a ordem capitalista, seja a ordem racista, com suas máquinas de produção de subjetividade próprias da sociedade de massa e da era mimética, o que facilita deveras a dominação. Incute-se na equação diferenciadora e sua produção de outridade a crença de que seu domínio é justificado. Tal sistema opera no outro, no outro "diferente" a crença de sua inferioridade, de que o sistema se justifica. Isso promove um efeito colossal na subjetividade menorizada. Por isso, é a partir das teses segatianas que podemos entender também que o patriarcado é uma pedagogia de poder. Uma pedagogia que ensina e naturaliza uma extração de mais-valia material e simbólica e naturaliza essa violência moral.

Nem Lévi-Strauss, nem Godelier, nem Lacan, nem

---

[17] D. Gontijo, 2015, p. 121.

Marx, nem "patriarcão" algum decifrou o enigma do poder primordial

A violência do mundo que nos tem devorado alimenta-se de mais-valia, não apenas material, mas sobretudo simbólica; é a mais-valia extraída do abjeto, do menorizado, do feito diferente, do feito inferior. É a mais-valia que organiza o mundo, fabricando incessantemente seus novos outros para feminizá-los, torná-los coisa e devorá-los.

Nesse contexto, o feminino não diz respeito apenas às mulheres. O feminino é o resultado da extração da mais-valia, são todas as pessoas que podem ser inferiorizadas ou minorizadas. Rita Segato vem chamando a atenção para a grande cilada da "minorização", a manobra que faz maiorias, como as mulheres, tornarem-se "minorias".

O feminino é o outro do referente, o diferente que pode ser outrificado, o diferente reduzido a um mero espelho, para espelhar duas vezes o tamanho do referente. Como disse Virginia Woolf[18], a mulher tem servido de espelho ao homem para refletir duas vezes o seu tamanho. Do mesmo modo, Edward Said percebeu, em *Orientalismo*[19], que o Oriente foi forjado como o outro do Ocidente, atribuindo-lhe as características que desejava ver expurgadas (um Oriente feminizado, irracional etc.) e, por outro lado, ressaltadas (um Ocidente potente e racional etc.). Em outras palavras, é

> "a construção de narrativas e representações que sancionam o imperialismo moral do Ocidente e referendam atributos que servem a seu domínio simbólico e político. Trocando em miúdos, um espelho que refletirá também duas vezes o tamanho do Ocidente."[20]

---

18 V. Woolf, 1977, p. 41.
19. E. W. Said, 2021.
20 D. Gontijo, 2015, p. 121.

Dito isso, os corpos oprimidos, como o das mulheres, das pessoas negras e dos povos indígenas, encarnam o feminino, encarnam uma metáfora terrena do usurpável, do passível de extração de mais-valia. Povos indígenas e quilombolas têm servido de outro da modernidade, o outro primitivo, o outro a ser conquistado, dominado e colonizado. Mas é justamente no lócus feminino que encontramos as metáforas de cuidado e de vincularidade, ferramentas que podem desbancar a mais-valia.

Reexistir na era da mais-valia demanda uma (re)existência compartilhada. Um mundo menos violento será necessariamente um mundo que conecte, amalgame, hifenize e interseccionalize as lutas contra todas as ordens opressivas; mais comunitário, sem topo nem fundo. Um mundo onde encontremos valor fora da equação colonial, cuja conta requer que um/uma seja menos para a gente ser mais. O verso que abre este posfácio, ao resumir a indignidade da mais-valia e nosso destino inevitável na economia da expropriação, faz também de síntese da obra extraordinária de Rita Segato.

Danú Gontijo é artista e autora de *La viralización de la violencia. Género, medios, mímesis, reexistencias* (2023).

Ondina Pena Pereira é antropóloga e autora de *No horizonte do Outro* (1999) e *As aparências importam* (2014).

Referências bibliográficas

ALMEIDA, Tania et al. *Relátorio parcial da pesquisa sobre estupradores internos na Papuda*. Brasília: NEPeM, 1995.

EDELSTEIN, Josefina. Entrevista com Rita Segato. *Segato: Por qué la masculinidad se transforma en violencia?*, 2019. Disponível em: https://www.lahaine.org/mundo.php/segato-por-que-la-masculinidad. Acesso em: 1 jul. 2024.

FEDERICI, Silvia. *Calibã e a bruxa – mulheres, corpo e acumulação.* Tradução de Coletivo Sicorax. São Paulo: Editora Elefante, 2019.

FRYE, Marilyn. *Lesbian Feminism and the Gay Rights Movement: Another View of Male Supremacy, Another Separatism in Politics of Reality: essays in feminist theory. Crossing Press, 1983.* Disponível em: http://www.feminist-reprise.org/docs/fryegayrights.htm. Acesso em: 18 jul. 2022.

GABBERT, Karin, LANG, Miriam (org.). *Cómo se sostiene la vida en America Latina? Feminismos y re-existencias en tiempos de oscuridad.* Quito: Fundação Rosa Luxemburgo/Ediciones Abya-Yala, 2019.

GALEANO, Eduardo. "A autoridade". ____. *Mulheres*. Tradução de Eric Nepomuceno. São Paulo: L&PM Editores, 1998.

GONTIJO, Danú [GONTIJO, Daniela Cabral]. *Violência pega?* Tese de doutorado. Brasília: UnB, 2015.

____. Com fé no feminismo [música], 2018.

____. "Onde você guarda o seu estuprador? Os homens e a urgência de destruir o "mandato da masculinidade". *Brasil 247*, 8 ago. 2022. Disponível em: https://www.brasil247.com/blog/onde-voce-guarda-o-seu-estuprador-os-homens-e-a-urgencia-de-destruir-o-mandato-da-masculinidade. Acesso em: 1 jul. 2024.

____. *La viralizacion de la violencia. Género, medios, mimesis, reexistencias.* Buenos Aires: Editorial Prometeo, 2023.

GUATTARI, Felix e ROLNIK Sueli. *Micropolítica: Cartografias do desejo.* 12ª ed. Petrópolis, RJ: Vozes, 2013.

LACAN, Jacques. "The Signification of the Phallus". *Écrits: A Selection.* Nova York; Londres: W.W. Norton & Company e Tavistock Publications, 1977.

PENA PEREIRA, Ondina. A Regra Secreta. [Resenha] Las estructuras elementales de la violencia. Ensayos sobre género entre a antropología, el psicoanálisis y los derechos humanos. Segato R. Bernal: Universidad Nacional de Quilmes, 2003. *Revista Estudos Feministas*, vol. 15, nº 1, Florianópolis, 2007.

SAID, Edward W. *Orientalismo. O Oriente como invenção do Ocidente.* Tradução de Rosaura Eichenberg. São Paulo: Companhia das Letras, 2007.

SARAMAGO, José. *Ensaio sobre a cegueira.* São Paulo: Companhia das Letras, 2022.

SEGATO, Rita. *Contra-pedagogías de la crueldad.* Buenos Aires: Editorial Prometeo, 2018.

____. *La guerra contra las mujeres*. Madri: Ed. Traficantes de S=ueños, 2016.

____. Cenas de um pensamento incômodo: gênero, cárcere e cultura em uma visada decolonial. Tradução Ayélen Medail et al. 1. ed. Rio de Janeiro: Bazar do Tempo, 2022.

____. *La escritura en el cuerpo de las mujeres asesinadas en Ciudad Juárez. Territorio, soberanía y crímenes de segundo Estado.* Cidade do México: Universidad del Claustro de Sor Juana, 2006.

SPINOZA, B. de Ética. Tradução e notas de Tomaz Tadeu. 2ª ed. Belo Horizonte : Autêntica, 2008.

WOOLF, Virginia. *A Room of One's Own*. Londres: Grafton, 1977. [Ed. bras.: *Um quarto só seu*. Tradução de Julia Romeu. Rio de Janeiro: Bazar do Tempo, 2021.]

Agradecimentos

Agradeço a todas as pessoas que estiveram ao meu lado no longo caminho que desemboca nas teses deste livro e, muito particularmente, a Augustín Bonet, pela leitura rigorosa de todos os textos; a Alicia Novizki, Claudio Spiguel e Diana Milstein, pelas generosas revisões, traduções e apoio amigo na recuperação da linguagem perdida depois de tantos anos de exílio linguístico; a Carlos Henrique Siqueira, pela assistência constante e sua insistência para me convencer, finalmente, a compilar textos dispersos; a Noemí Pérez Axilda, pelo permanente apoio e estímulo; a Tania Mara Campos de Almeida, Ondina Pena Pereira, Tatiana Guedes, Mônica Thereza Soares Pechincha, Anand Dacier e Ernesto Ignacio de Carvalho, pela leitura crítica de alguns trechos da obra; a María Lizete dos Santos Pereira, Rosinete Freire Souza Santos e Sonia Regina Gonçalves, por me ajudarem com a tarefa de cuidar de minha mãe idosa e de minha família, especialmente em minhas frequentes ausências de casa; a Luisa Fernanda Ripa Alsina, por ter sido, durante o seu mandato como diretora do Centro de Direitos Humanos "Emilio Mignone" da Universidade Nacional de Quilmes, um elo central na cadeia de acontecimentos que culminou nesta publicação; a Sara Rodrigues da Silva, e Maria Luisa da Silva pela lição de gênero; a Marlene e Alice Libardoni, pela luta e amizade feminista; ao juíz Baltasar Garzón, por ter me ajudado a realizar o sonho de publicar em meu país; a Mario Greco e a todas as pessoas da Universidade Nacional de Quilmes que tornaram possível a produção desta obra.

Este livro foi editado pela Bazar do Tempo,
na cidade de São Sebastião do Rio de Janeiro, em dezembro de 2024.
Ele foi composto com as tipografias Cera Pro e Sabon LT Pro
e impresso em papel Avena 80g na gráfica Rotaplan.

1ª reimpressão, julho 2025